JN113258

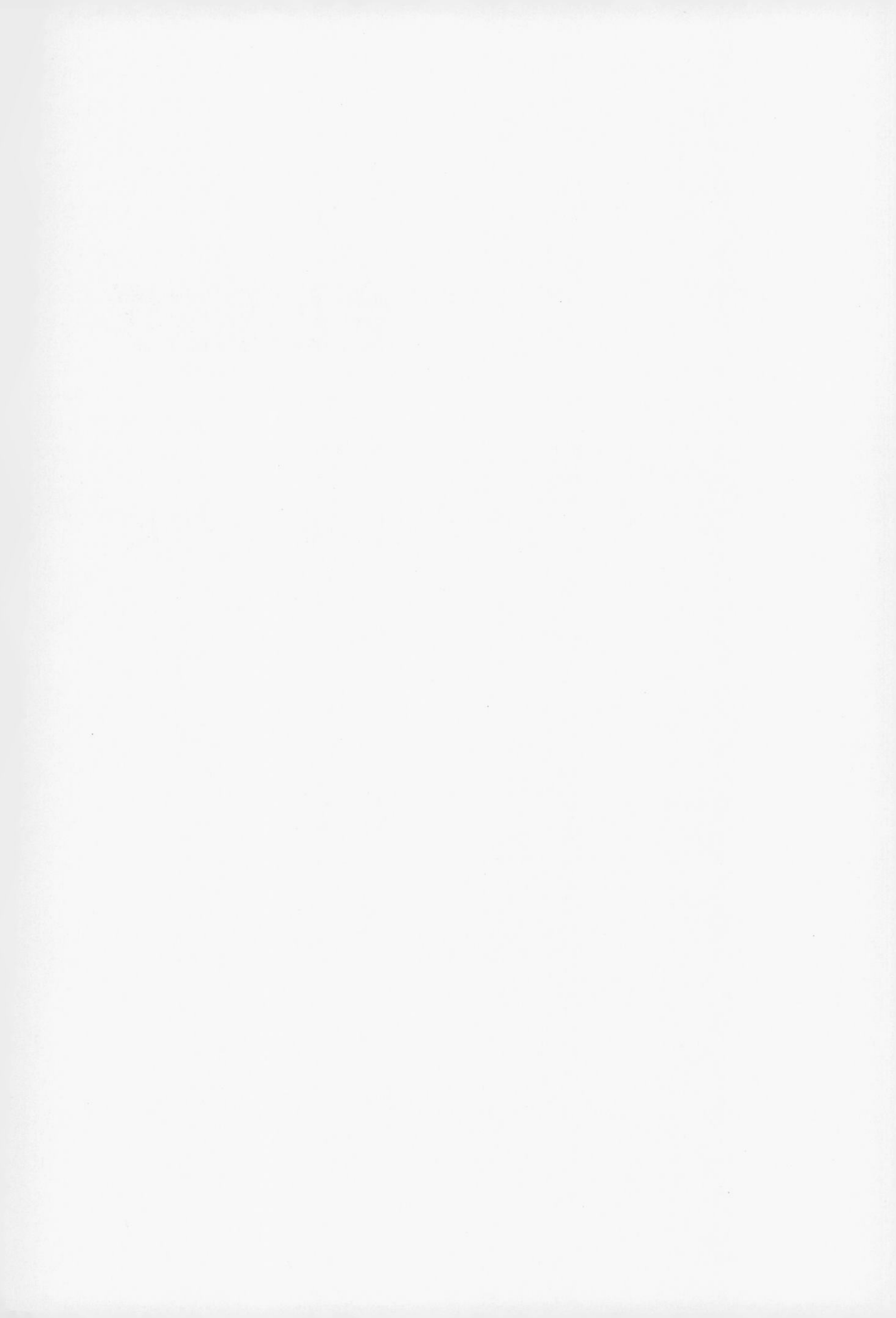

多様化する社会と憲法学

憲法理論研究会編

敬文堂

〈目次〉

第一部　文化戦争とリベラル憲法理論のゆくえ

中絶規制の判断枠組みに関する合衆国最高裁判所の迷走
――*Dobbs* 判決に対する反駁――

上田宏和
（創価大学）

はじめに

周知のように、アメリカでは中絶問題が文化戦争の中心的問題の一つとなっている。昨年、アメリカ合衆国最高裁判所は、Dobbs v. Jackson Women's Health Organization[1] によって、約五十年もの間維持し続けた中絶判例を覆す判断を下した[2]。*Dobbs* 判決は、一九七三年の Roe v. Wade と一九九二年の Planned Parenthood of Southeastern Pennsylvania v. Casey[3] を覆し、中絶の規制権限を人民とその選挙による代表者に返還することを宣言した。

この背景には、近年の合衆国最高裁の保守化傾向や中絶反対派からの社会的・政治的圧力など、アメリカ特有の対立があることが先行研究で明らかにされている[4]。*Dobbs* 判決によって、長年にわたるアメリカの中絶論争に一定の終止符を打たれたかのようにみえた。しかし、本稿では*Dobbs* 判決の論理が、かえって中絶論争を悪化させ、さらなる分断と新たな局面をもたらしてしまったことを明らかにする。

一　*Dobbs* 判決の問題点

（一）*Roe* 判決と *Casey* 判決

アメリカで中絶規制に初めて違憲判断を下したのが *Roe* 判決である。*Roe* 判決では、母体を救うことを目的とする以外で中絶行為を禁止していたテキサス州法を第十四修正のデュー・プロセス条項違反として違憲とした。*Roe* 判決によれば、中絶禁止の歴史は合衆国憲法採択時から存在し、それは中絶自体への嫌悪によるものではなく、その措置が女性にとって危険なものであったからであり、判決当時の医療技術はこの状況を変えているという。そして、Griswold v. Connecticut[5]、Eisenstadt v. Baird[6] によって拡大されたプライバシー権の範囲は、「婚姻、出産、避妊、家族関係、子どもの養育および教育に関する諸行為」に及び、「妊娠を終了するか否かを決定することまで包含できる」とする一方、それは無制限に許容されるのではなく、州に胎児の生命の保護という「やむにやまれぬ利益（compelling interest）」がある場合に制約可能であるという。そこで、州の中絶規制に対してトライメスター枠組み[7]（trimester framework）を採用し、当該州法を違憲とした。

Roe 判決により、各州は特段の理由なく、中絶を全面かつ直接禁止する法律を制定できなくなった。しかし、その後も中絶反対派からの抵抗もあり、間接的に女性の中絶選択に影響を及ぼしうる規制が制定され、各州で訴訟となっていく。また、*Roe* 判決自体の論理も批判を受けることになる。それは、プライバシー権の内実として中絶を「権利」として保護したこと、その判断方法として妊娠期間によって中絶の可否を判断するトライメスター枠組みを採用したことである。つまり、中絶は権利性も判断方法も憲法上の根拠が希薄であるという批判が伴っていたのである。

こうした批判を受けて、Casey 判決で合衆国最高裁は、トライメスター枠組みを放棄し、新たに「不当な負担（undue burden）」基準を採用した。Casey 判決では、ペンシルベニア州の中絶規制法の①インフォームド・コンセント要件、②二十四時間待機要件、③親の同意要件、④配偶者への告知要件、⑤記録保存要件及び届出要件に関する各条項の合憲性が争われ、このうち④のみを第十四修正のデュー・プロセス条項違反とした。

Casey 判決では、はじめに Roe 判決を再確認しつつも、中絶の憲法上の権利保障の意義をプライバシー権の文脈ではなく個人の自律の文脈で捉え直す。その上で、トライメスター枠組みは、Roe 判決の本質部分ではなく、胎児の生命を保護する州の利益を軽視しているため退けると宣言する。その代わり、中絶を決定する女性に「不当な負担」を課す州の制約を違憲とする「不当な負担」基準を新たに採用する。「不当な負担」とは、母体外で生存不可能な胎児の中絶を求める女性に対して実質的な障害を設ける目的または効果を有する州の制約を指す。これに照らし、④配偶者への告知要件が、夫への通知により妻への心理的虐待が加えられる場合を除外しておらず、夫婦間の性的暴行を通報することは実質的に困難であるため、「不当な負担」に該当するとして違憲とされたのである。

（二）Dobbs 判決の論理

しかし、二〇二二年、ミシシッピ州の妊娠年齢条項[8]の合憲性が争われた Dobbs 判決においては、当該条項を合憲とし、ついに Roe 判決と Casey 判決を覆す決定を下す。冒頭、Roe 判決および Casey 判決を破棄することを宣明する。そして、大別して①中絶の権利の憲法上の根拠、② Roe 判決と Casey 判決が先例として尊重されうるかとの論点から論を進めていく。

①については、憲法は中絶について何ら規定しておらず、両判決が依拠する第十四修正のデュー・プ

ロセス条項を含めて、いかなる憲法の条項によっても暗黙のうちに保護されていないことを指摘する。これまで合衆国最高裁が第十四修正を根拠に当該内容を憲法に明示されていない実体的権利として保護する場合、「アメリカの歴史と伝統に深く根づいていること」、「秩序ある自由の観念に暗に含まれていること」の二要件を満たす必要があるが、中絶の権利はそのどちらも満たしていないという。

Dobbs 判決によれば、中絶の権利は二十世紀の後半までアメリカの法律で全く知られておらず、第十四修正が採択された当時、四分の三の州が妊娠のあらゆる段階での中絶を犯罪としていた。さらに、第十四修正を根拠に認められてきた権利内容と中絶は、「未出生の人間（unborn human being）」を扱っている点で決定的に異なっている。それゆえ、中絶の権利はアメリカの国の歴史と伝統に深く根ざしているわけではないというのである。

さらに、秩序ある自由の観念に含まれているかについて、*Roe* 判決や *Casey* 判決は、それぞれの方法で、中絶を望む女性の利益と「潜在的生命（potential life）」と呼ぶ胎児の生命を保護する州の利益との調整を図るが、様々な州の人々はこれらの利益を異なる形で評価できる。中絶の権利も、判例上、正当な根拠があるわけではない。「自律に関する広範な権利」に訴えて中絶を正当化し、人の「存在概念」を定義しようとする試みは、あまりにも行き過ぎたものであると批判する。

②については、先例拘束性の原則は「絶対的な命令ではない」とし、両判決を維持するか否かは（i）誤りの性質、（ii）根拠の脆弱性、（iii）準則の「実行可能性」、（iv）法の他の分野への破壊的影響、（v）具体的な信頼の欠如という各要素の検討で判断する。この中で、*Roe* 判決と *Casey* 判決による中絶規制の判断方法に対する批判を展開している。

Roe 判決のトライメスター枠組みについて、その採用理由がほぼ言及されておらず、胎児の独立生存

可能性に基づく妊娠期間で中絶許容の可否をすることに説得力のある理由づけがなかったと批判する。また、*Casey* 判決の「不当な負担」基準も、負担が「適正（due）」か、「不当」かの基準が曖昧だと指摘する。中絶規制が女性への実質的な障害かどうかは、その女性を取り巻く経済環境や精神的要因によって変わってくる。こうした疑問に Casey 判決は明確な答えを示しておらず、それゆえ「不当な」負担基準は実行不可能だという。

このように *Roe* 判決と *Casey* 判決を批判した上で、*Dobbs* 判決は、中絶規制に対する適切な審査基準は合理的根拠の審査であり、州は正当な理由から中絶を規制でき、裁判所は自らの社会的、経済的信念を立法府の判断に代置できないことを宣言する。これに基づき、胎児の生命に対する尊重と維持、母体の健康と安全と保護、残酷または野蛮な医学的処置の除去、医療専門職の高潔さの維持、胎児の苦痛の緩和、人種、性別または障害に基づく差別の防止などは州の正当な利益であるとして、当該法律は合憲と判断した。

(三) *Dobbs* 判決への疑問

Dobbs 判決は、中絶の権利はアメリカの歴史と伝統に存在しないため、これを認めた *Roe* 判決は間違っているとし、これを再確認した *Casey* 判決も変更した。この歴史と伝統に依拠するアプローチは、一九九七年の Washington v. Glucksberg[9] における Glucksberg テストである。

確かに、*Roe* 判決では、中絶の権利の歴史的正当性を検討せず、むしろアメリカでは中絶を禁止する歴史があったことを認めている。そのため、中絶に権利性を認めること自体が当初から間違っていたのを理由に、後世で用いられた Glucksberg テストのアプローチを使用して遡及的に中絶の権利を否定した *Dobbs* 判決は論理的には間違いではない。

しかし、五十年近く維持した中絶の権利に歴史的正当性がないゆえに覆すという論理は果たして妥当なのか。憲法に明示されていない権利の承認には歴史と伝統を重視しなければならないのならば、何故、*Roe* 判決で中絶の権利をプライバシー権に内実されるものとして認めたのか。何故、*Casey* 判決では、トライメスター枠組みを放棄し、「不当な負担」基準を採用してまで、*Roe* 判決の本質部分を維持し続けたのか。*Dobbs* 判決は、中絶の権利を維持し続けようとした先例の意図を考慮しないまま、両判決を覆してしまっている。

二 *Roe* 判決の本質

一般的に、*Roe* 判決の意義は、後の判決への影響という観点から次の二つが指摘できうる。一つに、先例によって「子どもを産むか否かのような個人に根本的な影響を与える事柄について、政府からの不当な干渉を受けないための個人の権利(10)」との憲法上のプライバシー権の内実に「女性の妊娠を終了するか否かの決定(11)」権まで含まれるとされたことである。二つに、母体の健康と胎児の生命の保護という州の利益に「やむにやまれぬ」理由がなければ当該権利を規制できず、判断枠組みとしてトライメスター枠組みを用いたことである。

後者は、*Casey* 判決によって放棄・変更されたが、前者は批判を受けつつも *Dobbs* 判決までの間、一貫して合衆国最高裁は維持し続けた。しかし、*Dobbs* 判決でも指摘された通り、中絶の権利はアメリカの歴史と伝統に古くから根づいているわけではない。むしろ、*Roe* 判決でも母体の健康の保護を理由に中絶行為が禁止されてきた歴史があったことを素直に認めている。にもかかわらず、合衆国最高裁が中絶の権利を憲法上保護したのは何故か。

この点について、*Roe* 判決では中絶問題が女性自身の生活や将来といった「生き方」に関わる問題であったことを理由に挙げている。「妊娠早期においても医学的に診断可能な特定の直接的な障害がありうる。母親になることや子どもが増えることは女性に苦悩に満ちた生活と将来を強いるかもしれない。心理的障害は差し迫っている。子どもの世話によって、精神的そして身体的健康に負担が加わる。また、望まざる子どもに関わる不利益がすべての関係者にもたらされ、既に心理的その他において子供を世話することのできない家族に子どもをもたらすことの問題がある」[12]。

さらに、*Roe* 判決直後、ケネス L・カースト（Kenneth L. Karst）は *Roe* 判決を女性の社会的平等を保護した判決だと好意的に評価する。カーストによれば、中絶の禁止は、子どもを産み育てることが女性の義務であり、それが自然だと考える社会の画一的な考えが根底にあったという。そうした画一的な考えがまかり通るのであれば、父親が育児放棄あるいは金銭的援助を拒否した場合、母親は一人で子どもを養育しなければならない負担を強いられる。それゆえ、カーストは、*Roe* 判決には女性の社会的差別を抑制し、彼女たちの社会的地位を保護する狙いがあったとみるのである[13]。

もっとも、*Roe* 判決を否定する者たちからすれば、中絶自体が女性、その家族、そして胎児の将来にとって必ずしも善いとは限らないから、中絶の権利として憲法上保護すること自体、裁判官の主観的な価値判断であると批判するかもしれない。だが、中絶すべきではないとする考えも、また、民意を反映させた政府による立法政策によって対処すべきだとする考えも、一つの主観的な価値判断であるといえるのではないだろうか。何故なら、中絶を希望する女性の状況も様々であるため、第三者が価値判断することと自体、困難だからである。

それでは、中絶の決定権限は誰に委ねられるべきなのか。ローレンスH・トライブ（Laurence H.

Tribe）は、まず考慮すべき権限者として家族を挙げる。しかし、家庭内で父親が、母親に対して胎児を産み育てることを要求する「権利」を主張するようなことが予想される。そうした場合、父親にも中絶の決定権限を与えてしまうと、母親となる女性にとって負担となる可能性がある。それゆえ、トライブは、結局のところ、中絶の最終決定権限は中絶を希望する女性に与えられるべきだ、と結論づけるのである[14]。

このように、*Roe* 判決で中絶の権利を認めたのには、公的領域における女性の生き方や平等保護という観点が考慮されていたからだといえる。このことは、私的な生活領域を保護対象とするプライバシー権の文脈ではなく、公的な生活領域も含めた個人の自律の文脈で *Roe* 判決を再確認した *Casey* 判決の論理とも整合する。

Roe 判決が保護したかったこととは、中絶行為そのものでなく、出産を強要することでもない。また、子どもを産むか否かは、医師や親、配偶者が決めることでも、公権力が判断することでもない。子どもを産むか否かの最終決定は、胎児を宿した女性自身にある。これこそが、一連の中絶判例の展開の中で、半世紀もの間、合衆国最高裁が一貫して守りたかった *Roe* 判決の本質なのではないだろうか。

三　トライメスター枠組み放棄と「不当な負担」基準採用の意図

Casey 判決で「不当な負担」基準を採用した背景には、トライメスター枠組みの限界が指摘できる。その理由として二点挙げられる。

第一に、*Roe* 判決後の各州の中絶規制に対して、トライメスター枠組みが不適合だったことである。*Roe* 判決後の中絶規制は、中絶行為を直接的に制約するのではなく、両親の同意要件や配偶者への告知

要件のように、女性に中絶を思い止まらせるような間接的な制約を課す特徴を有している。これらの要件は、たとえ基本的には中絶が許容される時期であっても、中絶を望む女性にとって制約となりうる。それゆえ、中絶行為に対して間接的な制約を課す中絶規制にはトライメスター枠組みは機能しないのである。

第二に、トライメスター枠組みが胎児の独立生存可能性の時期に依拠した法的判断枠組みであったことである。胎児が独立生存可能かどうかの判断は「医師」が行い、医療の発展によって可変する。[15] これは、独立生存可能前の胎児と独立生存可能後の胎児を明確に区別する絶対的基準はなく、その判断は医師により異なること[16]、さらには胎児の独立生存可能性の時期も妊婦の人種[17]や生活環境[18]により可変することを意味する。つまり、胎児の独立生存可能性の時期は、中絶判断をする際の一つの目安として参考になるが、あくまで「医学的予測」にすぎない。にもかかわらず、*Roe* 判決では、医療上の判断基準である胎児の母体外独立生存可能性を法的判断枠組みとして無作為にインポートしてしまったのである。[19]

そもそも、*Roe* 判決では、妊娠の初期段階でも中絶を選択する女性の利益と胎児の生命と母体の健康を保護する州の利益の双方を認めており、[20] 政府が女性の中絶に干渉すること自体を禁止していない。中絶規制の判断は、女性と胎児の生命状態との緊張関係の中で下されなければならないが、トライメスター枠組みのような、妊娠時期に応じて、どちらか一方に偏りを生じてしまう方法では適切な判断を下せない。それゆえ、*Casey* 判決では、トライメスター枠組みを放棄し、「不当な負担」基準を新たに採用したのである。

「不当な負担」基準では、州の規制の目的または効果が中絶を求める女性の将来に実質的な障害となる場合には無効となる。裏返せば、子どもを産むか否かの選択をする女性の権利に影響を及ぼさない限りに設計された州の規制は合理的規制となり、有効となる。*Casey* 判決が「不当な負担」基準を採用したのには、「胎児の生命や母体の健康に関する利益を促進するための州の目的や効果は、女性に適切な選択ができるよう設計されなければならない[21]」との意図があった。中絶とは母親となりうる女性と胎児といった将来的な親子関係の終了を意味するため、これを適切に判断できるような環境づくりが必要となる。

それゆえ、「不当な負担」基準によって、公権力も含めた第三者が中絶を希望する女性に適切な情報を与える要件であれば合憲とし、逆に女性に出産を強要あるいは強制的に中絶を止まらせる要件にあたるのであれば、女性への負担として違憲としたのであろう。このことは、*Casey* 判決で未成年者による親の同意要件やインフォームド・コンセント要件が、女性が中絶の是非を適切に判断するためには親や主治医である医師の助言も必要となるため合憲とされた一方、夫への告知要件が妻である女性への肉体的あるいは心理的虐待の可能性があるため違憲となったこととも整合する。

四　*Dobbs* 判決の中絶判断枠組みへの反駁

中絶行為に歴史的正当性がないことは、*Roe* 判決当初から合衆国最高裁は認識していた。それでも、*Roe* 判決で中絶の権利を認めた背景には、社会における女性の地位や平等を保護し、彼女らの生き方を尊重するとした女性の権利保護があった。*Casey* 判決で「不当な負担」基準を採用した意図には、子どもを産むか否かの最終決定権者である女性が適切に中絶を決定できるよう、公権力は適切な制度設計をしなければいけないとの要請があった。

しかし、*Dobbs* 判決は、アメリカの歴史と伝統に存在していないことを理由に、中絶の権利を否定した。このことは、第十四修正を根拠に憲法に明示されていない権利として認められるためには、アメリカの歴史的かつ伝統的に受容される内容でなければならないことを意味する。これでは第十四修正で認める権利内容が過去の固定化された価値観に拘束され、過去指向的なものとなり、社会の変化に対応できないことになる。

Glucksberg テストは、現在否定されていないものの、第十四修正で認める権利内容を画定する際の絶対的な基準ではない。むしろ、一九九七年以降の合衆国最高裁は、歴史と伝統を柔軟に用いてきた。例えば、二〇〇三年に同性間のソドミー行為を禁止していたテキサス州法を違憲とした Lawrence v. Texas[22] では、同性間のソドミー行為の権利がアメリカの歴史と伝統に根づいているかではなく、法律によって同性間のソドミー行為を禁止することに歴史的正当性があるかに着目して合憲性判断を行った。権利ではなく公権力の制約それ自体の歴史的正当性に着目した理由を、同性間のソドミー行為の権利の問題として捉えると同性愛者の社会的平等性も否定され、彼らの尊厳を貶める結果となるからだと説明した。

同性愛者の社会的平等をふまえ、彼らの生き方をも考慮した *Lawrence* 判決は、女性の社会的地位や生き方をも考慮して中絶の権利を憲法上保護した *Roe* 判決と通ずるものがある。合衆国最高裁は *Dobbs* 判決の射程は第十四修正で保護される他の内容とは関係ないというが、権利に対する歴史と伝統を重視すれば、*Lawrence* 判決も将来的に覆される可能性もありうる。

歴史と伝統を重視することで中絶の権利を否定し、中絶規制の是非を人民に戻すという *Dobbs* 判決における合衆国最高裁の姿勢は、社会的多数派の意思から社会的少数派の権利を守るという本来の司法府の役割を放棄しているというのは果たして言い過ぎだろうか。

おわりに

Dobbs 判決が歴史と伝統を重視して中絶の権利を否定したことで、中絶規制の是非の判断は各州に委ねられることになった。*Dobbs* 判決後、各州は、*Roe* 判決以前の中絶禁止法を有効とする州から中絶の権利を州憲法に明記する州に至るまで、その内容は広範かつ複雑なものとなり、中絶問題に対する分断を以前よりも悪化させている状況となっている。

これまで合衆国最高裁は、女性の社会的地位や生き方にも目を向けて中絶の権利保護を図り、中絶論争の調整役を担っていた。しかし、現在の合衆国最高裁は、この役割を放棄してしまった。中絶規制に対する複雑かつ多様な各州の姿勢を誰が調整していくのか。果たして調整できうるのか。今後も動向を注視していきたい。

(1) 142. S.Ct. 2228 (2022).
(2) 410 U.S. 113 (1973).
(3) 505 U.S. 833 (1992).
(4) この点につき、邦語文献は、小竹聡『アメリカ合衆国における妊娠中絶の法と政治』(日本評論社、二〇二一年)五九六 - 六〇一頁に網羅的に紹介されている。
(5) 381 U.S. 479 (1965).
(6) 405 U.S. 438 (1972).
(7) トライメスター枠組みは、判決当時の医療水準に基づいて、女性の妊娠期間を三分割して、政府による中絶規制の許容範囲を示す。第1三半期では、政府は中絶を禁止してはならず、基本的には中絶を希望する女性の意思が尊重される。第2三半期では、政府は中絶を禁止できないが、母体の健康のために合理的で必要な限りの範囲内で制限できる。第3三半期では、胎児の独立生存可能性（viability）後であるため、母体の生命・健康を理由とした中絶を除き、政府は中絶を禁止できるとした。

（8）「医学的緊急事態又は重度な胎児の異常な症例を除き、妊娠期間十五週以上と判断される胎児を意図的又は故意に中絶を行い、誘発してはならない。」MISS. CODE. ANN. §41-41-191 (2018).

（9）521 U.S. 703 (1997).

（10）405 U.S. at 453.

（11）410 U.S. at 153.

（12）*Id.*

（13）Kenneth L. Karst, *Forward: Equal Citizenship Under the Fourteenth Amendment*, 91 HARV. L. REV 1, 57-58 (1977).

（14）Laurence H. Tribe, *Foreword: Toward a Model of Roles in the Due Process of Life and Law*, 87 HARV. L. REV. 1, 34-36 (1973).

（15）胎児が独立生存可能か否かは医師の判断であることを*Casey* 判決以前に合衆国最高裁は認めている。Webster v. Reproductive Health Service, 492 U.S. 490, 517 (1989).

（16）Randy Beck, *State Interests and the Duration of Abortion Rights*, 44 MCGEORGE L. REV. 31, 37 (2013).

（17）Randy Beck, *Gonzales, Casey and the Viability Rule*, 103 NW. U. L. REV. 249, 260-61 (2009).

（18）Randy Beck, *The Essential Holding of Casey: Rethinking Viability*, 75 UMKC L. REV. 713, 731 (2007).

（19）Beck, *supra* note16 at 37.

（20）505 U.S. at 875-76.

（21）*Id.* at 877-78.

（22）539 U.S. 558 (2003).

特定の価値観を正統と位置づける権威とシンボリック・スピーチのゆくえ

徳永達哉
（熊本大学）

はじめに

文化的事象における様々な価値について、それらが相互に矛盾と衝突をきたし、それぞれが公的なる正しさをめぐって激しく論戦を繰り広げている場合、その衝突は、いずれの価値観が正統なるものと位置づけられるのかという決着を求めがちとなる。この価値の優劣を固定化する権威は、社会的権威である場合もあれば法的権威である場合もある。法的権威によって正統なる地位が確認された場合、対立する見解は異端的なるものとして法的に排除の対象とされる。不快なるもの不敬なるものという観点が法的に権威化され、その排除が合法的に実施される。表現の自由論にとって、権威をまとった観点差別をいかにして憲法問題へと組み替え、いかにして論じるのか、多角的なアプローチが求められている。本稿では、法的権威と国家のシンボルに向けられた態度による表現との衝突について、固定化した価値観の対立によって生じる社会の分断について、そして解決に向けた展望について、新たな尺度を導くシンボリック・スピーチの法理の可能性について論じている。

一　シンボリック・スピーチを論じることで見えてくる憲法課題

（一）シンボリック・スピーチ

アメリカのシンボリック・スピーチとは、「言葉」を用いた典型的なスピーチ・表現ではなく、奇抜あるいは劇的なconduct・態度の本質によって思想内容を伝達する表現で、例えば、反意を象徴する国旗への沈黙態度によって思想を伝達する場合が典型として認識される表現である。

言論（speech）と行動（action）を異なる次元で捉えてきた修正第一条の伝統的理解に従えば、例えば国旗に墨をのせる外部的行為は汚損行為＝行動と分類され、処罰の対象となる。汚損や損壊といった行為が修正第一条の保障対象であるスピーチの範疇から外されることで、憲法適合性が疑われる態度処罰は、スピーチの内容から切り離された行動のみを規制（手段規制）しているとして、その合憲性が確認されてきた。しかし、この枠組みの下では、例えば、星条旗に平和を象徴する記号や文字を書き込む態度は、たとえ政治的表現を目的になされたとしても、表現そのものには関係のない汚損行為＝行動と分類される。その行動処罰は容易に容認され合憲化されることとなる。

この枠組みに異を唱え、これまで処罰の対象とされてきた行動類型の中にも、保障されるべき表現の要素が含まれていると論じ(1)、言葉以外の態度に対する修正第一条の確かな保障を導く法理が議論された。それがシンボリック・スピーチの法理である。従来、行動に分類されてきた態度（例えば、徴兵カードを焼却する態度）をも政治的スピーチと位置づけ、表現そのものとしての保障を導く法理である(2)。現在のアメリカでは、星条旗に対する多くの態度がシンボリック・スピーチと認められており、政治的反意を象徴する星条旗の焼却態度も修正第一条の保障対象となっており、その制限が審査される場合には違憲推定が強く働く厳格な審査（表現内容規制に対する審査・観点差別の有無の審査）が行われる。

（二）「政治的な表現内容を象徴する態度表示」とシンボリック・スピーチの判断基準

アメリカの状況を踏まえると、シンボリック・スピーチとは、特定の表現内容を象徴する言葉以外の態度と説明することができる。とはいえ、態度は言葉ではないため、制限が容認される行動類型・スピーチ・プラスへと分類される可能性も高く、その性質上、ときに態度が不快と映る場合も多い。それ故、表現を意図した態度が処罰の対象とされ、その処罰が容易に合憲と判断される可能性を高く残していた。

態度による表現は、芸術分野などでは古くから実践されていたが、態度表現の自由に対する保障の法理が理論化されていなかった状況では、例えば美術館の展示作品が与える強烈な印象を理由に、展示に相応しくない「もの」とされ、発表空間から締め出されることも多かった。アメリカでも、それが芸術表現の自由の問題と公的に論じられることはなく、作品が放つ表現内容に対する快・不快の基準で展示の機会が奪われていた（例えば、ドレッド・テイラーのアート作品「星条旗を掲揚する正しい方法とは何か？」）[3]。この様な態度による表現と処罰の衝突が積み重ねられることで、シンボリック・スピーチの法理は完成した。

先駆的事例は、徴兵カードの焼却態度であったが、当初、焼却態度に備わる表現の要素は評価されず、「表現そのもの」を意味するシンボリック・スピーチとは認められなかった[4]。しかし、その後、単純な「言論」と「行動」の二元論を乗り越えるシンボリック・スピーチの法理が完成し、支配的な価値観からの脱却が実現し、以前は処罰が容認されていた行動類型（スピーチ・プラス）から[5]、修正第一条の厳格審査を行うべき「表現内容そのもの」を分類する判断の枠組みが構築される。それ以降、政治的な黒腕章着用態度[6]、不快な反戦文句の入った上着の着用[7]、そして政治的思想を象徴する星条旗の焼却がシンボリック・スピーチと位置づけられ、[8] それらの態度に対する処罰は表現内容規制に対する厳格審査基準のもとに審査され、観点差別に基づく制限であったとして違憲との判断が下されている。

（三）スペンス・テスト[9]

思想を象徴する態度による表現について、それをシンボリック・スピーチとして修正第一条の下に保障すべきか否か、その判断を下すために連邦最高裁判所が導き出したテストがスペンス・テストである。態度を示す者に①「特定のメッセージを伝えようとする意図」があり、そのメッセージを象徴する態度の表示が②「周囲の状況においても、それを目にした者たちにおいても、そのように理解される高い蓋然性」を備えていれば、思想を象徴する態度はシンボリック・スピーチとして保障される。この審査①②は態度が示された前後の「文脈」も考慮する。それ故、シンボリック・スピーチの実践では、文脈上、特定の価値観を象徴するシンボルが活用される。例えば、国旗といった権威を纏った旗を掲げれば、旗が登場するだけで特定の価値観に基づく文脈が発生する。それに対する敬礼態度は愛国や忠誠を、さらに掌を高々と掲げる敬礼は「ナチズム」や「軍国主義」といった熱狂的な立場を象徴する。この様に、特定の価値観を象徴していると理解される蓋然性が高いシンボルが効果的に用いられる。この点から、星条旗に向けられた態度の多くがシンボリック・スピーチと考えられることとなり、修正第一条の「表現そのもの」としてより手厚く保障すべきと論じられるに至った。仮に、態度表現を不快・不敬であることを理由に制限するならば、それは観点に基づく差別に当たり許されないこととなる。[10]

（四）シンボリック・スピーチと日本国憲法

シンボリック・スピーチは日本では「象徴的表現」の語で広く知られている。この政治的な思想内容を象徴する不服従の態度を「表現」と理解する法理は確実に受容されている。しかし、裁判の実務では、態度を表現そのものと位置づけ理解する法理は十分には機能していない。例えば「集会」を単純に人間が集まる行為と解し、人間が集まる行為を「示威行動」と意味づけ、あえて、「表現そのもの」から切り離して理解する立場（最高裁判所第三小法廷令和五年二月二十一日判決、金沢市役所前広場集会不許可事件）がそれである。仮に、集会を表現に付随したスピーチ・プラスではなく、表現の一形態であるシンボリック・スピーチと位置づけたならば、その審査は行動規制の合憲性を確認するオブライエン・テストではなく、表現内容規制に対する厳格な基準が用いられ、制約の根拠も明白かつ差し迫った危機の証明か、やむにやまれぬ公共的利益と是非とも必要な目的達成手段の証明が求められる。もちろんシンボリック・スピーチといえども絶対無制限ではないが、その制限は常に必要最小限のやむに已まれぬ公共的利益に適うものでなければならず、その審査も違憲推定が強く働く厳格なものでなければならない。つまり、制限の対象とされた態度表現をシンボリック・スピーチと位置付け直すことは、それが制限の許されないほどに価値の高い表現（政治表現）であると主張することを意味しており、集会をシンボリック・スピーチの法理を踏まえて理解すれば、制限の合憲性が確認されている示威行動（軽犯罪法一条十三号、十四号）とは本質的に異なる範疇において、その権利性が再構成されることとなる。となれば、集会は憲法二十一条が保障する政治表現そのものとして解すべき性質のものとなる。まして特定の伝達効果を認めているにも拘わらず、あえて効果を遮断する目的で集会の機会を奪うことは、表現そのものの伝播力・問題提起力に対する明白な侵害といえる。この様に、シンボリック・スピーチの法理を受容し態度を表現そのものと理解することで、制限の違憲性を論じ直すことが可能となる。(11)

二　星条旗に向けるべき正統なる態度と文化戦争

（一）ＢＬＭ運動とアメリカの権威を象徴する大統領の選挙

文化的事象における価値観が社会を二分するほどに激しく対立した場合、その衝突はいずれの価値が正統なるものと位置づけられるのかという決着を求めがちとなる。この様な価値観の対立は、アメリカに限った問題ではない。対立の構図を正統なる価値と対抗する思想との激突と置き換えると、かつての天皇機関説事件も典型といえよう。とはいえ、社会を二分するほどの論戦となると、アメリカのブラック・ライヴズ・マター（Black Lives Matter、BLM）が典型といえる。ＢＬＭは二〇一五年のマイケル・ブラウン少年射殺事件の追悼行進、(12)二〇一六年のアメリカ合衆国大統領選挙、二〇二〇年のジョージ・フロイド事件を経て世界へと広がった。(13)ＢＬＭは、その時々のアメリカを象徴する大統領の選挙と呼応することで、人種差別による分断を政治上の争点へと押し上げ、無抵抗な黒人に対する権力の横暴（白人警察官による差別的暴力）と、それを裁こうとしない政府（権力側）への抗議を訴えた。そこには、正統なる地位を後ろ盾に特定の価値観を掲げる政府の権威（武装した治安部隊による鎮圧・抑止）と、その横暴に抵抗するアメリカ国民の政治的正義の抵抗（公民権のデモンストレーション）という象徴化された対立の構造が生み出されていた。(14)

（二）星条旗に投影されるアメリカと抗議の態度

二〇一六年のＢＬＭ運動は著名人による抗議が大きな話題となった。当時、注目を集めていたフットボール選手コリン・キャパニック（49ers, QB）は開会式で星条旗に片膝をつく態度を示した。この態度に敏感に反応しツイッターで猛烈に批判したのが選挙戦に突入していたトランプ氏であった。当時、トランプ陣営はツイッターを介し、星条旗に不敬を働く反アメリカ的人間は即刻クビにすべきだと苛烈に批判していた。星条旗に向けて片膝をつく姿勢は、星条旗に祈りを捧げているようにも見える。この態度それ自体には特定の文脈が備わっている。片膝をつく態度は、公民権運動における象徴的な一コマで、かつて、キング牧師が行進の直前の祈りを捧げる際にとっていた姿勢そのものであった。今日では、この態度が、圧政に屈しない自由なる人間の正統なる抗議を意味する象徴的な非暴力の態度であると理解する文脈が成立している。（拳を掲げる姿勢も象徴的な態度となる。）キャパニックの態度が、黒人への差別を批判していることは明々白々であった。

（二）「愛国的慣習」と Flag Code（星条旗法）[15]

キャパニックの態度を、星条旗への冒瀆と批判したのには理由がある。それは、アメリカには正統なる愛国の態度を記した連邦法 Flag Code(星条旗法）が存在しているからである。

星条旗法は、建国以来育まれてきたアメリカ社会の物語（相互的寛容、権力濫用への潔癖なまでの自制心などアメリカの自由と正義）への愛国的な理解や慣習を法制化したもので、星条の図柄を定めた 4U.S.C. §1 から、星条旗の冒瀆を処罰する 18 U.S.C. §700 に至るまで、実に、多彩な条文を設けている。星条旗法の存在により、建国以来語り継がれてきた「愛国的慣習」と呼ぶべき特定の価値観に、正統なる地位（法的正統性）が与えられ、その権威が高められてきたのである。

星条旗法の 4U.S.C. §4 には、「私は、アメリカ合衆国の国旗である星条旗に忠誠を誓います。そして、星条旗自体が表している共和制の国家・アメリカに、すなわち、神のもとに一つになった国アメリカに、分かたれることのないアメリカに、全ての人々に自由と正義をもたらす国家、アメリカに忠誠を誓います」と定められ、公立の初等中等学校では毎朝忠誠の誓いが唱和されている。星条旗を目にする全てのアメリカ人が条件反射的に「忠誠の誓い」を思い浮かべ愛国的敬礼姿勢をとることが出来る教育が実践されている。もちろん、バーネット判決以降、暗唱を強制する指導は行われていないが、星条旗が表す「アメリカ」という価値観を敬うことが正統なる価値であると理解する教育は続いている。また、他の条文には、「アメリカの国旗である星条旗に対するいかなる不敬も許されない」と、不敬にあたる旗の取扱い態度（逆さ掲揚など）が列挙されており、「旗は現に生きている国を表し、旗自体は現に生きているとみなされる」とさえ規定し、「星条旗の掲揚儀式の間は……旗に向かって起立し、右手を心臓の上に置いて敬意を示さなければならない……。」と正統なる敬礼態度を定めている。

三 「愛国的慣習」を象徴する態度と「市民宗教(16)」

（一）正統なる地位が生み出す「愛国的慣習」の権威

星条旗に向けられるべき正統なる敬礼態度は、「忠誠の誓い」と相まって星条旗が象徴する国家への忠誠を表現する「愛国的慣習」を象徴する態度として定着する。「愛国」という印象を与える態度をはじめ「愛国的慣習」が法規範となることで法的権威が付与され、法規範として繰り返し実演されることで、その権威の正統たる地位が高まる。ときに「愛国的慣習」に反して不快・不敬・冒瀆と映る態度が処罰されることで、「愛国的慣習」を支える思想に正統なる地位が付与され、「愛国」なる思想を象徴する態度に正統なる権威が与えられ、それを象徴する具体的なもの（例えば、国旗や国歌や国家元首や国家シンボル）が同じく権威を纏う（権威的表象物）。

（二）「市民宗教」と呼ぶべき「愛国的慣習」

「愛国的慣習」が繰り返され、法的権威を纏うことで、それは「市民宗教」となる。「市民宗教」とは、ある国の社会が持つ、意味や目的を説明するところの信条や態度の集合体を指す概念で、その社会の構成員が保持してきたことで普遍化された儀式・神話・シンボル・象徴によって喚起されるといった超越的かつ精神的なるものの実体を解明するための概念である。[17] 正統なる価値観に組み込まれた権威性が、一体、何に由来しているのかを読み解く場合の大きな手掛かりとなる。そして、アメリカの「市民宗教」といえば、それは、「愛国的慣習」を法制化した「忠誠の誓い」に明確化されており、それは、星条旗が表している「共和制」、「神の国」、「自由と正義をもたらす国」に対する純粋な愛着といえる。この点で、アメリカを支える「市民宗教」が、形式的にも実質的にも、アメリカという国家の権威が人民の自由と正義（修正第一条の自由や抵抗の自由）に由来していると理解する国民主権原理に基づくものであることがうかがえる。

（三）愛国的慣習を演出する国家機関と抵抗を示す態度表現を内包する「市民宗教」

権威の正統なる由来を語り、社会の構成員の共感をつなぎ合わせる働きを「市民宗教」が担うとして、その内容について既存の国家機関は、常に望ましい方向へと導くよう働きかける。アメリカにおける「星条旗法」の改正（忠誠の誓いに「神の国」を書き入れた一九九八年の改正）がそれである。

人種のサラダボールと評されるアメリカにおいて、異なる価値（相互に矛盾と衝突を繰り返す関係性）の集合体でありながら、アメリカは、一つの国、自由の国アメリカとして強力にまとまっている。それを支え、統合体の要となっている精神が、自由と正義と人民による政府、寛容と潔癖なる権力濫用への自制心といった憲政の精神（修正第一条）への愛着、すなわち愛国的なる心の慣習なのであり、それが、アメリカの「市民宗教」を織りなしている。その核をなす人民主権国家への愛着は、自分たちのアメリカが政府の高官によって捻じ曲げられることのないよう政府が語り掛ける物語りに耳を傾け、それに対抗する政治的表現の自由が保障されなければならないことを要求する。それこそがアメリカ憲法の精神なのであり、それこそをアメリカの「市民宗教」と位置づけている。先例は、修正第一条は、星条旗に対する自由として、個人の精神に対する強制を禁じ、沈黙を認め、慣習的ではない態度が示されたとしても、それを理由に差別することを許していない（観点差別の禁止）。そして、星条旗を用いてシンボリック・スピーチを発表する人々は、政府に対抗するために人民が意見を表明することこそ真の自由なのであり、真の愛国者なのだという公民権に基づく価値観を発し、「愛国的慣習」という「市民宗教」の中に抵抗の表現の自由が存在してきたことを強調する。そして、今日、政府への抵抗の表現こそ愛国心の表れであるという物語り（市民宗教）を成立させている。

おわりに

アメリカのシンボリック・スピーチの法理を検討することで、それを成立させるシンボル（象徴）の思想伝達能力を分析することが可能となり、シンボルに対する憲法学的考察が可能となる。それにより、正統なる価値観に抗う思想を象徴する政治的態度の表現について、その抵抗の態度に対する手厚い保障が表現の自由の法理（修正第一条の法理）から導き出されることを確認することができる。

明確な言葉によらずとも、態度を示すことで意思の疎通を可能としてきた日本の社会において、アメリカのシンボリック・スピーチの法理の受容が、二一条の保障範囲を格段に広げることに疑いはない。言葉によらない敬礼拒否も二一条の保障対象となる。しかしながら、アメリカのシンボリック・スピーチを、そのまま日本に持ち込む場合には、慎重にならなければならない課題もある。

憲法上の権利に関しては、二一条が「一切の表現の自由」とはじめから広い射程を設定しているので、態度に備わる表現の性質を丁寧に論じることで課題は乗り越えられる。これに対し、国家のシンボル、すなわち、日本国の「象徴」については問題が少々複雑となる。

アメリカと比較した場合、星条旗が指し示す表現内容は、形式的にも実質的にも自由なる人民主権社会、修正第一条の自由の国への愛着を象徴するものであるということができ、自由と正義のために法的に組織されるようになった社会アメリカを星条旗が指すことに疑いはない。星条旗が、自由社会の実現を目指すために必要となる政治的反論の自由と、それを手厚く保障する共和国アメリカの憲法を象徴していることは明瞭といえる。自由と正義がアメリカの「市民宗教」の核にあるといえる。

これに対し、日本のシンボルが象徴している日本国民の統合・日本国は一体何であるのか、日本の「市民宗教」は個人の自由なる思想を核としているのか、と問いを立てると途端に混乱に陥る。

日本国憲法の前文に即して第一条を解釈するなら、「象徴」が指し示す「日本国」、すなわち統治権の下に法的に組織されるようになった社会は国民主権・基本的人権の尊重・平和主義に基づく立憲主義国家となる。そして、国家の権威は国民に由来する国民主権の自由社会ということになる。それを象徴する役割を担う存在が国家のシンボルとなる。そう日本国憲法は設計している。しかし、「日本国民統合」の「象徴」の実態を捉えようと実質的なる接近を試みると、「象徴」に位置する「天皇」が指し示しているモデルは主権者の多様なる自由というよりも、むしろ天壌無窮の宏謨であり惟神の宝祚である。天祖より賜りし「お国柄（国体）」であるとの印象を受ける。少なからず、権威のお墨付きを下す淵源は皇祖皇宗なのだと印象づける儀式が荘厳に執り行われている。国家のシンボルが象徴している内容が実質的には憲法の基本原理と異なる物語りを意味しているとの印象を与えている。「象徴」が示す態度表現の文脈を読めば、日本の「市民宗教」の核心が「天皇教」と呼ぶべき国体思想そのものにあるとの理解（例えば、上杉慎吉『帝国憲法逐条講義』（日本評論社、一九三五年））を導くことができる。[18]

特定の価値観を正統たる地位に据える法的権威が存在する場合、それに抗う自由が存在するのかが、その社会の自由度をはかる単純な目安となる。正統なる価値観に抗うシンボリック・スピーチが存在し、不快・不敬を処断する権力（暴力）のない社会は自由であるといえる。

シンボリック・スピーチの法理を日本で論じることは、単に、第二一条の拡張問題にとどまらず、特定の価値観を正統なるものと位置づける権威と、その権威的存在に抗う個人の政治的自由との衝突を分析する枠組みを設定することを意味する。この枠組みを設定することが出来れば、今日まで、往々にして、処罰されて当然であろうと受け止められてきた異端・不敬・不快と映る態度表現（例えば、沈黙による抵抗）について、日本における「国家の象徴」と「政治的な表現内容を象徴する態度表示」の自由の観点から、「表現の自由」に対するより手厚い法理を導くことが可能となるのではないだろうか。

（1）T.I. Emerson, THE SYSTEM OF FREEDOM OF EXPRESSION (1970) at 79.

（2）M.B. Nimmer, The Meaning of Symbolic Speech Under The First Amendment, 21 UCLA.L.REV.29 (1973), at 29.

（3）Robert Justin Goldstein, The Great 1989–1990 Flag Flap: An Historical, Political, and Legal Analysis, 45 U. MIA L. Rev. 19 (1990) at 65–66.

（4）United States v. O'Brien, 391 U.S. 367 (1968) at376.

（5）意図して示された態度を、スピーチ以外の行動と位置づけ制限の合憲確認を導くスピーチ・プラスと、それ自体を表現内容そのもの捉え修正一条の手厚い保障を導くシンボリック・スピーチとでは違憲審査の枠組みが全く異なる。テキサス対ジョンソン判決ではオブライエン・テストではなく政治的表現に対する「最も厳格な審査の基準」が用いられた。拙著『国家のシンボルとシンボリック・スピーチ』（成文堂、二〇二〇年）六四 - 六五頁、一〇八頁。

（6）Tinker v. Des Moines Independent Community School District, 393 U.S. 503 (1969) at505-506.

（7）Cohen v. California, 403 U.S. 15 (1971).

（8）Texas v. Johnson, 491 U.S. 397 (1989).

（9）Spence v. Washington, 418 U.S. 405 (1974).

（10）United States v. Eichman, 496 U.S. 310 (1990)

（11）Hurley v. Irish-American Gay, Lesbian, and Bisexual Group of Boston, Inc., 515 U.S. 557 (1995).

（12）宮前ゆかり「ファーガソン黒人少年射殺事件――米国の人種差別と階級闘争の構図」世界八六五号（二〇一五年）二九頁。

（13）総特集　ブックラク・ライウズ・マタ―　現代思想四八 - 一三号（二〇二〇年）九頁～。

（14）藤永康政「ブッラク・ライウズ・マタ―　蜂起の可能性」世界九三五号（二〇二〇年）四二頁～。

（15）4U.S.C. §1～§10.

（16）36U.S.C. §101 以降、星条旗冒瀆禁止法 18 U.S.C. 700.

（17）Robert Bellah, Civil Religion in America, Daedalus, Vol.96, No. 1, (1967), pp.1-21, Ellis M. West, A Proposed Neutral Definition of Civil Religion, Journal of Church and State, Vol.22, No. 1 (1980) at39.

（18）横田耕一『国民統合』と象徴天皇」世界六七〇号八一頁、同『憲法と天皇制』（岩波書店、一九九〇年）七八、九三、九五、一〇五、一六一参照。

人種的分断の防止の視点からの Affirmative Action の意味の再検討

茂木洋平
（桐蔭横浜大学）

はじめに

アメリカ合衆国の Affirmative Action（ＡＡ）は、対象者に（大学の定員枠、雇用、公共事業契約などの）社会的資源を与え、対象外の者にその獲得のハードルを高める。日本の学説は、ＡＡの受益者はマイノリティであり、その負担はマジョリティが負うという二分的枠組に基づき、差別の救済（防止）策として肯定的に評価してきた。その背景には、日本の学説が、日本の構造的差別を是正する手段としてアファーマティブ・アクションの導入を提唱するために、ＡＡに大きな関心を寄せてきたことがある。

だが、合衆国のＡＡの現実を見ると、二分的枠組ではＡＡを理解できない。マジョリティが自らの社会的資源を維持するために、多様性を理由に、マイノリティに社会的資源の獲得のハードルを高め、ＡＡの対象から外れたマイノリティは、ＡＡによって社会的資源の獲得のハードルを高められる。この現実がありながらも、合衆国ではＡＡが実施され続け、裁判所も方法を誤らなければ憲法上許容されると判断してきた。その主たる理由は、ＡＡが人種的分断を防ぐ道具になりうるところにある。

本稿の目的は、分断の防止と統合の促進の観点からＡＡを捉え直すところにある。日本の学説は、二分的枠組によるＡＡの理解に基づいて平等保護条項の解釈を展開してきたが、それを構築し直す必要がある。

一　Affirmative Action と人種的分断

（一）人種分離制度と差別感情

人種別学制は、白人女性と黒人男性の性的接触の遮断を法的に担保するものであった。人種分離制度の基礎には黒人への嫌悪感情があり、被差別者は不満を募らせた。それが噴出すると暴力を伴う分断が生じる危険があり、これを防ぐには、差別的な法制度を撤廃する必要があった。

Brown I 判決で、[1] 合衆国最高裁は公立小学校での人種別学を違憲と判断したが、翌年の Brown II 判決で、[2] 合衆国最高裁は人種別学の廃止を「可及的速やか」に実現すべきとして、その廃止に時間的猶予を設けた。この理由は、人種主義者が Brown I 判決に激しい不満を抱いており、それの噴出を懸念したところにある。

当時、人種分離制度の最たる課題は異人種婚禁止法の廃止にあったが、合衆国最高裁は人種主義者からの反発をおそれ、その憲法適合性の審査をためらった。一般的に、Brown I 判決はカラーブラインドの原則（人種区分に基づく別異取扱の禁止）を宣言したと考えられているが、人種別学による黒人への悪影響が強調されており、合衆国最高裁でこの原則への支持を表明した裁判官は少数であった。カラーブラインドの原則の是認は異人種婚禁止法の廃止の突破口となるため、差別主義者からの激しい反発をおそれたのである。

合衆国最高裁が異人種婚禁止法を違憲と判断したのは一九六七年であり、(3)それに違憲判断を下しても人種的分断を抑えられると合衆国最高裁が認識するには、長い年月がかかった。人種分離制度に関する一連の憲法適合性判断に際し、合衆国最高裁は、黒人と白人の双方の不満を考慮し、自らの憲法判断が人種的分断を生じさせないように配慮してきた。

（二）Affirmative Action の変遷―中立性の徹底から人種の考慮へ―

人種分離制度はマイノリティへの嫌悪から構築されており、その撤廃には人種区分の使用の禁止という平等理論（カラーブラインドの理論）が有効であった。一九六〇年代において、政府が人種中立的な態度を徹底（人種区分の使用を禁止）すれば、マイノリティに平等な機会が保障されると考えられており、この当時のＡＡは差別（人種区分の使用）の禁止を意味していた。だが、差別を禁止しても、人種間の社会経済的格差は埋まらず、逆にマイノリティの社会経済的地位を構造的に後退させた。

人種間の不均衡は無意識の差別（マジョリティが無自覚のうちにマイノリティの抱える問題を無視すること）を蔓延させるため、政府の人種中立的な態度に対して、マイノリティは自らの問題が無視されていると感じた。人種中立的な制度の下で生じる社会経済的格差はマイノリティの地位を格下げし、社会的資源を獲得する機会の享受を妨げた。

政府による人種中立的な態度の徹底は人種間の社会経済的格差を温存し、黒人はそれに不満を募らせた。その不満を抑えるために、人種中立的なアプローチから脱却して、ＡＡは人種を考慮して黒人に社会的資源を与えるという概念へと変化した。

この当時、黒人は唯一大規模なマイノリティであったことから、ＡＡは単一のマイノリティ（黒人）に社会的資源を付与し、その費用をマジョリティ（白人）が負担した。黒人は被差別の歴史の影響から資質形成に不利な状況に置かれていたため、ＡＡは差別の救済を理由に正当化され、ＡＡの実施は黒人の不満を抑えた。差別の救済と人種的分断の防止は同義であり、ＡＡは二分的枠組に基づき、差別の救済（防止）策として理解できた。

（三）差別の救済を理由とした Affirmative Action の正当化の限界

一九八〇～九〇年代にかけて、合衆国最高裁はＡＡに否定的な判断を下した。一つの理由は、人口構成の変化から主要なマイノリティが黒人だけではなくなったことで、差別の救済を理由としたＡＡの正当化に限界が訪れたところにある。差別の救済を理由とすることはＡＡの対象者を被差別の歴史のあるグループ（黒人）に限定する。ＡＡが被差別者だけに社会的資源を与え続けると、他のマイノリティが不満を抱き、人種的分断を招く危険がある。差別の救済を理由とするＡＡは合衆国の現状に合わなくなってきた（黒人への社会的資源の付与だけでは、人種的分断を防ぐことができなくなった）。

（四）多様性を理由とした Affirmative Action の登場

一九九〇年には、ヒスパニックは黒人と同数になっており、黒人だけが大規模なマイノリティではなくなっていた。ＡＡによって黒人は現業公務員で過剰代表であったことから、ヒスパニックは人種的多様性の必要性を示し、自らをＡＡの対象者とするように主張しており、マイノリティ同士で争いが生じていた。(4)

マジョリティも、自らの社会的資源を維持するために多様性の理論を用いており、その例として Lowell 高校の事例が挙げられる。サンフランシスコの公立の名門校である Lowell 高校では、学力を重視した入学者選抜を実施すると中国系が多数を占めることから、学生の人種構成の多様性を重視する施策が実施され、中国系の志願者が合格に要求される学力の水準は他のどのグループと比べても高く設定された。この入学者選抜策は、マジョリティが入学枠を確保するために策定された。

二〇〇三年に合衆国最高裁は、ミシガン大学ロー・スクールの入学者選抜におけるＡＡの憲法適合性が問題とされたGrutter判決において、多数意見により合憲判断を下した。多様性を理由としたＡＡの正当化を認めた。多様性が利益の創出だけに関心があると理解すると、マイノリティに不利益を及ぼした方が社会全体の財を増加させると証明された場合には、マイノリティを不利に取扱う施策も多様性を理由に正当化される。故に、日本の学説は多様性の利益には差別の是正が含まれており、多様性はマイノリティへの差別を是正する形で実現されるべきと理解した。[6]

だが、多様性の理論はマイノリティに不利に作用することもあり、差別の是正と結びつけられない側面がある。Grutter判決オコナ裁判官法廷意見は、多様性を理由としたＡＡが「隔たれることがない一つの国家という理想」の実現に資することを示していた。合衆国最高裁が多様性によるＡＡの正当化を是認した背景には、人種的分断を防ぐには、ときとしてＡＡによって差別を助長する危険（マイノリティへの不利益）も甘受しなければならないという理解があったと思われる。

現在の日本では、アファーマティブ・アクションの正当化理由をはじめとして、差別是正に関わる様々な場面で、多様性という言葉が用いられている。その主たる原因の一つは、日本の学説がGrutter判決を肯定的に評価し、合衆国の多様性の理論を差別の是正と結び付けた形で積極的に紹介してきたところにある。だが、合衆国の人種に基づくＡＡの文脈では、多様性とは差別を助長する危険があったとしても分断の防止に必要なものとして用いられている。合衆国の多様性の理論を参照するのであれば、日本における多様性の意味を問い直す必要がある。

二　合衆国における Affirmative Action の正当性をめぐる議論の本質

（一）否定派の裁判官の見解

否定派の裁判官は、憲法はカラーブラインドであり（人種区分は危険であり、用いるべきではない）、AAは憲法上許されないとして、常にAAを違憲と判断する。否定派の裁判官には、人種区分（AA）を用いて人種問題を解決するという考えがない。否定派の裁判官はAAが人種的分断を助長し、民主的な社会が破壊されることを懸念した。否定派の裁判官は、人種的な敵意と争いを助長する人種区分の危険性を認識していた。人種的分断や敵意は深刻な無秩序を生じさせ、否定派の裁判官は、AAの禁止こそが人種差別とそこから生じる害悪を防ぐと考えた。(7)

（二）中間派の裁判官の見解

中間派の裁判官はAAに基本的に否定的な態度を採るが、事例によっては合憲判断を示しており、穏健な保守派と言われる。中間派の裁判官は、AAによって社会的資源を喪失した者がAAの受益者に敵意を抱くことから、人種的分断が加速する危険を常に強調する。(8)

中間派であるオコナ裁判官は、AAの禁止によって人種的不均衡が放置されることで、人種的分断が生じる可能性を認識しており、Grutter 判決では合憲判断を下した。それぞれの事件で問題となったAAが分断を助長するのか、それとも統合を促進するのかの見極めがオコナ裁判官のAAの憲法適合性の判断を分けた。(9)

中間派であるケネディ裁判官は、Grutter 判決では違憲と判断するが、テクサス大学の学部の入学者選抜のＡＡの合憲性が問題とされた Fisher II 判決(10)では多様性の利益を理由としたＡＡの正当化を認めて、合憲と判断する。ケネディ裁判官はＡＡがもたらす危険を認識しながらも、人種的分断を抑えるために人種的不均衡を是正する必要もあると示す。

(三) 肯定派の裁判官の見解

肯定派の裁判官は常にＡＡを合憲と判断するが、ＡＡは人種間の緊張関係を高める危険があると認識し、ＡＡは許容されるにすぎず、憲法上要求されるとの考えは急進的だと否定する。肯定派の裁判官は懐疑主義（人種区分は本来的に疑わしいという考え）に依拠し、ＡＡの憲法適合性も厳密に審査すべきとする。(11)

一方で、肯定派の裁判官は、人種間の社会経済的な地位の不均衡によって蓄積したマイノリティの不満を抑えるためにＡＡを実施すべきと考えている。(12)

(四) 見解の相違

否定派から肯定派の裁判官に至るまで、ＡＡを含めて人種区分の使用の危険を認識している。肯定派と否定派の争いと、中間派が事例ごとに判断を変えるのは、人種区分の使用がもたらす効果（人種的不均衡の是正）と費用（分断の危険）を勘案して、ＡＡの実施が人種的分断の防止に役立つのか否かに関する評価の違いにある。

三　Affirmative Action の行方

合衆国最高裁では、ＡＡが合憲であるための条件として、一時的であること、その必要性が定期的に見直されることが挙げられている。人口構成の変化によって人種問題は変容するため、ＡＡもそれに合わせて更新されなければ、問題を悪化（人種的分断を助長）させる。個々の人種問題は収束する可能性があり、問題が解決すれば、個々のＡＡは必要なくなる。だが、常に人種問題が変化し続ける合衆国では、ＡＡによって各グループの不満を抑え、分断を防ぎ続けることが宿命づけられている。

四　日本の学説による二分的枠組に基づくAffirmative Actionの理解

（一）Affirmative Actionへの肯定的評価

日本でＡＡ研究が開始された一九七〇年代後半から現在に至るまで、日本の学説は二分的枠組に基づき、実質的平等を達成するための施策としてＡＡを捉え、差別の救済（是正）策だという理解を示している[13]。「不平等に歪んだ社会的環境の是正という「光」輝く施策」という評価にみられるように[14]、ＡＡは肯定的に捉えられている。

（二）アファーマティブ・アクションの憲法上の評価

日本の学説のＡＡへの誤解は、ときとしてアファーマティブ・アクションの憲法上の評価も誤らせている。合衆国の判例と多くの学説が逆差別の危険などを考慮してＡＡは憲法上許容されるにとどまると解していることを参照し、日本の学説の多くは、アファーマティブ・アクションは憲法上許容されると解してきた。

合衆国で展開された反従属原理（修正第一四条はマイノリティを従属的地位に貶める人種区分を禁止するという理論）の一部の見解は、マイノリティの社会経済的地位の向上を重視して、ＡＡが憲法上要求されるという解釈を展開した。日本でも、反従属原理に依拠し，アファーマティブ・アクションが憲法上要求される可能性を説く見解がある[15]。この見解の背景には、二分的枠組に基づき、ＡＡは弱者の救済策であり、差別を解消する良性の施策であるという認識がある。だが，ＡＡは二分的枠組では捉えられない側面がある。ＡＡの複雑な現実（マイノリティへの差別を助長する危険）を理解すれば、アファーマティブ・アクションが憲法上要求されるという解釈を展開する際に、合衆国の議論には依拠できない。

五　日本の学説が二分的枠組で Affirmative Action を理解し続けるのは何故か？

（一）合衆国の現状に対する日本の学説の認識

日本の学説は、合衆国には多様な人種が混在し、黒人以外にも多くのマイノリティの問題を抱えており、マイノリティ同士の対立も存在し[16]、合衆国の現状を二分的枠組で理解できなくなっていることを認識している[17]。日本の学説では、ＡＡの対象者の選抜が恣意的に行われる危険を理解しており[18]、社会的資源を獲得するために、ＡＡの対象者になることを各グループが要求している合衆国の現実を把握していた[19]。そして、ＡＡによって被差別のマイノリティが不利益を被っている現実も理解されていた[20]。

（二）構造的差別の是正策としての Affirmative Action の参照価値の毀損

日本の学説がＡＡをめぐる現実に真正面から取り組まなかった理由は何か。その一つの理由は、構造的差別の是正策としてＡＡを参照できなくなるところにある。

ＡＡが被差別のマイノリティに不利益を及ぼすという事実は、ＡＡが差別の救済策であるという事実を掘り崩す。もっとも、日本の学説がＡＡによって不利益を受けると認識していたマイノリティは、ユダヤ系や、モデルとなるマイノリティ（ＡＡがなくとも社会経済的に成功を収めることが出来たグループ）である日系や中国系であった。これらのグループは、ＡＡによって不利益を被っても過小代表には陥らず、その地位は格下げされない。ＡＡはマイノリティの中でも過小代表のグループに社会的資源を付与し、それらのグループの社会経済的地位を向上させ、固定観念や偏見を縮減する。故に、ＡＡは差別の是正（防止）策であるという理解（地位を格下げされるグループはいない）を維持できる。

だが、ＡＡは社会経済的地位の低いマイノリティにも不利益を及し、ＡＡによってこれらのグループがさらなる過少代表に陥って差別が助長され、地位が格下げされる場合がある。この事実に対しては、地位の格下げの観点から回答できない。

もっとも、日本でも、ＡＡによって社会経済的に不利な状況にあるマイノリティが不利益を被る可能性を認識する論者がいる。[21] だが、この論者自身が、合衆国の反従属原理を参照して、アファーマティブ・アクションが憲法上要求される可能性を説いており、この問題に真正面から取り組んでいない。

筆者の指摘には、多様なグループで構成されるマイノリティを一括りに捉えて、ＡＡによって特定のグループの地位が向上すれば、マイノリティ全体の地位が向上し、差別が縮減されると反論されるかもしれないが、合衆国で各マイノリティが直面する問題は異なっている。

被差別の過少代表のマイノリティがＡＡによって不利益を受けている事実を大々的に示すことは、ＡＡによる構造的差別の創出を認めることになる。それでもなおＡＡに肯定的評価をするのであれば、構造的差別から救済されるべきグループとそうでないグループを選別しなければならなくなる。二分的枠組では、悪者（過去の差別から優位な立場にあるため、ＡＡによる費用を負担しても問題ない者）と救うべき者（過去の差別の弊害に苦しんでいる者）を分けることができたが、悪者ではないマイノリティへの負担を正当化する論理の構築に、躊躇しているのかもしれない。

（三）Affirmative Action に関する議論を追い切れていない可能性

ヒスパニックやアジア系などの視点からＡＡの問題が学説で盛んに展開されたのは一九九〇年代以降である。二分的枠組に基づくＡＡの理解は、一九八〇～九〇年代に横田耕一や安西文雄らの代表的論者によって、日本の学説で確立した。この当時、合衆国の現実は二分的枠組に適合しなくなっていたが、合衆国の主流の学説は二分的枠組を維持し、スティグマ論によってＡＡを正当化する議論を展開していた（マイノリティに利益を及ぼすＡＡはスティグマを縮減するが、マイノリティに不利益を及ぼす人種区分はスティグマをもたらすという議論）。安西はこの議論を紹介し、ＡＡ（及びアファーマティブ・アクション）の正当性に関する日本の議論の土台をつくった。

比較法の研究手法としては、準拠国の著名な論者を参照することが定石であり、一九九〇年代に登場し始めた周縁の議論までは把握しきれなかったと考えられる。安西の議論は当時の外国法研究としては最先端であった。だが、ヒスパニックやアジア系の論者からのＡＡの検討が蓄積されてきている現在では、日本の学説も二分的枠組に基づくＡＡの理解から脱却しなければならない。

おわりに

（一）アファーマティブ・アクション正当化の法理論の再構築の必要性

本稿の分析によれば、ＡＡが対象外のグループに社会的資源の獲得のハードルを高め、一定のグループの地位を格下げする（差別を助長する危険）がありながらも、合衆国最高裁がＡＡを許容してきた理由は、ＡＡによって人種的分断が防止されるところにある。人種的分断の防止には平等の促進（マイノリティの社会経済的地位の向上）が必要だが、それに反する結果（社会経済的に不利な状況にあるマイノリティに社会的資源の獲得のハードルを高める）が求められる場面もある。ＡＡを「分断の防止策」

だと理解すると、構造的差別の是正策としてアファーマティブ・アクションの導入を提唱する際に、ＡＡを参照できなくなる。アファーマティブ・アクションの正当性の議論はＡＡをめぐる判例と学説の理論を参照して構築されているため、本稿の示したＡＡの理解はアファーマティブ・アクションの正当性に関する理論を再構築する必要性を示唆する。

（二）日本の法解釈への影響

日本の学説は、マイノリティには政治力が無く、マジョリティが自らの判断で社会的資源を手放す判断をしており、ＡＡは自己取引ではないことから、憲法適合性審査に際しては適用される基準の厳格度が引き下げられると理解する。だが、実際には、（マイノリティを含めて）特定のグループが政治力を駆使して社会的資源を獲得しようとしている（ＡＡの対象者となろうとしている）ことから、ＡＡは自己取引ともいえる。日本の学説はＡＡは自己取引ではないという理解を日本の具体的状況を検討せずに受容する傾向があるが、これも問い直す必要がある。

合衆国最高裁が大学の入学者選抜の文脈でクォータを違憲としたことから、日本の学説もアファーマティブ・アクションの実施に際しては、逆差別などへの懸念から、様々な文脈でクォータを用いることに否定的である。合衆国でクォータ制が違憲とされる理由は、特定のグループへの明確な割合の留保が人種同士の緊張関係を高めるおそれがあること、人種間に学力差があるために、クォータ制が永続する（対象外の者の「機会の平等」が否定され続ける）ところにある。日本の理工系大学（学部）の入学者選抜の女子枠の問題では、人種問題のような分断の危険はなく、男女間に学力差もないことから個人主義との抵触はそれ程問題とならず、男女間の不均衡は母数（受験者数）の増加で解決することから終結点が見えている。

（三）日本における分断

日本には合衆国の人種間の対立ほどに分断を引き起こす問題はなく、合衆国のＡＡと比べてアファーマティブ・アクションは容易に憲法上許容される。ただし、その実施に際して、日本でも分断の危険がある。経済成長がなく社会的資源の総数が増えない中でアファーマティブ・アクションが実施されると、対象外の者は対象者にいかりや不満を抱く。コロナ禍では国民の選別論（国民を救済すべき者とそうでない者とに分けること）が特に顕著になった。社会的資源の総数が限られている状況が続く以上、誰かに対する救済はそれ以外の者への負担になる。社会的資源を増やす政策が採られない限り、日本でアファーマティブ・アクションを実施できる状況にあるのか（対象外の者が不満を抱かずにその負担を受容する）は、疑問である。

（1）Brown v. Board of Education, 347 U.S. 483 (1954).
（2）Brown v. Board of Education, 349 U.S. 294, 301 (1955).
（3）Loving v. Commonwealth of Virginia, 388 U.S. 1 (1967).
（4）拙著『アファーマティブ・アクション正当化の法理論の再構築』（尚学社、二〇二三）三五‐三六頁。
（5）Grutter v. Bollinger, 539 U.S. 306 (2003).
（6）拙著『アファーマティブ・アクション正当化の法理論』（商事法務、二〇一五）二五二‐五三頁。
（7）拙著『アファーマティブ・アクションの正当化と批判の憲法理論』（尚学社、二〇二一）八‐九頁。
（8）拙著前掲（4）二二三頁。
（9）拙著前掲（4）二〇四‐〇五頁。
（10）Fisher v. University of Texas, 136 S. Ct. 2198 (2016).

(11) 拙著前掲(7)九‐一〇頁。
(12) 拙著前掲(4)二八九‐九一頁。
(13) 佐藤司「少数民族優先入学は逆差別か―『バキ逆差別事件』米連邦最高裁判決の意義」法学セミナー二八六号(一九七九)一六頁;阪本昌成「優先処遇と平等権」公法研究四五号(一九八三)九八頁、九九頁;横田耕一『アメリカの平等雇用―アファーマティヴ・アクション』(部落解放研究所、一九九一)一〇頁;芦部信喜『憲法学Ⅲ人権各論(一)[増補版]』(有斐閣、二〇〇〇)二八頁;安西文雄「女性の社会参画―アファーマティヴ・アクションを考える」月報司法書士四七一号(二〇一五)一四頁、一五‐一六頁;宍戸常寿ほか『憲法学読本[第三版]』(有斐閣、二〇一八)一一五頁(巻美矢紀)など。
(14) 安西文雄「平等」樋口陽一編『講座憲法学三 権利の保障(一)』(日本評論社、一九九四)七六頁、九三‐九四頁。
(15) 高橋正明「憲法上の平等原則の解釈について(一)~(三・完)」法学論叢一七八巻一号(二〇一五)八五頁、一七八巻二号(二〇一五)一〇五頁、一七八巻五号(二〇一六)九五頁。
(16) 木下智史「『批判的人種理論(Critical Race Theory)』に関する覚書」神戸学院法学二六巻一号(一九九六)一九九頁、二〇八頁;吉田仁美「学校における人種差別撤廃の最近の動向」ジュリスト一三七五号(二〇〇九)一一九頁、一二六頁。
(17) 伊藤正巳「アファーマティブ・アクション」日本学士院紀要四八巻二号(一九九四)八三頁、八九頁。
(18) 安西文雄「法の下の平等について(四・完)」国家学会雑誌一一二巻三・四号(一九九九)六九頁、九二頁。
(19) 横田耕一「平等原理の現代的展開―"Affirmative Action"の場合―」現代憲法学研究会編『現代国家と憲法の原理』(有斐閣、一九八三)六四五頁、六六七頁。
(20) 安西前掲(14)九四‐九六頁。
(21) 高橋前掲(15)(三・完)一三一頁。

《コメント》

アイデンティティと耐え難き法の「浅さ」？[1]

松尾　陽
（名古屋大学）

はじめに

さて、本シンポジウムのテーマの中では、「文化戦争」と「リベラル憲法理論」という二つのキーワードが出てくる。「リベラル憲法理論」を「リベラリズム」に置き換えるものの、これら二つのキーワードを軸に考察していく。本稿では、「リベラリズム」から「文化戦争」を分析し、評価することも含まれるものの、しかし、それは、「リベラリズムから文化戦争を斬る」という主張を意図したものではない。むしろ「文化戦争」の問題から「リベラリズム」の課題を抽出しようとする意図も有している。

一　文化戦争とアイデンティティの「傷」

「文化戦争」とは何か。ひとまず「文化戦争の主要な問題」は『価値観の対立』と重ねて『アイデンティティの衝突・排除』であるという定義[2]から出発する。具体的には、人種、文化、ジェンダー、能力、性的嗜好などをめぐって、対立・衝突・排除の問題である。本コメントでは、主に「アイデンティティをめぐる政治」も視野に入れる。

文化「戦争」といっても、実際の国家間の戦争がその中心としてイメージされるわけではない。(3) 文化「戦争」の多くは、国内における民主政治の中での公共的な制度の内容をめぐって繰り広げられる政治闘争の形をとる。ここでいう政治闘争とは、公共的な制度を変えるべく、多数派の形成を目指した闘争である。もっとも、民主制の枠内で収まらないこともしばしばある。一九九〇年代には、中絶反対派が中絶施術を実施するクリニックを次々と爆破するというテロも生じている。戦争それ自体ではない場合でも、確実に死傷者は出ている。

肉体的な傷だけの問題ではない。この闘争は、アイデンティティや自分が帰属する文化や宗教が大きく傷つけられたこと（と主張すること）に端を発する。この「傷」は、時に、肉体の傷よりも深く、かつ、持続する。自らの存在そのものが全否定された感覚をもたらし、自殺する者もいる。自殺しないまでも、自尊心が大きく損なわれ、その後の人生において、継続的に何かを選択していく精神的基盤が大きく崩れてしまうこともある。(4)

しかし他方で、同じ状況に置かれても、全くそのように傷つかない（と主張する）者もいる。たとえば、「アフリカ系アメリカ人」ではなく、自分は「アメリカ人」だという主張して、「ブラック・カルチャー」が傷つけられても全く傷つかない者もいる。性別役割分業のイメージに全く傷つかない人びともいる（そうした分業に順応してしまっていることもある）。これらは、（かつての）マルクス主義者からは、「虚偽意識」と呼ばれるようなものかもしれない。ただ他方で、「虚偽意識」を論難して、自分だけが真理を認識している、この文脈で言い換えれば、本当は「傷ついているかわいそうな人たち」と認定することも、アイデンティティの押し付けとなる危険があることに注意する必要がある。

さらにもっと厄介なのは、このような文化戦争によってさらにアイデンティティが強化されることもある。特定集団に帰属する者として差別されるがゆえに、強固なアイデンティティが形成され、一面で濃密な生をもたらしてくれるという逆説もある（念のため付言して置くと、この事態を肯定的に評価しているわけではない）。

このようなアイデンティティの「傷」をどのように特定していくのかは、きわめて重要な課題であるものの、それを強制と結びついた公的な制度の中で認定することの危険も同時に考えなければならない。

二　リベラリズムの限界と承認をめぐる政治

アイデンティティをめぐる問題に対して、リベラリズムはどのような態度をとってきたのか。たとえば、イギリスの政治哲学者ジョン・グレイは、リベラリズムを、①個人主義、②平等主義、③普遍主義、④改良主義という四つの特徴にまとめている[5]。集団に対する個人の優位性、権利を平等に保障すること、歴史や文化を相対化し普遍性に価値を置くこと、すべての政治社会的な制度が修正可能であるとされる。もっとも、リベラリズムは、宗教改革および改革後、商業の精神論、啓蒙主義など、さまざまな思想の流れが混ざり合った大河であり、これら四つの特徴を完璧に兼ね備えなければならないということもないし、また、四つの特徴が常に等しく尊重されるべきだとされているわけではない。多くの、時に、相矛盾する流れが混じり合ったのが、リベラリズムであることに留意する必要がある[6]。

ともあれ、リベラリズムは、「アイデンティティをめぐる政治」に対して両義的な態度をとってきた。一方で、（実際のリベラルな男性が「抑圧者」となっていたことも否定できないとしても）、たとえば、リベラリズムの普遍主義こそが、現状の差別や偏りを糾弾し、白人に対する黒人の劣位、男性に対する女性の劣位を糾弾し、双方の道徳的地位の平等推進し、制度改革の原動力になってきたことも確かである。しかし他方で、この普遍主義こそがアイデンティティをめぐる政治に冷や水を浴びせてきたことも確かである。あくまで認められるべきは、平等な個人の権利の保障であって、それ以上にアイデンティティを承認することはできないという限界を設定してきた。また、特定の文化に固着する振る舞いについては、「改良主義」の観点から「遅れている」と評価することさえあった。リベラリズムは、アイデンティティの問題に「深入り」はせず、距離を置いてきた。(7)

このようなリベラリズムの限界を厳しく批判したのは、共同体論、多文化主義論、フェミニズム、共和主義などの思想潮流であった。これらを同じ潮流の中にまとめること、および、これらすべてがアイデンティティの問題に関して共同戦線を張っているかのように描くことは乱暴ではある。しかし、これらの思想潮流が、リベラリズムの限界に対して、集団の権利、差異への権利、個別性への配慮の可能性の道を開こうとしてきた。(8) このような潮流の背後にあるのは、「この私／私たちを『私／私たち』として承認してくれ」という声である。(9) すなわち、権利を平等に（再）分配することではなく、当該個人や集団の固有の地位を承認することである。

ただ、この声を発しているのは誰かという問題に注意する必要がある。「承認をめぐる政治」が議論されるとき、通常、そのような声を挙げている主体として想定されているのは、「マイノリティ」とされるアフリカ系アメリカ人、女性、トランスジェンダーなどの人びとである。(10) しかし、そのようにカテゴライズされた人でも、そのような声を挙げているわけでは必ずしもない。一で触れたように、マイノリティ／マジョリティを超えた上位カテゴリーへの帰属を表明することもあるし、カテゴリー化されることを嫌う人もいる。

また、通常は、「マジョリティ」に位置づけられている人びとがそのような声を挙げているケースもある。「マイノリティ」側の、承認を求める声が公的に認められるならば、我われの方にもそのような声を挙げさせろという形で主張する。リベラリズムの普遍主義からすれば、同じ理由が妥当するならば、誰の主張であれ、認めるべきことになる。特定集団・個人にのみ、そのような権利・利益を認めることはできない。[11]

三　承認の形

アイデンティティをめぐる政治は、公的な制度における承認を求めて繰り広げられる闘争である。承認の形はどのようなものがあるだろうか。

カナダの政治哲学者チャールズ・テイラーは、平等に承認を付与していくことと、個人や集団に固有の承認を付与することとを区別している。[12] 双方の承認とも、平等に尊重するということに端を発しているものの、アイデンティティ概念が形成し発展していくことによって、後者の意味の承認、つまり、固有の承認を求める声が強くなってきたという。

市民同士の対等な交流の中で相互のアイデンティティが相互に承認されていくということには特段の問題はない。隠れた抑圧がないか、本当にそのような過程で承認がなされていっているのかという不断の検証が必要ではある。しかし、その検証がクリアされている限り、特段問題はない。

問題は、この固有の承認を公的な制度の中で求めていく場合、いわば垂直的な関係の承認が制度化される場合である。[13] 制度化するといっても、その形はさまざまである。[14] 自分のアイデンティティの承認を公的に求めるということには、①公的機関に対して平等な承認を求めること、②私人に対して平等な承認を求めること（たとえば、公共施設の法理）[15]、③公的機関に対して積極的な特別扱いを求めること（たとえば、特別代表、クォータ制）、④公的機関に対して消極的な特別扱い（たとえば、義務教育からのアーミッシュの免責）[16]を求めることなどが考えられる。

リベラリズムは①の形の承認を受け入れることができる（そもそも「固有の承認」ではない）。問題は②③④である。②の場合についていえば、結社の自由を有する私人に対して平等な承認を求めることができるのか（私的な関係では、固有の承認を与える相手方選択の自由があるのではないか）。③④の場合についていえば、公的な機関による特別扱いを認めることができるのか。

このように、固有の承認を与えることに関して、制度化しようとすると、リベラリズムの諸原理と緊張関係を孕むことになる。ただ、先に注意を促していたように、リベラリズムは、多くの思想潮流が混じり合った大河である。アイデンティティの承認のあり方を一律に退けることなく、具体的な事案に即して、アイデンティティを承認する制度がどの原理をどのように尊重し、あるいは、損なうのかを検討しなければならないだろう。

終わりに

さて、本シンポジウムは、「文化戦争」を取り上げるものであるものの、どの報告も、アイデンティティが傷つけられるという「傷」の問題に正面から向き合うものではなかった[17]。これは、必ずしも否定的な意味で指摘しているのではない。むしろ、本稿で記してきたように、アイデンティティの問題の「深み」に公的な制度が立ち入ることにはリベラリズムの観点から限界がある。この限界は、セクシュアル・ハラスメントの被害者であり、また、それを裁判で晴野まゆみ氏がその手記できわめて鮮やかに描きだされている。結びに代えて、彼女の言葉を引用しておこう。

「法律の前では生身の人間の感情もきれいに整理され、理論として表される。『痛い』『苦痛だ』と生身の人間が涙をこぼして叫んでも、書面では『精神的苦痛』で表され、裁判所に提出される。そこには生の感情と大きな隔たりがある。それが法の場に持ち込むということなのだ。自分の感情が体温をもって伝わるか否かは問題なく、法的見解に照らし合わせての反論をできるかなのだ。悩んだところでそれはどうしようもない(18)」。

彼女は、裁判で普遍的に認められるべき「権利」の主体として戦うために、また、社会運動的な裁判の戦略のために、「原告A子」として立ち現れることを強いられた。普遍的な権利の保障を目指す法は浅い。アイデンティティという深部に法が取り組めないのは、一定の倫理性に裏打ちされている。この浅さを超えて、法は深部に立ち入るべきなのか。この問いがシンポジウムの各報告に対する私のコメントの基調にある。

（1）本稿は、二〇二三年五月一四日に名古屋学院大学で開催された「文化戦争とリベラル憲法理論のゆくえ」という憲法理論研究会のシンポジウムで三つの報告に対するコメントをもとにした論稿である。まずは三人の先生の報告と別の先生のコメント、および、フロアとの質疑応答から多く学ぶことができたことに感謝を申し上げる。そこで得た刺激も踏まえて、当日のコメントを再現するだけではなく、その後考えたことも含めてこのコメントを執筆する。

（2）志田陽子『文化戦争と憲法理論』（法律文化社、二〇〇六年）二二頁。ドイツの「文化闘争 Kulturkampf」から来る言葉だということもあるが、ここでは、北米の文脈に限定して考察を進める。

（3）実際の戦争の形をとることもある。実際、現在進行中のロシアによるウクライナ侵攻はロシアのアイデンティティを守るための側面が濃厚にある。このことと関連して、ロシアが、共通の国民的アイデンティティの感覚を強化するための憲法典の改正を二〇二〇年に行っていることも重要である。その分析として、法律時報二〇二二年一〇月号に収録された特別企画「二〇二〇年憲法改革とロシア「立憲主義」の転轍――ウクライナ戦争への予兆？」が重要である（佐藤史人氏、ヘルベルト・キュッパー氏、アンドレイ・メドゥシェフスキー氏の論稿が含まれている）。

（4）これについては、拙稿「「私」の居場所――自尊感情の社会的基盤」（片桐直人、岡田順、松尾陽編著『憲法のこれから』（日本評論社、二〇一七年七月）所収）参照。

（5）John Gray, *Liberalism* (Open University Press, 一九八六)、X＋頁。

（6）（教材ではあるものの）以下の拙稿で、この点を強調したことがある。拙稿「立憲主義」曽我部真裕・見平典『古典で読む憲法』（有斐閣、二〇一六年）第一章。

（7）もっとも、個人主義・平等主義・普遍主義の要素を兼ね備えながらも、集団の権利、特別な権利、文脈に配慮した権利を認めるリベラリストとしては、ウィル・キムリッカがいる。同著（角田猛之ほか監訳）『多文化主義時代の市民権：マイノリティの権利と自由主義』（晃洋書房、一九九八年（原著一九九五年））：同著（施光恒ほか監訳）『土着語の政治：ナショナリズム・多文化主義・シティズンシップ』（法政大学出版局、二〇一二年）

（8）たとえば、アイリス・マリオン・ヤング（飯田文雄ほか監訳）『正義と差異の政治』（法政大学出版局、二〇二〇年（原著一九九〇年））：ナンシー・フレイザー、アクセル・ホネット著（加藤泰史監訳）『再分配か承認か？：政治・哲学論争』（法政大学出版会、二〇一二年（原著二〇〇三年））を参照（なお、「再分配か承認か」という枠組みは、フレイザー側の問題設定で、ホネットはこの設定に懐疑的である）。

（9）このような声に基づく社会運動は、左右両側にある。中絶の権利を否定する宗教右派の側もこのような社会運動だと理論的には位置づけられ得るのに、前掲注8で引用したフレイザーの文献では、左派側の運動の中に閉じこめられてしまっている。

(10) 本シンポジウムにおいて、もう一人のコメンテーターである南川氏は、アメリカにおいて「女性」がマイノリティに属するかどうかについては議論があることを指摘していた。

(11) 差別されてきたという歴史的事実を根拠に、それによって生まれた構造的差別からの回復期間に限定するという条件ならば、（通時的な観点から）普遍性の要件はクリアできる。

(12) この点、平等な承認と固有の承認が区別されている点については、Charles Taylor, *Multiculturalism: Examining the Politics of Recognition* (Princeton University Press, 一九九四)、三八頁を参照。

(13) 「含まれる」としたのは、制度の背後に、人びとが含まれ、そういう点では、相互承認の側面もあるからである。これは、公法関係を三面関係で理解することと論理的には同等である。

(14) これと同様に、本シンポジウムを飛び交ったキーワードの中に「分断」という言葉があったものの、やはり「分断」にもさまざまな形があり、それらすべてが問題であるわけではない。

(15) 問題になったケースとして、Masterpiece Cakeshop v. Colorado Civil Rights Commission, 584 U.S. __ (2018).

(16) この点、Wisconsin vs. Yoder 判決の分析として論じたことがある、拙稿「リベラルで民主的な社会に対するアーミッシュの問いかけ：Wisconsin v. Yoder, 409 U.S. 205 (1972)」大沢秀介・大林啓吾編著『アメリカ憲法と公教育』（成文堂、二〇一七年）一四七 - 一八二頁。

(17) ただ、質疑応答の中で、分断の問題に取り組む理由として、深い憎悪の問題に取り組まなければならないという応答があった。これは、アイデンティティの問題に大きくかかわろうとするものと評価できる。しかし同時に、「道徳の内面性、法の外面性」という近代的な法の役割への挑戦となる（繰り返すが、そのことを否定的に評価するものではない）。

(18) 晴野まゆみ『福岡セクシュアル・ハラスメント裁判手記：さらば、原告A子』（海鳥社、二〇〇一年）、一七〇頁。

《コメント》

「文化戦争」時代のアメリカ社会と憲法論争

南川文里
（同志社大学）

アメリカにおける「文化戦争（culture wars）」が問題視されるようになってすでに三〇年以上が経過した。それは、一九八〇年代後半に表面化した大学カリキュラム改革をめぐる対立として注目を集め、歴史認識や社会科教育をめぐる論争の過熱とともに、一九九二年大統領選挙において政治的問題として取り上げられた。そしてトランプ政権期以降、アメリカ社会の「分断」をめぐる問題として再び注目を集めている。「文化戦争とリベラル憲法理論のゆくえ」と題した研究総会で取り上げられたアファーマティヴ・アクション（AA）、シンボリック・スピーチ（SS）、人工妊娠中絶をめぐる憲法論争も、そのような「文化戦争」の一例に挙げられている。本コメントでは、①「文化戦争」という設定の問題性、②批判的人種理論と憲法、③少数者の権利をめぐる世論と憲法論争という三つの視点から、各論争が置かれたアメリカの社会的文脈と「リベラル憲法理論」をめぐる争点を探る。

一　「文化戦争」という設定の問題性

まず、「文化戦争」として問題化することの問題性を議論したい。一九九一年に社会学者のジェイムズ・D・ハンターは「文化戦争」を、「正統派」と「進歩派」という二つの道徳システムへの「衝動(impulse)」が作りだす対立として描き出した。彼が問題としたのは、それぞれの道徳システムが「アメリカ」をめぐる定義と結びつき、互いを「非アメリカ的」「不寛容」「全体主義的」と非難し合いながら、全面的な対立へと陥るメカニズムであった(Hunter 1991)。表現の自由、結婚や出産、教育、公共政策、選挙制度などのさまざまなイシューが、「文化戦争」へと巻き込まれ、日常生活の各場面に対立関係が持ち込まれた。ハンターの問題意識は、メディア環境や技術革新のなかで対立が増幅される過程をいかに克服するかという点にあった。しかし、近年の「文化戦争」論では全面的な対立構図を所与として、そこに関わるアクターが展開する議論を「アイデンティティ・ポリティクス」として批判することに力点が置かれているように思われる(フクヤマ 二〇一九)。その結果、しばしば対立状況への「衝動」を生む文脈よりも、対立をつくり出す政治勢力の問題が強調され、結局はその「分断」した社会像を固定化してしまう。

さらに、ハンターの問題提起とは裏腹に、「文化戦争」の構図自体の政治的な利用価値も指摘されている。たとえば、保守系シンクタンクのマンハッタン・インスティテュートで政治学者エリック・カウフマンが行った報告では、「文化戦争」は「民主党支持者を分裂させる一方で、共和党支持者を団結させる」党派的な好機と捉えられている(Kaufmann 2022)。歴史的にみても、ニクソン政権下でAAが強化された背景には、白人労働者と黒人・人種マイノリティという民主党支持層の分断を狙ったことが背景にあった。また、「中絶禁止＝プロライフ」は白人カトリック労働者層とプロテスタント福音派を共和党支持へと引き込むイシューとして、レーガン政権期までに確立した（兼子 二〇二三）。それ以降、中絶や同性婚を含む家族・生殖・結婚をめぐる「道徳的価値（moral values）」は共和党支持者の投票行動を支えてきた。反面、二〇二二年中間選挙では、ドブズ判決を受けて（カウフマンの予測に反して）「中絶問題」が民主党支持層の団結を導いたと言われる。「文化戦争」という構図自体が、二〇世紀後半以降の保守対リベラルの党派政治に埋め込まれ、強化されてきたのである。

二　批判的人種理論（CRT）と憲法

アメリカ社会における憲法の位置づけもまた、「文化戦争」に深く巻き込まれている。一九七〇年代に登場した批判的人種理論（critical race theory：CRT）は、合衆国憲法や法と、人種主義的な社会制度との関係に着目した。CRTによれば、リベラルな理想における「中立性」や「カラーブラインドネス」もまた、アメリカの人種主義の形成や維持を支えてきた。リベラル派は独立宣言や合衆国憲法をアメリカが達成すべき理想と考えるが、CRTはそれさえも制度的な人種主義の一部であったと見なす。「手続きの中立性」や「人種を意識しない」政策は、先住民の虐殺と強制移住、奴隷制や人種隔離制度、さらに市民権からの排除などの歴史的蓄積がつくり出した今日の人種的不平等を改善させるどころか温存させてしまう。CRTの成立には、黒人男性のデリック・ベル、黒人女性のキンバリ・クレンショー、メキシコ系のリチャード・デルガド、日系のマリ・マツダなど多様な背景を持つ理論家が関わり、人種、階級、ジェンダー、セクシュアリティなどが交差する不平等がアメリカの憲法体制のもとでいかに形づくられてきたのかを明らかにしてきた（Delgado and Stefancic 2017）。このような批判的な社会理解は、今日のブラック・ライヴズ・マター運動などの反人種主義運動にも大きな影響を与えている。

トランプ政権期以降、CRTもまた「文化戦争」の対象となった。トランプを含む保守系政治家・評論家が、CRTが学校教育を通して子どもに「白人を敵視する思想を植え付けている」と次々と訴え、CRTにもとづくとされる研修や教育カリキュラムの廃止を求める住民運動が各地で生じた(Ray and Gibbons 2021)。一連のCRT批判は、人種主義と法の制度的関係を検証する理論を「白人を敵視する」議論と読みかえ、その学校教育への影響を過大評価していると考えられる。それでも、二〇二二年中間選挙で共和党候補が争点化すると、人びとの「衝動」に訴えて政治動員する「文化戦争」構図の典型例となっている。

その一方で、CRTが指摘した憲法体制の政治化は、いっそう顕著になっている。連邦最高裁判事の指名・任命は二〇世紀以降の党派政治の舞台となっており、二〇二二年に各州の中絶禁止を認めたドブズ判決および二〇二三年にAAを違憲と判断したSFFA対ハーバード判決の背景には、憲法理論そのものの変化に加えて、最高裁の党派的構成の変化が色濃く反映されている。保守派とされる判事の多数化を反映して、同性婚の合法化を求めたオバーゲフェル判決が撤回される可能性も指摘されている。人種、ジェンダー、セクシュアリティにもとづく少数者の権利に関する取り組みは、各時代における「正統/進歩」をめぐる争点になりやすい。そのため、最高裁判事の保守化は、少数者の生活や権利に深刻な影響をもたらしている。

三　少数者の権利をめぐる世論動向と憲法論争

「文化戦争」論では、極端な立場への「分断」によるアメリカ民主主義の機能不全が強調されてきたが、各論点についての世論動向にも注視しておく必要があるだろう。たとえば、ピュー・リサーチ・センターの調査によれば、人工妊娠中絶は合法であるべきとする回答は、二〇〇〇年以降過半数を占めており、ドブズ判決後の二三年では六二%が合法化を支持している。同性婚の賛否については二〇一〇年までは反対意見が優勢だったが、一一年に賛成がはじめて反対を上回り、一九年には賛成が六一%に達している。ＡＡに対する世論は、設問方法によって結果が異なることが指摘されており、マイノリティ集団の数値を規定するクオータ制度や大学入試に人種やジェンダーを考慮することには否定的であるが、不利な人種マイノリティに対する特別支援措置に対しては好意的な態度が多数を占めている。二〇一八年のギャラップ社の調査では、女性へのＡＡの支持が六五%、マイノリティへの支持は六一%で、とくに白人回答者の五七%が人種マイノリティへのＡＡを支持してはじめて過半数を超えたことが注目された（Norman 2019）。そのほか、ギャラップ社の調査では、「移民」をアメリカにとって「よいこと」とする意見は二〇〇一年以来過半数を占めており、二〇一九年には七六%に達した。以上の世論調査の結果は、支持政党間や地域間の差は存在しつつも、少数者の権利保障を擁護・支持する一般的傾向が高まっていることを示唆している。ドブズ判決以前の最高裁は、このような一般的な動向のなかで少数派の権利を擁護あるいは維持する憲法解釈を繰り返してきた。

このように長期的にみれば、アメリカ社会では少数者の権利擁護へと向かう地殻変動が進行している。にもかかわらず、その政策的な達成度は低く、「文化戦争」状況が世論を反映した政策展開を難しくしているとさえいえる。そして、このような動向を考慮すれば、連邦最高裁判事の保守化は、司法と世論との乖離を導いている。それゆえ、公民権運動以降の反人種主義、フェミニズム、多文化主義、ＢＬＭなどの運動が「文化戦争」と民主主義の機能不全をもたらしたという主張はあまりに一面的である。少なくとも世論の動向としては、多様性や少数者の権利を擁護する志向が浸透しており、そのような社会の変化のなかで憲法理論のあり方を探る必要があるだろう。

四 「文化戦争」時代の憲法論争への問い

二〇二〇年代に再燃したとされる「文化戦争」の構図は、AA、SS、中絶といった課題への「リベラル憲法理論」の関与を難しくしているように見える。CRTや反人種主義運動は、「憲法のリベラルな中立性」を前提とした議論には批判的である。実際、「手続きの中立性」の絶対視は、反AAの立場を正当化する典型的な議論である。また、SSを擁護する「言論の自由」論は、アメリカにおけるヘイトスピーチ規制を難しくしている。そして、ロウ判決は中絶を「プライヴァシーの権利」によって擁護したが、「女性の権利」として中絶の権利を確立させるうえでは限界があった。すなわち、中立性や個人の自由を重視する「リベラル」な立場は、必ずしも少数者の権利を擁護するのに成功してきたわけではなかった。その一方で、トランプ現象に直面した「リベラル」の再生のためには、CRTに依拠する「アイデンティティ・リベラル」を切り離し、ニューディール以来の統合主義的な「リベラル」への回帰が必要だという議論もさかんである（リラ 二〇一八）。このような言説の付置を見れば、「文化戦争は民主党支持者を分裂させる」というカウフマンの予測は当たっているようにも見えるが、世論においては不平等の改善や少数者の権利を擁護する動向も見られる。少数者の権利を争点化する「文化戦争」が、リベラルな憲法理論と少数者の権利擁護のあいだの溝を深くする一方で、ドブズ判決に見られるように「歴史と伝統」にもとづくバックラッシュが世論から乖離した判決を導き、少数者の生活や生命を脅かしている。アメリカにおける「リベラル憲法理論のゆくえ」を、このような問題状況から切り離して考えることはできない。

また、日本に目を向ければ、少数者の権利や反差別をめぐる議論では、実質的な政策達成が不在なままにバックラッシュが盛り上がる「多文化主義なき反多文化主義」が顕著であると言われる。司法も、同性婚や夫婦別姓、複数国籍に関する判決に見られるように、国際的情勢や世論の動向から既存の制度を守ろうとする「正統」側のゲートキーパーの役割を果たしているとさえいえる。さらにアメリカの公民権法に該当するような反差別法も整備されておらず、少数の権利を制度的に保護する仕組みは脆弱である。日本における「文化戦争」は、少なくとも制度面では「正統」の圧倒的優位のもとにあり、「正統」と「進歩」が全面対立しているかのように見えるアメリカの「文化戦争」論を日本に応用する際にも、そのような制度的環境のちがいに留意することが求められる。

「文化戦争」時代は、歴史的に不平等にさらされてきた少数者の権利を語ることを難しくする。対立への「衝動」は格差や不平等の現実から目をそらし、一面的な理解にもとづいて一方を批判する議論を導きやすい。そのような状況では、規範的な議論と同時に、少数者の権利のための取り組みがどのように成立してきたのか、現在どのように実施されており、どのような効果をもたらしているのかを歴史的・社会的現実から把握することも必要だろう（南川 二〇二一）。本論が、「分断」の構図を安易に前提とするのではなく、規範的・理論的な議論と社会的現実へのアプローチの両面から少数者の権利課題に迫る一助となることを期待したい。

文献一覧

Delgado, Richard, and Jean Stefancic, 2017. *Critical Race Theories: An Introduction, Third Edition*. New

York University Press.
フクヤマ、フランシス（山田文訳）、二〇一九『アイデンティティ――尊厳の欲求と憤りの政治』朝日新聞出版。
Hunter, James David. 1991. *Culture Wars: The Struggle to Define America*. Basic Books.
兼子歩、二〇二三「中絶論争が見えなくしたもの――アメリカ合衆国の生殖の政治」『世界』九六五号、一八一－一八八頁。
Kaufmann, Eric. 2022. 〝The Politics of the Culture Wars in Contemporary America.〟 Manhattan Institute. January 25. https://www.manhattan-institute.org/kaufmann-politics-culture-war-contemporary-america (Retrieved on June 1, 2023)
リラ、マーク（夏目大訳）、二〇一八『リベラル再生宣言』早川書房。
南川文里、二〇二二『未完の多文化主義――アメリカにおける人種、国家、多様性』東京大学出版会。
Norman, Jim. 2019. “Americans、Support for Affirmative Action Programs Rises.” February 27. https://news.gallup.com/poll/247046/americans-support-affirmative-action-programs-rises.aspx (Retrieved on June 1, 2023)
Ray, Rashawn, and Alexandra Gibbons. 2021. “Why Are States Banning Critical Race Theory?” The Brookings Institution. https://www.brookings.edu/blog/fixgov/2021/07/02/why-are-states-banning-critical-race-theory/ (Retrieved on June 1, 2023)

第二部　多様化する社会の憲法理論と人権

職業の自由と職業像

新　井　貴　大
（新潟県立大学）

はじめに

薬事法事件判決（最大判昭和五〇・四・三〇民集二九巻四号五七二頁）は、職業に関する精緻な定義を示した。他方で、憲法上の「職業」とは何かという点につき、学説で立ち入った検討がなされることは少ない。工藤達朗は、「学説の関心は、職業選択の自由を制限する法律の合憲性をどのように判定するかにあって、そもそもその職業が憲法上の『職業』かどうかは問題にしていない(1)」と指摘する(2)。職業概念に関する議論の低調は、ドイツにおいても原則として同様であった。リューディガー・ブロイアーいわく、職業が基本法一二条一項（職業の自由）の基本メルクマール・実質的保護対象であり、「そうであるだけに、職業の定義が、国法学において長きにわたり無視されてきたことは、なおさら驚くべきことである(3)」。

本論もまた、職業概念そのものについて包括的に扱う用意はない(4)。ドイツで職業概念を論じる際に密接なかかわりを有してきた、連邦憲法裁判所の「職業像論（Berufsbildlehre）」に関する判例を概観することに限定し、職業概念を検討する糸口としたい。なお、紙幅の関係から、各事案や文献について割愛ないし略記した部分がある。以降の傍点・傍線は、断りのないかぎり筆者による。

一　広義の職業概念としての出発――開かれた職業像

連邦憲法裁判所の判例をたどることで「職業像論」の概要を提示していくが、後述のとおり、この理論の評判は必ずしも芳しくない。「基本法一二条に関する連邦憲法裁判所の判例史において、あまり褒められたものではない章[5]」とされることもあれば、「薬局判決における段階理論（Stufentheorie）のように体系的で系統立てて定式化された理論ではない[6]」とするものもある。この背景には、職業像論が職業の自由を空転させかねない理論として展開され、批判の対象になったことが挙げられる。

(一)　転轍点としての薬局判決

ドイツ基本法一二条一項は、「すべてのドイツ人は、職業、職場及び養成所を自由に選択する権利を有する。職業の遂行については、法律によって、又は法律の根拠に基づいて、これを規律することができる。[7]」と規定する。一九五八年の薬局判決（BVerfGE 7, 377）[8]では、基本法一二条一項二文にいう職業遂行の規律権限は同項一文の職業選択にも及ぶとして、統一的な基本権としての職業の自由の性格を明らかにした。[9]そのうえで、職業の自由に対する規律を三段階に分類し、段階ごとに異なる正当化要件を定立するという、「段階理論[10]」が提示されている。

(二)　薬局判決における「開かれた」職業像論

薬局判決は、連邦憲法裁判所における職業像論のはじまりでもある。薬局判決から、その後の諸判例において職業像論が一応の展開をみせたと思われるところまでを概観する。[11]

職業と人格との関連を説いた薬局判決[12]は、それを踏まえて、次のように述べている。

「〔職業の自由の〕基本権の観点からすれば、『職業』概念は、広義に解されなければならない。『職業』概念は、伝統的ないしはそれどころか法的に固定された特定の『職業像（„Berufsbildern"）』として現れるあらゆる職業のみならず、各人が自由に選択した非典型的な（許容された）活動も含んでいる。他方で後者の活動からも、新たに確固たる職業像が生じることもありうる」（E 7, 377［397］）。

ここで「広義」の職業概念が採用されている。基本法一二条一項が保護するのは、例えば医師や弁護士のように、伝統を備え、法律上にも定めのある職業像に限られない。わざわざこう述べたのは、薬局判決以前には基本法一二条とそれに付された規律留保の解釈が未確定であり[13]、「職業の自由とは、一般に認められ、それぞれに通用している職業像に対応する職業の自由でしかない〔傍点は原文の強調を表す〕[14]」とする見解もあったからであろう。これに対して薬局判決は、各人の創意に基づいて「職業」が発明されることはありうるし、そこから新たに職業像が確立することもあるとする立場を採った（「開かれた」職業像[15]）。この説示に注目すれば、薬局判決における職業像概念は、社会学的・経験的な意味におけるそれとして理解されていたといえる[16]。

薬局判決では、職業開始の主観的要件についての規律（＝段階理論の第二段階）が、職業像の法的秩序の一部をなすことも明らかにされている。

「職業開始の主観的諸要件についての規律は、ある職業像の法的秩序の一部分である。」こうした規律により、「職業を秩序正しく遂行しようとする場合には、原則として事の性質上どのみち引き受けなければならないことだけが、前もって規定された定式的な職業養成というかたちで、各人に要求される。」(E 7, 377〔406 f.〕)

二　狭義の職業概念の導入――拘束服としての職業像

(一) 手工業決定 (BVerfGE 13, 97〔一九六一年〕)

手工業決定は、薬局判決からの「著しい転回[17]」、「臆病な方向転換[18]」、「決別[19]」と評される(ただし、「明確化[20]」とされることもある)。薬局判決では広い職業概念(開かれた職業像)を採用したにもかかわらず、手工業決定では、立法者が職業像を法的に決定する権限を承認しているためである。

薬局判決で提示された「職業概念の広義の解釈は、自由な職業選択の原則から必然的に生じた。立法者が特定の職業像を法的に確定し、それによって、こうした〔職業の〕分野における自由な職業選択を縮減し、ましてや部分的に排除する権限は、否定されたのではなく、前提とされている……。職業像の法的固定の限界をどこに引くかは、一般的に述べることはできない。それは、立法者が、いずれにせよ明確に関連しているが、他の諸活動とははっきりと区別される『所与の』事態からおのずと明らかなことを表明しているにすぎないのか、あるいは、例えば立法者が、そうした所与の事柄に対して十分な理由なしに異なる種類の規律を『恣意的に』押しつけようとしたのか、ということにかかってくるであろう。」(E 13, 97〔106〕)

あくまで薬局判決を「前提」とするかたちで、立法者が職業像を法的に確定する権限が承認され、職業像に準拠した狭義の職業概念が導入（追加）された。ここでは新たに、職業像の固定の限界（恣意の統制）[21]にも言及したことが注目される。この限界論は、のちの判例においても参照されている。とはいえ、自由主義的な薬局判決の説示からの継続を表向きこそ掲げているが、職業像の固定によって、職業選択を縮減ないし排除さえできる立法者の権限を認めたことは、やはりひとつの転回であっただろう。これをもって、「〔薬局判決で示された〕将来に開かれた職業発見の自由は、こうして伝統や法によって刻印づけられた職業像のなかから選択する自由へと縮減された」と指摘し（職業像という拘服〔Zwangsjacke〕をまとった職業の自由）、この判例の路線は、職業像の固定を自由の制限ではなく自由の実現であるとする点で、いわゆる制度的基本権理論を前提としたときによく理解できる、とするものもある。[22]同決定では、次のようにも述べられている。

職業像を法的に固定する際に、「立法者は――職業における慣習や実際の慣行を考慮しつつ――似かよった諸活動をただ一つの職業単位にまとめるという方法をとらざるをえない。……規律が全体として当該職業分野における伝統的かつ実際に存在する状況を歪めることにならなければ、職業教育および試験についての、合理的な限界を超えないある程度の『過剰』は――それが多くの国家の職業教育および試験の規定に見られるように――甘受されなければならない。」（E 13, 97 〔117 f.〕）

右の説示についても、やはり、薬局判決のテーゼに反して、職業に関する処分は個人ではなく立法者に委ねられることになってしまっているとの批判[23]を免れないものであった。

(二) 薬局複数経営規定判決 (BVerfGE 17, 232〔一九六四年〕)

手工業決定の路線は、次にみる薬局複数経営規定判決においても継続された。本件では、薬局の経営許可には自らの責任において個人として薬局を経営する義務(薬局法七条一項)があることを前提に、別の(二店舗目の)薬局を経営する許可を得た場合、一店舗目の許可は失効する(薬局法三条五号)とした規定が違憲であるかが争われた。

「職業選択の自由に対する介入は存しない。二店舗目の薬局を経営しようとする薬剤師は、一店舗目の薬局を設立および経営することで、すでに自営の薬剤師という職業の選択を行った。この職業の選択を、薬剤師は、薬局法三条五号によって妨げられない。さらなる薬局の開設は、職業遂行にかかわるだけである。法的伝統によって刻印づけられた典型的な職業としての薬剤師の職業は、一般的な社会観からしても、自分の薬局を個人として経営する自営の薬剤師によって体現されている。一人の薬剤師が複数の薬局を経営することは、職業活動の一方式とみなされてはいるが、自営の薬剤師の職業と並んで、独自の職業(eigener Beruf)と評価されるであろうほど決定的に異なるものではない。」(E 17, 232〔241〕)

右の説示のように、ある基本権介入が、職業の「選択」と「遂行」のいずれにかかわるかは、当該職業の職業像に左右される。さらに、職業像の固定による「排除機能」[24]についても、次のように述べる。

「このことは、基本法一二条一項の職業の自由には、非典型的な活動形態を職業として選択する権利も含まれていることと矛盾しない。典型的な職業の『職業像』を法律で固定する立法者の権限により、各人は、このように特徴づけられた職業のなかから自由に選択することに限定される一方で、こうした〔職業の〕分野において非典型的な活動の可能性が閉ざされることが生じうる（E 13, 97［106, 117］〔手工業決定〕を参照）。各人は、自由な職業選択の権利を引き合いに出し、非典型的な活動形態の発明が常に生じうるということによって、独自の社会的重要性と固有の特徴をもつそうした典型的な職業の形態が、各人の任意にのみ委ねられた多数の『諸々の職業（„Berufe"）』へと溶解することを要求できない。とりわけ、典型的な職業活動の範囲を純粋に量的に拡大することによって、新たな職業が生じることはありえないのである。」（E 17, 232［241 f.］）

こうした見解に対しては、基本権を空転させるおそれがあるという当然の批判がなされた[25]。さらに、いわばグレーゾーンを覆い隠すために職業像概念が用いられていると指摘されることもある。すなわち、立法者による職業像の決定にすべてを委ねるという立場までは採らず、類型化されていない職業の選択も認める一方で、「段階理論や比例原則でカバーできない追加的な規律の正統性を法律に与えている[26]」というのである。

三　職業像論と比例原則論の併存へ

ここまで、職業像の固定により、職業の自由が切り詰められていく流れをみてきた。この流れは、次にみていくとおり、比例原則にも言及されるようになること、職業像の固定が「介入」と明言されることによって、軌道修正がはかられている。

（一）税理士法決定（BVerfGE 21, 173〔一九六七年〕）

一九六一年八月一六日の「税理士と税務代理人の法的関係に関する法律」（税務相談法〔いわゆる税理士法〕）は、税務相談業の分野における職業を再編した。税理士と税務代理人の職業上の義務が規定され（当時の税理士法二二条一項）、これに伴い、税理士および税務代理人の職業と、商業活動等が両立しない（同二二条四項）とされたことが問題となった。

「職業選択の制限は、税務代理人という職業像が法的に確定された結果である。立法者が税務代理人の職業状況の規律の際に準拠した指導像から、税務代理人という職業に加えて、営業を営むことはできないという結果が生じる。

立法者が、最初は生活の必要に応じて自由に発展してきた職業を法的に整序し、その職業像を法的に『固定する』権限を有することは、連邦憲法裁判所の判例において認められている（E 7, 377［397, 406］〔薬局判決〕; 13, 97［106］〔手工業決定〕）。この権限は、二重の効果（doppelte Wirkung）を有する。一方では、この職業は『独占される』……。すなわち、この職業の任務は、今後は、この職業像の要件を満たす者のみが行うことができる。〔要件を満たしていない〕他の志願者は、どんなにふさわしく、任務を遂行する能力があろうとも、排除される。他方では、この職業を選択する者は、立法者によって与えられた法的形態においてその職業を選択しなければならない。……この点で、職業像のあらゆる法的確定によって、この〔職業〕分野における職業選択の権利は、必然的に縮減され、それどころか、部分的に排除さえされるのである（E 13, 97［106］〔手工業決定〕）。」（E 21, 173［180］）

「特定の職業像を法的に確定することは、事の性質上、多くの分野で必要とされている。その許容性の限界をどこに引くかは、個別事例において突き止められなければならない（E 13, 97［106］〔手工業決定〕）。一般的な方針は比例原則である。比例原則は、個別事案ごとに保護されるべき公共の利益が要求するよりも強度に職業選択の自由を制限してはならないと命じている。」（E 21, 173［180 f.］）

「職業像の法的秩序には、いわゆる両立不可能性（Inkompatibilitäten）も含まれうる。つまり、職業に加えて、他の特定の活動の遂行を禁止する諸規定も職業像の法的秩序に属しうる。両立不可能性は……職業像に明確な輪郭を付与することに奉仕する。」（E 21, 173［181］）

税理士法決定でも、薬局判決―手工業決定につらなる説示が示され、これが「二重の効果」として整理されている。つまり、職業像を法的に固定する権限には、①独占化の効果と、②類型化の効果がある。職業像に基づく要件を満たすものに職業が独占され、さらに、職業の選択と遂行は、立法者が具体化した類型に沿って行われる。

こうした整理に加え、税理士法決定では、職業像の固定は比例原則という限界に従うこと、そして、特定の活動との両立不可能性を定める規定も、職業像の一部をなすことが明らかにされている。

（二）簿記特権決定（BVerfGE 54, 301〔一九八〇年〕）

簿記特権決定では、証憑書への記帳が、税理士法によって税務相談業（＝税理士・税務代理人の職務）に分類され（税務相談業の簿記特権）、商事補佐人の試験に合格した個人に業務上の証憑書への記帳が禁止されていたことが、基本法一二条一項に適合しないとされた。先にみた諸判例を主として参照しつつ、立法者が職業像を確定する際に、「職業選択の自由に対する諸介入に妥当する基準を遵守したか」が判断されなければならないとした。検討にあたっては、手工業決定における職業像固定の限界論（恣意の統制）と、税理士法決定の比例原則論が参照された（E 54, 301〔322〕）。

一九六一年の税理士法によって税理士と税務代理人の職業像が確定された際に、「税務に関する援助」という総称のなかには、税務相談と簿記援助という、二つの独立した職業遂行の形態があった。「法的な検討は、すでにはっきりとしたかたちをとる職業像を軽々に無視してはならない……。簿記援助が独立した活動として発展したからには、立法者は、自由に発展した活動形態の継続と、公共の福祉の重要な理由が対立した場合に限り、独立した職業としての簿記援助を、排除することが許されていた。」しかしそうした理由はなかったのであるから、「立法者は、既存の活動形態である『簿記援助』を確定し、それに対して、事の性質から生じる適切な参入要件を課す権限を有していたにすぎない。」簿記援助者の職業は、「税理士や税務代理人の職業とは区別される。簿記援助者の職業は、簿記の仕事のみを特徴としており、税理士や税務代理人の職業より広範な構成要素を含むものではない。」（E 54, 301〔326〕）

すでに簿記援助の職業像は税務相談とは別に確立しているのであるから、簿記援助を税務相談に取り込む際には、職業像を無視した規律を行ってはならないとした。日常的な業務における簿記援助のみの遂行を望む者に対してまで税務相談の資格を求めることは、不当に高い要請を課すことである。

（三）法律補助人決定（BVerfGE 75, 246〔一九八七年〕）

法律補助人決定で問題となったのは、許可を得て他人の法律問題に対して助力を提供する法律補助人の職業が、立法によって、弁護士の職業へと統一されたことであるが、合憲と判断されている。(27)

本件では、右のような「規律は、連邦憲法裁判所により発展させられてきた職業像の固定に関する判例を考慮しつつ、基本法一二条一項に合致しなければならない。」（E 75, 246〔264 f.〕）というように、これまでの職業像判例を総括するような説示を行っている。二〇〇七年の装蹄法決定（BVerfGE 119, 59）(28)も、「連邦憲法裁判所が基本法一二条一項の枠内で職業像を固定する立法者の権限について発展させた諸原則」として、法律補助人決定の次の部分（E 75, 246〔265〕）を参照している。

> 本件では、「特定の活動の禁止を通じたある職業の廃止がそもそも問題となるのではなく、それぞれ伝統的かつ法律により形作られてきた職業像を有する二つの職業の統一が問題となっている。その場合の基準は、基本法一二条一項の枠内において職業像を固定する立法者の権限に関する連邦憲法裁判所の判例から詳細に読み取ることができる（参照、E 9, 73〔78〕; 13, 97〔106〕〔手工業決定〕; 17, 232〔241〕〔薬局複数経営規定判決〕; 21. 173〔180〕〔税理士法決定〕; 25, 236〔247〕; 32, 1〔22 f.〕; 34, 252〔256〕; 40, 196〔218 f.〕; 54, 301〔314〕〔簿記特権決定〕; 55, 185〔198〕; 59, 302〔315 f.〕）。こうした権限は、現行の職業像を単に明確にするよう互いに区別することに限られない……。立法者が経済的、職業的および社会政策的な特定の目標イメージや指導像を〔法律として〕通過させ、そうすることで重要な共同体の利益のランクへと列することによって（参照、E 13, 97〔107〕

〔手工業決定〕）、職業像の決定は、形成的にも行われる。つまり、伝統的な職業像の変更と方向づけによって〔行われる〕。少なくとも、立法者はそうすることで類似の職業を統一することを妨げられない……。」

右に列挙ないし参照指示された諸原則が、職業像論の一応の到達点とみることができるだろう。また、手工業決定における職業像固定の限界論も改めて引用されている（E 75, 246〔266〕）。次の部分は、職業像の固定が基本権「介入」であり、比例原則に基づく正当化を要すると明言している点で重要である（この部分〔S. 267〕も装蹄法決定において参照されている）。

「基本法一二条一項は、伝統的に以前から形作られてきた職業像へと立法者を硬直的に拘束するわけでは決してな」い。「立法者はただ次のことを顧慮しなければならない。すなわち、職業像の固定と許可要件の定立が基本法一二条一項で保護される職業の自由に対する介入を意味すること、そしてそれゆえにそうした諸規律が比例的、つまり優越する公共の福祉の利益を確保するために適合的かつ必要でなければならないこと、および過剰で要求することのできない負担を含んでいてはならないことである」（E 75, 246〔266 f.〕）。

おわりに

ここまでみてきたとおり、連邦憲法裁判所は、薬局判決において広義の（開かれた）職業概念と比例原則（段階理論）を提示した。しかし手工業決定においては狭義の（職業像に準拠した）職業概念と、立法者による職業像の固定に独自の限界設定（恣意の統制）を導入するという転回を試みた。

しかし、右にみたように、その後の判例において、職業像の固定が基本権「介入」であり、比例原則による正当化に服すると明言されたことで、職業像論は、大枠において通常の職業の自由の正当化要件へと合流する姿勢を見せている。(29) 職業像の固定が比例原則による正当化を必要とする「介入」とされるのであれば、職業像固有の議論は不要となり、せいぜい、現に存在する職業の統一が問題となる場合に意義を持つにすぎないものかもしれない。(30)

もっとも、職業の自由の性質上、完全な私的自治に委ねることは不可能であり、立法者による規律を必要とする場合がある。(31) このとき、規律が職業の選択と遂行のいずれにかかわるかは、職業像に左右される。(32) さらに、職業像の固定の典型例、特に主観的許可要件の規律については、職業像を無視することはできず、歴史的発展や社会通念が考慮される。職業像について検討しておくことは不必要なことではない。

ルペルト・ショルツは、職業像は本質的に社会学的なものであるという前提から、自律的職業像と他律的職業像を区別している。(33) 自律的職業像（autonomes Berufsbild）とは、関係する職業構成員の自由な自己実現に基づくものであり（日本でいう彫師の職業像が分類できる）、他律的職業像（heteronomes Berufsbild）とは、法的に構成され秩序づけられる職業内容や職業像のことを指す。経済学的な職業像もありえよう。あん摩マッサージ指圧師養成施設非認定事件上告審判決（最判令和四・二・七民集七六巻二号一〇一頁）の草野耕一裁判官意見は、「職業活動の主たる意義の一つは、当該職業活動が生み出す商品役務の効用（福利の増加）にあるから、同等のコストで他の商品役務を調達しても得ることのできない効用をもたらす商品役務の提供活動は、これを一つの独立した職業として捉えることが合理的」とする見解を示しており、注目される。

いずれにせよ、立法者による職業像の固定の「排除機能」のみを強調し、基本権の空転を招いてはならない。原則としては、職業像の固定がひとまず「介入」であることを前提としたうえで、比例原則を顧慮した職業像の検討が求められよう(34)。

(1) 工藤達朗「身体・財産・職業」赤坂正浩ほか『ファーストステップ憲法』（有斐閣、二〇〇五年）一七三頁（一八一頁）。

(2) 貴重な例外として、とりわけ、赤坂正浩「ドイツ法上の職業と営業の概念」企業と法創造八巻三号（二〇一二年）八五頁、同「職業遂行の自由と営業の自由の概念」立教法学九一号（二〇一五年）一頁を参照。

(3) *Rüdiger Breuer*, Freiheit des Berufs, in: Isensee/Kirchhof (Hrsg.), HStR VIII, 3. Aufl. 2010, § 170, Rn. 58.

(4) 憲法上の職業概念と単純法律からの「自立」という難題（神橋一彦＝櫻井智章＝鵜澤剛＝栗島智明「［座談会］連載一年を振り返って（下）」法学セミナー八二〇号〔二〇二三年〕七七頁〔八八頁〕〔栗島発言〕）については、他日を期すこととしたい。

(5) *Otto Depenheuer*, Freiheit des Berufs und Grundfreiheiten der Arbeit, in: Badura/Dreier (Hrsg.), FS 50 Jahre Bundesverfassungsgericht, Bd. II, 2001, S. 241 (253).

(6) *Ludwig Fröhler/Georg Mörtel*, Die „Berufsbildlehre" des Bundesverfassungsgerichts, GewArch 1978, 249 (249).

(7) 一九六八年の基本法改正以後のもの。条文については、初宿正典訳『ドイツ連邦共和国基本法』（信山社、二〇一八年）六頁に依拠している。

(8) 薬局判決に関する文献については、新井貴大「職業の自由の『転轍点』としてのドイツ薬局判決」法学政治学論究一二六号（二〇二〇年）一頁（一三頁以下、注三および八）に掲げられているものを参照されたい。近時の文献として、三宅雄彦「エルフェス・リュート・レーバー」駒澤法学二一巻二号（二〇二一年）一一三頁も参照。

（9）新井・前掲注（8）一一頁以下を参照。

（10）段階理論については割愛する。新井貴大「段階理論とその変容」比較憲法学研究三五号（二〇二三年、近刊）およびそこに掲げられた諸文献を参照。

（11）以下をまとめるにあたり、とりわけ、*Fröhler/Mörtel*（Anm. 6）, 249 ff.; *Hans Albrecht Hesse*, Der Einzelne und sein Beruf, AöR 95（1970）, 449（459 ff.）などを参照した。職業像論への言及として、小山剛「契約自由と基本権」名城法学四五巻二号（一九九五年）五七頁（七〇頁以下）も参照。

（12）この点については、新井貴大「ドイツ薬局判決における職業の自由と人格関連性」法政論叢五七巻一・二号（二〇二一年）一頁以下を参照。

（13）この点については、新井・前掲注（8）三頁以下を参照。

（14）*Giesbert Uber*, Freiheit des Berufs, 1952, S. 99.

（15）のちに言及する狭義の職業概念も含め、二つの職業概念につき、*Wolfram Höfling*, Offene Grundrechtsinterpretation, 1987, S. 160を参照。なお、薬局判決は、職業概念に「非典型的な（許容された）活動」も含む、としている。この「許容性」要件をどう考えるかは、職業概念との関係で重要であるが、ここでは立ち入らない。

（16）*Hans Heinrich Rupp*, Das Grundrecht der Berufsfreiheit in der Rechtsprechung des Bundesverfassungsgerichts, AöR 92（1967）, 212（221）.

（17）*Rupp*（Anm. 16）, 221.

（18）*Depenheuer*（Anm. 5）, S. 244.

（19）*Breuer*（Anm. 3）, Rn. 60.

（20）*Fröhler/Mörtel*（Anm. 6）, 250; *Rupert Scholz*, in: Maunz/Dürig（Hrsg.）, GG-Kommentar, Lfg. 47 Juni 2006, Art. 12, Rn. 285.

（21）Vgl. *Höfling*（Anm. 15）, S. 160.

(22) *Depenheuer* (Anm. 5), S. 250 f., 252.

(23) *Breuer* (Anm. 3), Rn. 60.

(24) *Fröhler/Mörtel* (Anm. 6), 250.

(25) Vgl. *Rupp* (Anm.16), 222; *Hesse* (Anm. 11), 459 ff., 470.

(26) *Rupp* (Anm.16), 222.

(27) 法律補助人決定については、小山剛「職業と資格」同＝新井誠編『イレズミと法』（尚学社、二〇二〇年）一四七頁（一五七－一五八頁）も参照。

(28) 評釈として、赤坂正浩「装蹄法による職業規制の合憲性」ドイツ憲法判例研究会編『ドイツの憲法判例Ⅳ』（信山社、二〇一八年）一九八頁。

(29) Vgl. BVerfGE 97, 12 (34); 119, 59 (79).

(30) Vgl. *Hans-Peter Schneider*, Berufsfreiheit, in: Merten/Papier (Hrsg.), HGR V, 2013, §113, Rn. 97.

(31) Vgl. *Breuer* (Anm. 3), Rn. 62.

(32) Vgl. *Gerrit Manssen*, in: v. Mangoldt/Klein/Starck (Hrsg.), GG, Bd. 1, 7. Aufl. 2018, Art. 12 Rn. 46.

(33) Vgl. *Scholz* (Anm. 20), Rn. 284.

(34) 他方で、職業像の固定が、基本権の介入・限定・内容形成といったいずれの性質を持つものであるかということそれ自体は、別途吟味されるべき事項である。Vgl. *Christoph Degenhart*, Grundrechtsausgestaltung und Grundrechtsbeschränkung, in: Merten/Papier (Hrsg.), HGR III, 2009, §61, Rn. 32.

「憲法保障」とそのドグマ

石村　修
（専修大学名誉教授）

はじめに

近年の体系書は、わずかな例外を除いて「憲法保障」の章を設けており、独自の方法論をもってこれを解説している。しかし、日本国憲法に「憲法保障」の章はなく、主に関連するのは第十章の「最高法規」の三箇条とその前の九六条（改正）である。したがって、これらの条文を解釈することだけでは、「憲法保障」の内実が明らかになる訳ではなく、解釈に入る前に、憲法保障論を体系づける必要があり、必然的にドグマ（教義）の桎梏にはまる恐れがでてくる。「憲法の理論」を語ることは、特殊な法規である憲法をすでに意識しているのであり、憲法保障のテーマは、憲法理論に接近し、解析を誤ればドグマという意に反する結果を与えられることにもなる(1)。

筆者はそれが解っていても、憲法の理論的部分の研究に着手して以来、この分野に執着してきた。それは、日本国憲法が明治憲法と異なる地平にある近代型憲法であり、しかも、戦後の立憲主義型憲法に帰属することを確認する作業として、その研究を維持してきた(2)。ところがその思いが動揺するような経験を、あるシンポジウムですることになった（後述）。それ以来、憲法保障論は、「はたして理論なのかドグマ」なのかの疑問が頭の中で蠢いていた。近代史を辿っても、多様な憲法が国家と同様にして危機状況を経験し、その実態を強化するか、自己崩壊するかの道を歩んできた。憲法保障制度は、憲法の自己崩壊を予防するための制度でもあり、しかも時間軸のなかで起きる様々な現象に対応することを意味し、その限りで上述したドグマと遭遇してきた。近年の現象で言えば、ＣＯＶＩＤ－19の登場をもって、危機状況に対応する憲法の役割が多く語られることになった。つまり危機の時代にあって、「一定の基本権は制約されても仕方ない」というドグマをもって、憲法秩序を維持しなければならないとの声が、多くの国で主張されたのである。(3)

ドグマそのものは、ギリシャ語の“dokein”（思われる）に由来し、定説論者と懐疑論者と立場の相違によって、ドグマとされたものに対する肯定と否定の対抗があった。ドグマを正統化する場合には、それを完結したものと理解し、それは否定しようがなく護るべきものとなる。その最も代表的な例が、支配特定宗教におけるドグマの存在であり、「それは信仰において必ず義務として守るべき言明」となり、その教えは連綿として維持されるべきものとされてきた。本稿では、近代立憲主義の理念によって構成された憲法の根本規範部分を、時間という軸に沿っても擁護しようとする「憲法保障」という理論は、その理論の維持に過度に執着することにより、そこでは理論がドグマに転嫁するのではないかという問題を検討して、憲法保障のあり方を考えることにしたい。

一　憲法保障の定型

明治憲法では、憲法保障に代わって「国体擁護」という論理が盛大に展開され、その延長上に「国体明澄運動」という流れに至り、ことさら天皇制を誇張する「全体主義国家」へ向かう道程があった。この場合、「国体擁護」という機能は、近代立憲主義の原理から鑑みれば、ドグマ性をもって主張されてきたことは明瞭であろう。

日本国憲法の誕生前に、憲法保障の定型を提唱し、これを分析する作業に勤しんでいた研究者がいた、それが佐藤功であった。東京帝国大学法学部助手として、国内の憲法問題を精査した上で「我が憲法史上における憲法争議（一）～（四）」国家学会雑誌五六巻七～一〇号、一九四二年、を表した後、「ドイツに於ける憲法保障制度とその理論（一）～（六）」国家学会雑誌五七巻三～八号、一九四三年、をまとめて、助手論文とした。指導教授は宮沢俊義であり、論文が評価されて、農学部講師というポジションを得る。戦後は、必要とされる適切な人材として、佐藤達夫の下で内閣法制局入りを果たし、日本国憲法制定に関わる最後の作業に参画している。助手論文をもって明治憲法に早く見切りをつけ、同じ敗戦国ドイツの憲法変動を予見したことが、彼が新憲法制定に寄与した動機であったことになる。佐藤功がこれらの論文の下敷きにしたと思われるのは、W・メルクの七〇〇頁にもならんとする「憲法保障」をテーマとした理論書である。(4) ナチス憲法時代に出版されたものであるが、幸いにナチス色が薄められて、憲法保障の論点がほぼ拾い出されていた。メルクは憲法保障をドイツ憲法史の中で網羅的に扱い、さらに、興味深いのは狭義の意味での憲法保障として、「官吏の憲法宣誓と裁判的な保障」を扱っている点である。結果から言えば、ドイツも日本も新たに創造された憲法は、憲法保障の理論を作りだし、これを具体化する憲法の担い手による対応と憲法運用者をコントロールする司法的な憲法保障制度が新たに生み出された。ここで、憲法保障の実践的な定型として、「事前の人的保障と事後の司法的保障」という二つの定型が示唆されてきたことになる。ただし、憲法制定後に出版された佐藤功の体系書では、

憲法保障の章は見当たらない。憲法保障には政治的、法哲学的性格が強いという認識が、佐藤にはあった。(5)

「憲法保障」のテーマは、その後、一九六四年に至ってやっと公法学会で極めて多様な論者で論じられることになる。(6)六〇年代の憲法状況を受けた、「現実的な、実践的なテーマ」設定であったことになる。司会者（黒田覚）の言葉によれば、「憲法保障の問題は近代憲法一般の問題である。これはノーマルな状態では出てこなく、極限的な場合に出てくる保障されるべき憲法についての本質論であり、もう一つは制度論である。」黒田が憲法保障を最初から憲法への危機の時代を背景にする議論としたのは、ドグマ性を示唆したものであり、黒田の戦前の言説からしても問題があった。つまり、彼は日本国憲法の制定過程とその後の運用、とくに、憲法改正の提唱を認識しているのであり、さらに、不覚にもすでに日本国憲法が危機的な状態にあることを公言してしまったことになる。第一部では、和田英夫が「憲法の保障」を、小林直樹が「憲法秩序の保障と均衡」を論じている。和田の報告は総括的に「憲法の実態とその制度」に言及し、小林はその方法論の違いを強調する後半は憲法の動態的な分析になり、憲法秩序の力学が成り立つ条件を検証している。その後の憲法の動向を分析する上で、二人の考え方の落差は注意すべきであろう。

公法学会が対応してきた政治的中立主義を超える意図で、翌年には全国憲法研究会が誕生した。中堅の研究者によって設立された同会の誕生の契機は「憲法調査会の最終報告書」にある。こうして「憲法保障」を議論せざるをえなかった時代背景が、六〇年代にはあった。世界的には冷戦の渦中にあり、西側の憲法体制を意識しながら再生された憲法も、その実像をどのように維持すべきかについては、その道程は厳しく、現実対応に敏感になる傾向があった。日本国憲法と西ドイツ憲法（基本法）を比較した場合、憲法保障の対象は微妙に異なり、それによって憲法保障の程度も異なってくる。これが、もう一つの憲法保障に現れる定型の違いであると思われる。

二　再生型憲法

私は比較憲法の講義では、日本国憲法（一九四六年）の仲間として、「フランス第四共和制憲法（一九四六年）、イタリア共和国憲法（一九四八年）、ドイツ基本法（一九四九年）」という、西側の憲法群の存在を紹介し、これらが「共通の自由・民主・平和の憲法内容を有していた」、と説明してきた。さらに、対比的な憲法保障の形を構成する憲法として、日本と西ドイツという憲法構造の違いがあるとも説明してきた。同様な占領体制ではあるが、占領国の思惑の変貌に応じて、憲法保障の方法は異にすることになった。

ドイツにおける憲法保障（擁護）にあって、守るべきは「自由で民主的な憲法秩序（ＦＤＧＯ）」（一八条）という価値秩序を実行する体制であり、この条項の抽象性は七九条三項の憲法改正限界内容に重なってくる。要は、国境の反対側の諸国を意識した国家体制が憲法に体現されてきており、自由の内実が限定化されて理解されてきたことになる。ユダヤ系であるが故にアメリカに亡命したＫ・レーベンシュタインが、母国ドイツを指して「戦う民主主義」と定義したのを、宮沢は繰り返して冷静に紹介する。(7)価値相対主義という理論による他国の体制への言及は、実は、自国が辿る道への批判となる。ドイツ憲法裁判所は、ごく初期の二つの政党違憲判決をもって、この「ＦＤＧＯ」の内実を明証し、それが近代憲法原理にとって異質なものではないことを実証しようとした。その内容とは、「基本法に具体化された基本権尊重、とくに生命と自由な発展を求める人格の権利、国民主権、権力分立、政府の責任性、行政の法律適合性、裁判所の独立、複数政党制、反対派の憲法適合的な形成と行使を伴うすべての政党の機会均等」であった。(8) 明らかに、もう一つのドイツの体制を意識していた。そこで、統一後のＦＤＧＯのあり方はこれの消去案もあったが、今日まで維持されているということは、憲法保障が一部ドグマ化していることを認めたことになる。再生型憲法の意識は、旧体制に戻らないことにあり、そのために機能すべきは、国家体制全体をもってこれに反する実態を生み出さないように監視し、必要に応じてこれを禁止することが必要であった。憲法擁護庁という警察権限をもたない特殊な監視機構の存在が公にされ、これが日常的なＦＤＧＯの実践部隊になっていることは、国家統一後も変りはない。擁護法八七条一項は「連邦領域において暴力を用いることにより、若しくは暴力を目指す準備行為を為すことによってドイツ連邦共和国の対外利益を危うくする活動に対する防御の目的で」監視活動を行うことが目的とする。“Schutz”を意図的に「擁護」と訳してきたのは、保障という文言よりも、これが限定化した役割をもっていると自覚して、訳し分けしてきたことになる。日本とドイツでは、どうも「憲法保障（擁護）」の枠組を異にしており、それが理論と制度での両者で食い違いをおこしていたことになる。他方で、日本国憲法ではＧ・イエリネックに倣って、憲法裁判を「憲法保障制度」と言い換えたのは、林田和博であり、これに鵜飼信成、芦部信喜が続いた。

先に紹介した様に、私があるシンポジウムで、芦部の体系書を引いて「憲法訴訟」を憲法保障の具体化であると説明したことに、ドイツ側の一部から異論が出た。(9) ドイツでは安全を議論することが憲法擁護であり、連邦憲法裁判所が行う作用は、「憲法裁判」(Gerichtsbarkeit) であり、ここに憲法保障の用法は用いられないとのコメントがそれである。確かに、憲法裁判所が機能するところは、基本権解釈の実践であるが司法権の枠内にある権限であり、憲法保障は行政権が関わる憲法行為であり、そこでは内務大臣が関わる連邦憲法擁護庁と州憲法擁護庁の日常的な憲法解釈が機能しなければならない。こうした憲法構造を認識する限りで、憲法保障は極めて実践的な活動を当初から意味していたことになる。

実はドイツにあっても、憲法擁護のやり方を巡っては、政府が辿ってきた政策の反立憲主義性を批判する方向もあった。伝統あるドイツ国法学者会議は一九七九年にあって「憲法忠誠と憲法の保障」をテーマにし、E・デニンガーの報告内容がこれであった[10]。ドイツで生命の価値（胎児の生命権）を巡って争われた「基本価値論争」を経て、多数決原理（立法府）と憲法に規定された価値との対抗は、これを判断する憲法裁判所の機能とも関係することになった。この論争は、基本価値の具体化を問うことであるから、「戦う民主主義」の再考もこれに併せて為されるべきことになる。デニンガーの報告は、政府の政策の基礎と化した、「戦う民主制」の内実を暴くことに置かれていた。さらに、FDGOの再構成を試み、それを「恐怖からの自由、信頼、参画への機能」と言い換えて、憲法学の新傾向の方向性にも対応しようとした。絶対化された安全志向に対抗する論理に、「自由を残すことがなければ憲法保障の意義がない」とする。彼の報告は憲法理論でのパラダイム変更を求めて、憲法保障の縮小化を望んだことになり、結果、ドイツ統一後の憲法保障のあり方を暗示するものであった。安全な社会の導出は必要であり、これを構成する理論は、法治国家の実践にあり、基本権の構造と一体的にあるということになる。

三　憲法の動態的理解

日本における憲法の本質への理解は、C・シュミットの憲法論の影響を受けて、静態的なもので、憲法制定権力により設定された憲法とこの実質的憲法部分を固定的に理解し、その限りでの改正の限界を導出するものであった。この理解が憲法の中身が異なっても明治憲法も日本国憲法と同様の理論でもって説明することが可能であったからである。しかし、ドイツではH・ヘラーやR・スメントの流れを汲んだ別の動態的な憲法理解が強くなる傾向が出てきた。栗城の表現を借りれば「新傾向」の憲法学の登場である。つまり、「新傾向は、憲法をもって、政治的な共同体全体にかかわる法として、開かれた過程を通じて動態的に現実化・具体化されるべき法として、また、現実化にあたって諸原理・諸規定間の実践的調和（praktische Konkordanz）を要請する法として把握する」[11]。憲法は国家権力だけを拘束するのではなく、公的なもの、又は政治的公共体の全過程を把握するものであると考える。これが憲法保障との関わりをもってくるのは、憲法が時間と共に変化していくプロセスを観察・説明することができるからであり、静態的理解が至るドグマ性を払拭できるのではないかという期待がもてるからである。

新傾向を忠実に体系化したと思われるK・ヘッセは、日本の公法学会においても請われて講演を行い、さらには版を重ねた彼の体系書は翻訳もされている。本書の第四部に憲法保障とする章があり、日本のドイツ法を専攻する研究者に多大な影響を与えることになる。直接学んだ、栗城壽夫、岩間昭道を始めとして、これに類似した論述を行う傾向が顕著になった。ということは、「憲法保障」という構成を、理論として再構成し、それの具体化の場面を、動態的に演出すること、つまり、日本国憲法も制定後の七〇年という重みを経験し、これを総括する時に来ていることを前提として、その憲法動態を冷静に認識しようとの試みが、「憲法保障」にとって必要であるということになる。

この四部は最終章であり、全体のまとめの意味も兼ねている。憲法保障は「憲法を内外からの攻撃から守り、憲法に敵対する《上》から《下》からの企図から、また憲法の内的な機能不全から守るための、諸々の制度」とした[12]。ヘッセにとって重要なのは、憲法の規範力の維持・強化が重要であることであり、これを維持するのは国民のコンセンサスにあり、ここに動態的な契機が示されていた。ヘッセがこうして、規範力の維持に関して、こうした役割に多様な制度を必要としており、「裁判権力による国家権力の協同とコントロールへのこれまで以上に強力な介入、憲法破棄の排除（基本法七九条一項一文）、および憲法改正に対する限界の設定（基本法七九条三項）」を説いた。こうした憲法保障に欠かせないものすべてを憲法条文から導出しようとするのは、日本の体系書でも同様であり、多くの論者がこの手法に準じるようになるのは、理の当然であった。そうであるが故に、芦部のものを含めて日本の現行の体系書が、これに倣っているのは、解りやすさと同時に、憲法の根本規範性を維持したいという願望があったからでもある。

他方で、こうした理解には憲法保障の過剰さも含まれており、論争点である「憲法破棄の排除、憲法改正の内容の拡大」、予防的保障の内容になる「基本権喪失、政党禁止、立法緊急状態」の理解が問題となった。ドイツ連邦憲法裁判所も、一九七〇年の「盗聴判決」以来、積極的にこれの正常化を示唆する判決を示していた。立法府は、「国家の安全」に過剰な配慮を行ってきたのであるから、こうした動向を憲法裁判所は比例原則の徹底によって是正しようとした。ヘッセのＦＤＧＯ理解は、憲法から描かれる実体的核心との理解によるので、つまり憲法の規範力によるものであり、その実態は開かれた「民主制秩序のあらゆる実体的および手続的前提条件であり」、基本権と「国民の多数による支配の正統性、少数者の機会均等と保護、民主制の開かれた政治的プロセス」を保障して成り立つことになる。こうした動態的憲法現象の理解に賛同した日本の憲法学者も、一定の憲法理論を明確にすることによって、根本規範の科学的説明を行い、自然法的に構成された基本権理解を排除し、憲法を実定規範の枠内で導出しようとしたのである。

岩波講座『憲法6』は、こうした考え方を象徴するものであり、ここの設定された「憲法保障」の中身は、「違憲審査の保障する憲法、国家緊急権、抵抗権と憲法遵守義務、憲法改正限界論」とあり、先のヘッセが言及した項目と重なってくる。[13] 国家緊急権を非常時に限定するというこれまでのやり方を採用しないという、新規な考えも紹介されてくる。

四　憲法忠誠と遵守義務

イタリア憲法は兵役・納税義務に続けて、「すべての市民は、共和国に対する忠誠義務ならびにその憲法および法律の遵守義務を負う」（五四条）とあり、三大義務を示す。しかし、他の二つと異なり特殊な「法治国家」の要請は、憲法擁護のドグマに移行する恐れがある。法治国家の要請は、法を遵守する精神を求めるものであり、同時に自分の信念に応じて抵抗することもありえよう。日本国憲法では、憲法九九条で「公務員全般」を対象にした遵守義務があり、国民はこれの対象ではない。憲法を改正してここに国民を加味し、同時に、天皇は省くとの改正案もある。[14] 他方で、ドイツでは、ＦＤＧＯを過度に意義深いものとするために、憲法忠誠の論理に基づいて、公職者を思想的に制限することが行われてきた。こうした諸国で生じた憲法忠誠の現象は、憲法保障という制度の中で、どのように位置づけられるのであろうか。

忠誠を示す行為は人に、とくに、自分よりも上位のものに対して実行されてきた。封建制を成立させる契機であった「服務の宣誓」は、神を介して為された場合に、実行者を拘束する程度を深くすることになる。近代は、契約自由の原則を建前にしている水平的な市民社会を形成しているので、市民が公的な社会に参入する場合では、本来は自由な参画の意思を示せば良いわけである。ところが、並行的な社会構造に重層的な憲法の価値を入れ込んで、これを一つの踏み石として利用する場合がある。例えば、外国人の国籍変更（新たな市民になる）、あるいは、軍隊、公務の就任の宣誓において実例がある。憲法忠誠は、国家体制強化が図られる、戦時下あるいは国内の緊張関係が存在している場合には、顕著となる。

憲法忠誠は忠誠の義務と言い換えられ、義務違反に何らかのサンクションが生じる場合がある。例えば公務に就任している者の地位を奪い、公務に就任しようとする者を審査する指標となり、これを以て職務遂行への障害になる場合には、不利に取り扱うことになる。ドイツでも六〇年代以降でも一種の「赤狩り」が起きたのは、不採用になる理由として、「採用にふさわしくない」とされ、具体的には学生時代の共産系の活動実績があった。その彼はＦＤＧＯを支持する可能性がないという推定で、採用が拒否されたことになる。彼は自分が試補に採用されないことが、自己の職業選択の自由を妨げるとして、訴訟を提起した。憲法裁判所は、彼の任用を拒否したシュレスビッヒ・ホルンシュタイン公務員法の当該規定を合憲とし、さらに、実際にこの候補者の行動が公務員にふさわしくなかったかの判断を行い、違法性を否定している。ただし、この決定には三名の反対意見があり、判断の困難さが示されている(15)。実際に一九七一年から七五年までで、連邦内で七五万人の候補者が審査され、拒否された者は三二八名に及んでいた。

さらに、ドイツ基本法では、五条三項の二において、「教授の自由は、憲法に対する忠誠を免除するものではない」とあり、忠誠条項が学問の自由の例外になるのか、議論になってきた。議論は、大学の自治を配慮してこれを単なる注意規定と理解するのか、それとも「教授の自由」の局面は、別の規制が係ってくるのであるから、表現の自由と同程度の憲法の価値原理からの制約が課せられるとの理解もあり得るのであり、いまだ論争の渦中にある。さらに、こうした論争の延長に、東西ドイツの統一があり、旧東の大量の公務員再審査がなされ、多くの公務員が適格性を欠くという理由で、解雇された。異なった政治体制の下で公務員であったものが、吸収合併した別の体制にあっても公務を続けることが問われた憲法裁判所の判決が、「待機旋回判決」である。(16) 訴えを起こした失業者に対して、判決は解雇の原因を作った統一条約を、手続き的にも実体的にも合憲としている。旧東にあった大学にあっても、教員はすべて再審査があり、大量の教員の入れ替えがあった。古い体制を教える教員は、憲法への忠誠がないと判断された結果となる。個別に見ると、憲法擁護がドグマ的に作用した局面が公務員関係では、現出したことになる。ＦＤＧＯという秩序の要請が、過剰なものとして作用した結果であった。

おわりに

憲理研の規約には、「日本国憲法の基本理念の擁護」（二条一）とあり、本稿で論じてきた「憲法保障」の理論体系が簡潔に明示されている。まず確認すべきことは、日本国憲法の基本理念を擁護するという理論を実証しなければならない。筆者は、理論とドグマが対抗的になり得るということから、観点を変えながら理論とドグマの関係を考えてみた。

憲法理論が科学として成立するためには、批判に耐えられるだけの実証性を持たなければならない、それは政治が作用する権力の対抗の世界ではなく、規範に結晶した世界に、憲法学は寄与すべきところにあるからであり、憲法理論は立法論とは異にして、現存すべき規範からなる世界を作り出すことに集約していなければならない。規範の結晶は実例憲法となり、これが偏向して使われることのないように運用して行くことを多方面から見守る作業が必要になる。この場面で、憲法擁護の必要があるのであり、そこには多くの規範運用者での合意が必要になってこよう[17]。

憲法の保障は、一つの実定国法秩序の存立を前提として、その最高規範たる憲法の存在を認識し、さらに、憲法を維持するプロセスが最上のものになるように、これに反する国家行為を、事前・事後に匡正することで、憲法をその侵害から護る思考と態度を意味する。

（1）理論とドグマの関係について、M.Jestaedt, Verfassungstheorie als Displin, in;Hrsg. O.Depenheuer, C. Grabenwarter, Verfassungstheorie, Mohr Siebeck, 2010 S.1ff.
（2）石村修『憲法の保障』（尚学社、一九八七年）、同『憲法国家の実現』（尚学社、二〇〇六年）等を参照されたい。
（3）参照、石村修・稲正樹・植野妙実子・永山茂樹（編）『世界と日本のＣＯＶＩＤ－19対応』（敬文堂、二〇二三年）。
（4）Wilhelm Werk, Der Verfassungsschuß, 1935.
（5）佐藤功「憲法の保障」宮沢俊義先生還暦記念『日本国憲法体系　第一巻』（有斐閣、一九六一年）一四一頁。ここではメルクはもはや引用されない。
（6）公法研究二七号（一九六五年）、報告者は、和田、小林以外に、榎原猛、寿田竜輔、清水望、金子利一、相原良一、であった。
（7）宮沢俊義「たたかう民主制」「学問の自由と忠誠条項」同『法律学における学説』（有斐閣、一九六八年）一五一頁、及び一七九頁以下。
（8）Vgl.Hrsg.E.Denninger, Freiheitliche demokratische Grundordnugung, 1 Sukamp 1976, S.112. 本書では、ＦＤＧＯのドグマ性を分析する。第三部参照。
（9）Osamu Ishimura, Die Verfassungsschutz, in Hrsg. R.Wahl, Verfassungsänderung, Verfassungswandel, Verfassungsinterpretation, Duncker & Humblot, 2008, S.173f.

(10) E.Denninger, Der gebändigte Leviathan, Nomos, 1990, S.269ff.

(11) 栗城壽夫「西ドイツ公法理論の変遷」公法研究 三八号(一九七六年)八二頁。

(12) コンラート・ヘッセ、初宿正典、赤坂幸一訳『ドイツ憲法の基本的特質』(成文堂、二〇〇六年)四二五頁以下。

(13) 長谷部恭男編 岩波講座『憲法6 憲法と時間』(岩波書店、二〇〇七年)一六三頁以下参照。

(14) 石村修「憲法尊重擁護義務・再論」専修法学論集一二六号(二〇一六年)四一頁以下。

(15) 石村修「過激派決定」ドイツ憲法判例研究会編『ドイツの憲法判例(第二版)』(信山社、二〇〇〇年)四七一頁。

(16) 石村修「旧東ドイツの公務員関係を停止・終了させた統一条約」ドイツ憲法判例研究会編『ドイツの憲法判例Ⅱ』第二版』(信山社、二〇〇六年)二七三頁。

(17) こうした観点で、憲法保障を扱ったのは、新正幸であり、現行法と自然法論を明確に区分するのは、憲法保障にあっても同様であった。新正幸『純粋法学と憲法理論』(日本評論社、一九九二年)第四章「憲法の保障」二〇三頁以下。

日本平等審査におけるドイツ平等審査論(1)

辛嶋了憲
（広島大学）

はじめに

（一）問題意識

本稿は憲理研二〇二二年十月一五日月例研究会報告を修正し、論文化したものである。筆者は平等原則審査についてドイツ判例法理の参考可能性を説いてきた。ドイツ平等審査は次の変遷を辿ってきた。恣意禁止原則審査→「一九八〇年新定式」（人間に関する不平等取扱いには比例原則審査を、それ以外の場合には恣意禁止原則審査を行う審査）→「一九九三年新定式」（間接的に人間に関係する不平等取扱いにも比例原則審査を拡張した審査）→「二〇一一年新定式」（如何なる不平等取扱いに対しても比例原則審査を行う手法(2)）。井上典之や西原博史は「一九八〇年新定式」と「一九九三年新定式」を紹介したが、両者はドイツ平等判例ではなく、平等理論に着目していた(3)。「一九九三年新定式」については嶋崎健太郎が詳細な判例紹介(4)を行ったが、日本で「新定式」は長らく注目されなかった。何故、「新定式」は日本で光が当てられてこなかったのか。この原因を明らかにするのが本稿の目的である。

（二）前提・構成

本稿の議論の前提として「新定式」が日本で「流行歌」[5]とならなかった状況が他基本権と比して特異であることを示すため日本憲法学全体のドイツ憲法学の一般的な立ち位置を紹介する。渡辺康行によれば、戦後初期はドイツは「反・準拠国」であった。しかし、一九七五年の「日本公法学会における栗城壽夫、藤田宙靖報告」[6]が「ドイツ憲法研究への誘引となった」。一九八九年以降に「ドイツの「準拠国」的な地位は急上昇する」。そして、「一九九二年にドイツ憲法判例研究会が発足」しドイツ判例研究が盛んになる。[7]このドイツ研究の隆盛傾向と比例するかのように、二〇〇〇年代には脱アメリカ審査基準論が始まる。[8]かくして、日本で比例原則・三段階審査を中心にドイツ憲法学志向が開始した。[9]

基本権にはドイツ流行があるが、平等原則に関しては未だアメリカ型審査基準を「活用する必要がある」という考え方故か[10]――はたまた別の理由か――「新定式」は注目されてこなかった。

以上を踏まえて本稿は日本の平等学説・判例に見られるドイツ平等論の存在を確認し（一、二）、その原因を検討する（三）。

一　日本学説におけるドイツ平等論

憲法の教科書の「平等原則」の章を紐解くと必ず紹介されるのが同原則の適用範囲をめぐる「法適用の平等」と「法内容の平等」の議論である。これは「立法者拘束」と「立法者非拘束」の議論と対応して同義的に紹介される。この議論は従来ドイツ学説と関連付けて論じられてきた。[11]

（一）立法者非拘束説

立法者非拘束説を見る。浅井清は日本国憲法一四条一項解釈にドイツのある平等論に依拠していた。

曰く、

「ドイツでは「法律の前の平等」(Gleichheit vor dem Gesetzes) と、「法律の平等」(Gleichheit des Gesetzes) とは、異なった観念であって、前者は、法規の適用上の平等で、行政権と司法権を拘束し、後者は、法規の立法上の平等で、立法権を拘束するのである。本条の趣旨は、この二つを併せて規定したものと言うことができる。(12)」

佐々木惣一の指摘が如く、浅井が Gleichheit vor dem Gesetze と Gleichheit des Gesetzes 分けて用いたことから、(13)この「ドイツ」が指すのはプロイセン・ヴァイマール初期で立法者非拘束を説き、通説的地位を占めていた G. Anschütz (14)の学説である。(15)

佐々木は浅井の見解を「正当」、「明晰」、「適当」(17)と評価し、自身の一四条論を展開する。(16)

佐々木は一四条一項前段では立法者非拘束を説く。曰く、

「法の下に平等である、というのは、国家が、法の想定する事実に関係して、法を適用することについて、国民を平等に取扱う、ということである。国家が、法において規定を為すに当つて、国民を平等に取扱う、というようなことではない(18)」。

同書で佐々木は諸外国の平等学説を日本国憲法「第十四条第一項の解釈に際し参考すべき」例として示し、ドイツに関しては Anschütz——一九三〇年のドイツでは既に通説ではなくなった。そのことは

柳瀬良幹が既に日本に紹介したはずである[19]——を紹介する。そして、一四条一項は Anschütz が解釈する「「法の前の平等」と同様の意味である」と言う。[20] 他方、後段については、「立法、行政、司法のいずれたるかを論じない[21]」。

なお、この前段と後段で拘束範囲を異にする思考は従来 Anschütz と同様の立法者非拘束説の立場であった戦後の R. Thoma のドイツ基本法三条に対する見解と同じである。[22]

(二) 立法者拘束説

立法者拘束説を確認する。『註解日本国憲法』は立法者拘束を論じるが[23]、その記述の前に諸外国の学説に言及し、ドイツに関しては Nipperdey に依拠して「新説」を紹介する。[24] 芦部信喜もドイツ(とイギリス・アメリカ)に言及し、立法者拘束説を論ずる。曰く、

「……行政権や司法権のみならず、立法権自体をも拘束する原理として、いわゆる法の平等(Gleichheit des Gesetzes)すなわち法の定立にあたりすべての国民が均等の機会を与えられ権利を享有するものとして規定されること、を当然包含すると解さなければならない。……大陸法系諸国——たとえば現在の西独憲法の Gleichheit vor dem Gesetz——もこのように解する学説が支配的である[25]」

宮澤俊義もヴァイマール憲法一〇九条・基本法三条を参照して、法内容の平等を当然のものと見做している。[26]

（三）まとめ

日本の非拘束・拘束説共に——勿論、当時の公法学者全員ではないだろうし、特に拘束説はドイツのどの議論を参考にしたかは判然としないが——ドイツ法（含む外国法）を参照してきた。[27]そのため、以降の日本の平等学説に「新定式」を取り入れる素地は十分に存在していたはずである。

二　日本判例におけるドイツ平等論

視点を判例に移す。既に小嶋和司が日本平等判例へのドイツ法の影響を指摘し、一九五〇年六月七日・最高裁大法廷判決（刑集四巻六号九五六頁）と一九六四年五月二七日・最高裁大法廷判決（民集一八巻四号六七六頁）について「柳瀬教授が紹介されたライプホルツ説の、直接的または間接的な採用であろう」と言う。[28]この点を再検討する。

罰金刑にて罰金を支払えない場合、役場へ留置して服役することが財産に基づく差別なのではないかが問題となった前者で最高裁は次のように述べる。

①「罰金刑が受刑者の貧富の程度如何によってその受刑者に与える苦痛に差異があることは貧富という各人の事実的差異から生ずる必然的な差異であり」、②「刑罰法規の制定による社会秩序維持という大局からみて已むを得ない差異であつて一般社会観念上合理的な根拠あるものとして是認さるべきものと認められるのであるからこれをもつて平等の原則に反するとはいいえない」[29]。

小嶋は「合理的な根拠」という表現に着目し〈Leibholz→柳瀬→最高裁〉の継受を説くが、[30]この文言は Leibholz 以前にアメリカが用いていた文言でもあり、ここから上記継受を導くことはできない[31]。寧ろ先の継受を示すのは「事実的差異」という表現である。別異取扱の正当化の論証に「事実上の要素」における差異の有無を審査していたのが、Leibholz が参照し、柳瀬も紹介する[32]スイス連邦裁判所の平等判例（一八八〇年四月二日：BGE 6, 171（174））である。なお、一八八〇年決定では本件と同じく、支払い能力が乏しい場合の罰金刑の軽懲役刑への置換の不平等が問題となった[33]。また、阿部照哉は②に注目して、「合理的根拠」とは「罰金刑を廃止することによって生ずる不都合と罰金刑に伴う不平等との比較考量」の帰結を意味すると指摘する[34]。以上を踏まえて、改めて一九五〇年判決は次のように整理できる。

定式：事実的差異から生ずる差異［①］＋比較考量［②］＝区別の合理的根拠[35]

この定式は最高裁において、その後散発的に用いられる[36]。

一九六〇年代に入ると①は薄れ、一九六四年五月二七日・最高裁大法廷判決が用いる「差別すべき合理的な理由なくして差別することを禁止している趣旨と解すべきであるから、事柄の性質に即応して合理的と認められる差別的取扱をすることは、なんら右各法条の否定するところではない[37]」という恣意禁止原則（「合理的な、事柄の性質から生じた、あるいは、何かしら事柄に即して納得のできる根拠[38]」）を想起する定式が登場し[39]「西ドイツ五一年判決への接近」が指摘されるようになる[40]。

このように一九五〇年代には（恣意禁止原則の元でもある）スイス平等審査の要素が、一九六〇年代にはドイツ恣意禁止原則の要素が見られる。判例でも「新定式」導入の素地が存在していた。

三　原因

日本平等学説・判例共にドイツ法の影響を受けていた。更に一九七三年四月四日・最高裁大法廷（刑集二七巻三号二六五頁）は比例原則的思考を平等審査に導入した。(41) 日本の平等判例に「新定式」を導入する土壌は十分にあったはずである。にもかかわらず、「新定式」は日本の学説でも注目されなかった。その第一の原因としてドイツ恣意禁止原則を日本の判例法理に導入したことへの日本憲法学の反省が考えられる。日本の判例が用いる「合理的根拠」論については、やがてその曖昧さや「広い立法府の裁量」の是認に対する批判が生じるようになり、その大元である恣意禁止原則への批判に繋がる(42)——なお、一九六〇年以降ドイツ学説も同様の批判を恣意禁止原則に対して投じ、(43) これも日本で紹介される。(44) しかし、このような学説の批判虚しく日本判例は（ドイツも一九八〇年まで）合理的根拠基準を維持し続けた。故に芦部をはじめとする日本憲法学は、(45) 合理的根拠からの脱却を試みて当時恣意禁止原則しか用いていなかったドイツから、厳格な審査基準も用いていたアメリカへと比較法の対象へ視座を転換したのである。(46)

第二の原因(47)として「新定式」の特殊ドイツ性が挙げられる。従来の「新定式」は区別が人に関するものか、それ以外の事項に関するものかで審査尺度を使い分ける。ドイツではこの思考は Leibholz の「新説」(48) が登場したヴァイマール期に「新説」とは異なる有力説として存在していた。H.Nawiasky の平等論である。(49) あるドイツ学者は「新定式」に同学説を見出す。

（「新定式」の）「事項・人間に関する区別基準区分に、ヴァイマールの手本の改作・修正による基本法下の憲法解釈の強い特徴が再度現われている。特に、一般的平等原則の適用領域という前段階の論点を視野に入れると、ヴァイマールの議論はこの区分を既に知っていた」[50]。

この学説の特徴は一九二六年ドイツ国法学者大会[51]の報告要旨一に集約されている。

「ヴァイマール憲法一〇九条一項は三重に解釈できる。つまり、法適用の平等の意味・人的関係での法的平等の意味・事物的関係での法的平等の意味におけるものである[52]」。

当時、この人・事物二分論は「新説」による批判を受ける[53]。同大会の討論でH.Triepelは同大会の討論にて「事物性と人性は相互に分けることは決してできません」と発言し[54]、一九八二年にLeibholzも自身の傘寿記念公演で「この見解はヴァイマールの時代から受け入れられなかったのです[55]」と述べた。ドイツ連邦憲法裁判所第一法廷は「新定式」により比例原則を導入し、旧「新説」の恣意禁止原則から脱却をはかり、そしてその手掛かりを旧「有力説」であったNawiaskyに求めた[56]。この意味で「新定式」とは徹底的な旧「新説」からの脱却の試みであった——他方で、既に二〇一九年の拙稿でも論じたようにLeibholzがかつて所属していた第二法廷は長らく恣意禁止原則に固執し、Leibholzが亡くなった翌年一九八三年に漸く「新定式」を用い始める[57]——。

二つ目の原因は要するに、「新定式」の前提にあった不平等取扱類型的思考にはヴァイマール期の「新説」と有力説の対立、旧「新説」に依存した第二法廷とそこからの離脱を試みた第一法廷の対立というドイツ平等論特有の背景事情が存在していた、ということである。

おわりに

本稿は従来のドイツ法参照の歴史があるのにもかかわらず、日本憲法学・判例がドイツ「新定式」に着目しなかった原因を検討した。

確かに背景・内容共に特殊ドイツ的「新定式」と日本の判例・学説には距離があった。しかし、旧「新定式」から脱した「二〇一一年新定式」により、日独の判例法理は接近している。[58]

日本の平等審査の在り方について、再び既に十分導入の基礎があるドイツ法を参考にできる時になったのではないだろうか。

（1）本稿は筆者の博士論文「平等審査論」（一橋大学、二〇二二）を加筆・修正した箇所を有する。文献引用に際し算用数字を漢数字に、旧字体も新字体に変えた。字数の都合で引用文献の副題は省略した。強調は筆者による。

（2）それぞれ拙稿「連邦憲法裁判所における一般的平等原則審査の変遷」一法一八巻三号（二〇一九）一一九九頁以下、一二二一頁以下、一二三〇頁以下、一二三三頁以下。

（3）拙稿「ドイツ一般的平等原則における審査モデルの一検討」一法一九巻二号（二〇二〇）七二七頁以下。井上典之「平等保障の裁判的実現（二）」神戸四六巻一号（一九九六）一五三頁以下、同「平等保障の裁判的実現（三）」神戸四六巻四号（一九九七）六九六頁以下、七二二頁以下、西原博史『平等取扱の権利』（成文堂、二〇〇三）二五四頁以下、三一一頁以下。

（4）嶋崎健太郎「性同一性障害者の年齢による名の変更制限と平等条項」ドイツ憲法判例研究会編『ドイツの憲法判例Ⅱ［第二版］』（信山社、二〇〇六）六七頁以下。

（5）N. Petersen の自由権における比例原則に対する表現（*N. Petersen*, Gleichheitssatz und Einzelfallgerechtigkeit,

DER STAAT 57, 2018, S. 327)。N・ペーターゼン（著）柴田憲司（訳）「憲法における比例原則」N・ペーターゼン、F・フシャール（著）柴田ほか（訳）『公法における比例原則と家族法におけるヨーロッパ人権条約の機能』（中央大学出版部、二〇一九）三頁も参照。

（6）同年の公法学会は「戦後三十年間における世界の公法学界の潮流」をテーマに英米独仏、社会主義諸国に関する報告が行われた（公法研究三八号（一九七六））。

（7）渡辺康行『憲法裁判の法理』（岩波書店、二〇二二）一頁以下。

（8）その原因を指摘する文献として駒村圭吾『憲法訴訟の現代的転回』（日本評論社、二〇一三）八二頁、市川正人『司法審査の理論と現実』（日本評論社、二〇二〇）三六七頁以下。

（9）この事情を示す文献として安西文雄ほか『憲法学読本［第三版］』（有斐閣、二〇一八）八一頁以下（巻）、石川健治「憲法解釈学における「論議の蓄積志向」」樋口陽一ほか編『国家と自由・再論』（日本評論社、二〇一二）一六頁、青柳幸一「審査基準と比例原則」戸松秀典ほか編『憲法訴訟の現状分析』（有斐閣、二〇一二）一一八頁以下、一二六頁以下など（上記の点は博士論文「平等審査論」序章Ⅰ二、三でも言及）。

（10）泉徳治「最高裁の「総合的衡量による合理性判断の枠組み」の問題点」石川健治ほか編『憲法訴訟の十字路』（弘文堂、二〇一九）三八一頁。

（11）芦部信喜（高橋和之補訂）『憲法［第七版］』（岩波書店、二〇一九）一三一頁以下。学説状況は長谷部恭男編『注釈日本国憲法（二）』（有斐閣、二〇一七）一七〇頁以下（川岸）、樋口陽一ほか『注釈日本国憲法（上）』（青林書院新社、一九八四）三二一頁以下（浦部）、阿部照哉「平等原則の適用」論叢六三巻二号（一九五七）六二頁以下参照。阿部照哉・野中俊彦『平等の権利』（法律文化社、一九八四）四五頁以下（阿部）、尾吹善人『学説判例事典一：憲法（改訂版）』（東出版、一九七四）一五五頁以下。

（12）浅井清『日本国憲法講話［第三版］』（巖松堂書店、一九五〇）一〇五頁。

（13）佐々木はAnschützを紹介する際に法律の平等・法律の前の平等の原語を載せる（佐々木惣一「法的平等の権利と生活規則無差別の権利」『憲法学論文選一［復刻版］』（有斐閣、一九九〇年［初出：公法雑誌第一一巻二号

（一九五〇）四六頁以下〕）一三三頁）。浅井が Anschütz を継受したことの根拠として原語を載せたと推察する。
(14) 拙稿「ドイツ平等原則審査手法の歴史的展開」一法二〇巻二号（二〇二一）一〇六四頁以下、一一一一頁以下。
(15) 佐々木・前掲注一三）一三一頁以下。佐々木は一一版の Anschütz のコンメンタールを紹介する。筆者が確認した一四版でも同様である。曰く、ヴァイマール憲法一〇九条一項「が命ずるのは法律の前の平等であり、法律の平等ではない」（*G. Anschütz*, Die Verfassung des Deutscehn Reiches vom 11. August 1919 : Ein Kommentar für Wissenschaft und Praxis, 14.Aufl., 1933, S. 523）。拙稿・前掲注一四）一一一一頁以下、阿部・前掲注一一）五九頁、阿部ほか・前掲注一一）四六頁以下（阿部）も参照。
(16) 佐々木・前掲注一三）一三二頁。佐々木は浅井が後段について立法のみを拘束すると捉え、「果たしてそうであるならば、私はこれに従い得ない」と言う（一三四頁）。
(17) 後述の他、佐々木惣一『日本国憲法論〔第三版〕』（有斐閣、一九五〇）四二六頁以下、同『改訂日本国憲法論〔第三版〕』（有斐閣、一九五八）四二五頁以下。阿部・前掲注一一）六二頁以下も参照。
(18) 佐々木・前掲注一三）一一六頁以下。
(19) 柳瀬良幹「平等の原則に就て」『行政法の基礎理論〔再版〕』（弘文堂、一九五八〔初版：一九四〇〕）六二頁脚注二九。阿部照哉「解説」同編『平等権』（三省堂、一九七七）六頁参照。
(20) 以上、佐々木・前掲注一三）一三二頁以下。
(21) 佐々木・前掲注一三）一一八頁。
(22) *R. Thoma*, Ungleichheit und Gleichheit im Bonner Grundgesetze, DVBl, 1951, S. 457f.（博士論文「平等審査論」三章Ⅱ一（一）参照）。
(23) 法学協会編『註解日本国憲法上巻〔第四版〕』（有斐閣、一九五〇）一六一頁以下。
(24) 法学協会編・前掲注二三）一六〇頁。
(25) 清宮四郎編『法律学演習講座憲法』（青林書院、一九五四）九九頁以下（芦部）。
(26) 宮澤俊義『法律学体系コンメンタール編：日本国憲法』（日本評論新社、一九五五）二〇八頁。同（芦部信喜補訂）『全訂日本国憲法』（日本評論社、一九七八）二〇六頁。ドイツの言及はないが同『憲法大意』（有斐閣、一九四九）一三二頁）、同（横田喜三郎・宮沢俊義編「法学叢書」（二））『憲法〔第三版〕』（勁草書房、一九六二）二六頁以下も参照。また伊藤正己「法の前の平等」阿部・前掲注一九）二五頁以下。

（27）熊田道彦「平等原則」杉原泰雄編『憲法学の基礎概念二』（勁草書房、一九八三）一二三頁以下。

（28）小嶋和司『憲法学講話〔オンデマンド版〕』（有斐閣、二〇〇七〔初版：一九八二〕）二六三頁。

（29）刑集四巻六号九六二頁以下。また九六一頁も参照。

（30）小嶋・前掲注二八）二六三頁。

（31）木村草太『平等なき平等条項』（東京大学出版会、二〇〇八）一〇八頁以下。木村はアメリカ的合理的根拠論を紹介した『註解日本国憲法』の影響を指摘する（木村・前掲三三頁以下）。

（32）G・ライプホルツ（著）初宿正典・柴田尭史（訳）『ライプホルツの平等論』（成文堂、二〇一九）二五頁脚注二〇。柳瀬・前掲注一九）一〇一頁以下、小嶋・前掲注二八）二五六頁以下。阿部ほか・前掲注一一）六五頁以下（阿部）。阿部はここで「事実上の差異」を前提にする「相対的平等観」の由来をスイスの同決定に見る。

（33）拙稿・前掲注一四）一〇八七頁以下。

（34）阿部・前掲注一一）八九頁。

（35）阿部・前掲注一一）九一頁、また①の詳細な分析として樋口ほか・前掲注一一）三一七頁以下（浦部）、安部義信「法的平等についての理論的考察」阿部・前掲注一九）一二〇頁以下。

（36）一九五三年六月二四日・最高裁大法廷判決（刑集七巻六号一三六七頁以下）、一九六一年七月二五日・最高裁第三小法廷判決（刑集一五巻七号一二一八頁）。WestlawJapan のキーワード検索による。

（37）民集一八巻四号六七八頁。

（38）BVerfGE 1, 14 (52)（訳は拙稿・前掲注二）一二〇〇頁によるものである）。

（39）石川健治「国籍法違憲大法廷判決をめぐって（一）」法教三四四（二〇〇九）四〇頁以下。

（40）小嶋・前掲注二八）二六三頁。

(41) 石川・前掲注三九）四一頁、松本和彦「比例原則の意義と問題点」石川ほか・前掲注一〇）一一二頁以下。

(42) 以上、芦部信喜『憲法学Ⅲ〔増補版〕』（有斐閣、二〇〇〇）二五頁以下。

(43) *H.F.Zacher*, Soziale Gleichheit, AöR 93, 1968, S.357, 360 (Vgl.*T.Kingreen*, in : Kahl/Wald hoff/Walter (Hg.), Bonner Kommentar, 2020, Art.3, Rn.323; *S.Boysen*, in : v.Münch/Kunig (Hg.), Grundgesetz : Kommentar, Bd.1, 6.Aufl., 2012, Art.3, Rn.16)（博士論文「平等審査論」三章Ⅱ一（二）参照)。

(44) 阿部照哉「平等原則の適用に関する若干の考察」論叢九四巻三・四号（一九七四）三三頁、三七頁脚注六。熊田道彦「平等原則における立法者拘束説（六）」山梨大学教育学部研究報告第一分冊人文社会科学系二五（一九七四）一一三頁以下。

(45) 芦部・前掲注四二）二六頁以下。戸松秀典『平等原則と司法審査』（有斐閣、一九九〇）七頁。

(46) 石川・前掲注三九）四一頁。木村・前掲注三一）二二八頁以下。

(47) 下記の内容は博士論文「平等審査論」三章Ⅲ二（四）を修正したもの。

(48) 内容は拙稿・前掲注一四）一〇八〇頁以下及びそこで紹介した文献参照。

(49) 廣澤民生「平等問題と比例原則」ＤＡＳ研究会編集『ドイツ公法理論の受容と展開』（尚学社、二〇〇四）三二一頁以下脚注八。田口精一「「法の下の平等」の原理」阿部・前掲注一九）一三一頁。

(50) *J.Saurer*, Der allgemeine Gleichheitssatz, in : Schrörder/von Ungern-Sternberg (Hrsg.), Zur Aktualität der Weimarer Staatsrechtslehre, 2011, S.115.

(51) 同大会は拙稿・前掲注一四）一一〇二頁以下及びそこで紹介した文献参照。

(52) *H.Nawiasky*, Die Gleichheit vor dem Gesetz im Sinne des Art. 109 der Reichsverfassung, VVDStRL 3 (1927), S.43. 柳瀬・前掲注一九）九八頁以下。報告全体については熊田道彦「平等原則における立法者非拘束説考（一）」法政理論一五（三）（一九八三）八八頁以下、古林稔「ドイツにおける「法の前の平等」の解釈について（二）」阪法三三（一九五九）四四頁以下。

(53) 廣澤・前掲注四九）三二二頁脚注八。

（54）*H.Triepel*, in:VVDStRL 3（1927）, S.51. Vgl. *Saurer*, Fn.50, S.115. Anm.87. 柳瀬・前掲注一九）九九頁、古林・前掲注五二）四七頁。

（55）*G.Leibholz*, in：C.Link（Hrsg.）, Der Gleichheitssatz im modernen Verfassungsstaat, 1982, S.106. ライプホルツ・前掲注三二）一七〇頁以下、手塚和男「平等原則序論」菅野喜八郎・藤田宙康編『憲法と行政法』（良書普及会、一九八七）四二八頁も参照。

（56）〈Nawiasky→第一法廷の新定式〉の継受を検討するのが*M.Kallina*, Willküirverbot und Neue Formel, 2001, S. 91ff. である。Kallinaは第一法廷がNawiaskyとは異なり「事項に関する別異取扱を一般的平等原則の適用事例として決して排除しなかった」こと、「人間集団の不平等取扱について絶対的な差別禁止を確定した訳ではなかった」こと、想定する人的集団の範囲の相違に着目し、上記「継受は……見出せない」と述べる（93f.）。筆者は第三の相違についてはNawiaskyの「社会的集団」は可変的であり（*Nawiasky*, Fn. 52, S. 40、古林・前掲注五二）四八頁）、単に範囲が拡張しただけだと考える（詳細は前掲注四七の文献を参照）。

（57）*Kingreen*, Fn. 43, Rn. 327.（博士論文「平等審査論」三章Ⅵ一（二）参照）、拙稿・前掲注二）一二四九頁。両法廷の対立、Leibholzの影響力についても同一二四六頁以下で論じた。

（58）拙稿・前掲注二）一二五九頁以下。

カナダから見たオーストラリアの憲法解釈

高木康一
（中央学院大学）

一　原意主義に与しなかったカナダ

裁判所、とりわけ最高裁判所による憲法解釈の仕方について、カナダとオーストラリアは対極にあるとみなされている。カナダでは、「生ける樹」（living tree）憲法解釈がとられ、元々の憲法の意味から離れて積極的な憲法解釈がなされるのに対して、オーストラリアでは原意主義的憲法解釈がとられているというのが一般的な見方である。

元々は、カナダ憲法（一八六七、一九八二）もオーストラリア憲法（一九〇〇）も形式的にはイギリス議会による制定法として作られているが、出自を同じくする憲法の解釈手法がそれぞれたもとを分かったとされるのである。もしイギリスの制定法の解釈をとるとすれば、それは現在では原意主義と呼ばれるものと同一の仕方であると解されることもあるし［Goldsworthy and Huscroft 2017, 183］、あるいは、立法者の趣旨や目的は問わず、文言主義的解釈（literalism, textualism）がなされるものだとされることもある。

カナダでは、一八六七年に統治機構の基礎となる憲法が制定され、その後、一九八二年に人権保障条項であるカナダ憲章を有した憲法が制定された。カナダ憲章上の権利が侵害されたとして裁判所に事件が持ち込まれ、それが連邦最高裁にまで至るようになった最初の時期、すなわち、カナダ連邦最高裁の裁判官が一九八二年カナダ憲法を解釈し始めるようになった頃、アメリカに目を転じると、そこでは政治論争、憲法論争において、原意主義が攻撃の対象となっていた時期に重なる。アメリカ連邦最高裁裁判官の指名は一九七〇年代を通じてますます政治的になっていた。ニクソン大統領はウォーレンコートのとったリベラルな積極主義を修正するため、憲法を厳密に解釈する者を指名しようとした。一九八〇年代ごろまでには、原意主義をもってすれば、司法審査を弱めることができると考えられており、レーガン大統領は二人の原意主義者を指名することで司法審査の弱体化をもたらそうとしていた。そのうちの一人、スカリア判事は、上院の全会一致で承認されたが、翌年ボーク教授の指名は上院で失敗した。彼の指名に関しては、メディア等の徹底的な批判もあって、世論の支持も得られていなかった。ボーク教授は、従来の基準でみれば、その経歴から十分に指名を獲得できるはずであったが、憲法上の権利に対する保守的態度が彼の原意主義と結び付けられることで、批判の対象となった。「ボークの指名の拒否は、原意主義一般に対する拒否と同義となったのである」[Goldsworthy and Huscroft 2017, 195]。

一九八二年にカナダ憲章を備えた憲法を制定するまでのカナダには、連邦議会が一九六〇年に通常の法律として制定したカナダ権利章典（Canadian Bill of Rights）が存在したが、実質的な人権保障に資することがなかった。その要因はいくつかあるが、法律であることから、カナダ権利章典以降の法律となる後法の内容を拘束することが困難であったこと、また、制定時に権利として認められていなかったものが、後の解釈で新たに権利として保障される拠り所とはならないという「凍結」（frozen concept）という解釈原理に基づいていたことが挙げられる。一九八二年にカナダ憲章を備えたカナダ憲法を制定したのは、まさにこうした事態を打破することも目的であった。この憲法を制定したばかりのカナダ連邦最高裁はアメリカ合衆国の様子を横目で見ていたのであるから、原意主義に与しているとみなされて、同じような争いに巻き込まれたくないと考えたとしても、無理はない。このときの原意主義は、中立的な憲法解釈方法ではなく、特に、憲法制定後の環境の変化によって新たに認められるべきだと主張される諸権利を否定する保守的結果をもたらす政治的戦略の一つとみなされていたからである。

こうした前提を踏まえれば、カナダでは憲法を「生ける樹」と捉えることで、裁判官による比較的自由な憲法解釈が導かれてきたことも説明がつくであろう。

二　オーストラリアの憲法解釈におけるリーガリズム

オーストラリアの連邦最高裁による憲法解釈がリーガリズムに立つことを示す象徴がオゥエン・ディクソン（Owen Dixon）裁判官による「複雑な対立がある場合に、司法部の判断の信頼できる指針は、厳密かつ徹底したリーガリズムである」（一九五二年）との表現に見られる。(1) オーストラリアでとられているリーガリズムは、憲法上の争点に関して一義的に解が導かれない場合に、いかなる態度をとるかという観点から見たときにより内実が明らかになる。それは、辞書を手にして字句の意味を調べるような極端な捉え方ではない。明文規定のあいまいな部分を解明し、そこに含意されていることを明らかにするため、その歴史的背景、目的などは考慮されるのである。ただその際、相当に狭い範囲でこうした作業が行われる。原意や元々の目的についての歴史的証拠の使用はきわめて厳格に、限定的になされる。これらは、あくまでテクストの意味を解明するためのみになされるのである。このようなリーガリズムの全体的特徴は、法律の文言にまずは着目すること、文言が修正されるまでは最初に制定されたときに意味したことであり続けること、文言に広い意味を持たせるようなことは、憲法改正に匹敵するのであり、憲法改正手段であるレファレンダムで決着を付けるべきとされるところにある［Goldsworthy 2006, 121–122］。リーガリズムを根付かせる基礎となったのが、連邦制に関する争いであった一九二〇年の Engineers 事件での判断手法である。(2)

憲法自体は、それがいかに解釈されるべきかについて述べておらず、解釈に関する諸原理を選択するに際して、オーストラリア連邦最高裁は憲法制定後しばらくは二つの伝統的手法をとっていた。一つは、イギリスとイギリスの植民地の裁判所が制定法の解釈においてとっていた仕方であり、もう一つは、当時のアメリカ連邦最高裁が憲法の解釈としてとっていた仕方である。オーストラリア憲法はイギリスの議会制定法として制定されており、かつ、ウエストミンスター型責任政府をとりながらも、アメリカ型の連邦制度も取り入れている。この両国の影響を受けた憲法を持ったことから、オーストラリアの最高裁が双方の憲法解釈の仕方の影響を受けたことは自然である。イギリスの裁判所は文言主義や形式主義（formalism）と呼ばれる仕方に傾倒し、当時、アメリカ連邦最高裁は目的論的あるいは創造的とも言えるアプローチをとっていると見られていた。一九二〇年以来オーストラリアで主流とされてきたリーガリズムは、これらの二つの伝統間の論争からもたらされたものである［Goldsworthy 2006, 115］。

オーストラリアの憲法解釈にリーガリズムを根付かせたのは、ディクソン裁判官が連邦最高裁長官に就任した時期である。一九五二年から一九六四年にかけてディクソン裁判官が長官として在職中、アメリカに目を転じれば、一九五四年のブラウン判決に代表されるようなウォーレンコートの時代である。このころのアメリカではリーガルリアリズムが活発に論じられていた。ディクソン長官はアメリカの判例に精通していたが、だからこそアメリカ的なリーガルリアリズムをとっていると見られることを忌避しようとした。アメリカでは、連邦最高裁の正統性（legitimacy）をめぐる議論が噴出しており、こうした事態をもたらさないようにするためにディクソン長官は、オーストラリア連邦最高裁の制度的正統化の確保が必要と考えた。アメリカではこの時期、連邦最高裁の個々の判断についての評価が、ひいては、連邦最高裁の正統性をめぐる激しい議論に帰着していた。ディクソン長官にとって連邦最高裁の存在を制度的に正統化するには、個々の判決が政治的判断や価値判断ではなく、純粋な法的判断たるリーガリズムに立って書かれるというスタンスが必要だと考えられた。つまり、「法の政治からの自律（law's autonomy from politics）」である［Roux 2018, 114–118］。

このような傾向からは、オーストラリア連邦最高裁は憲法のテクストの解釈に逃避しており、実体や価値についての広範な問題を回避しているとの評価を受けることとなる。

三　リーガリズムから距離をとる時代

ディクソン長官が作り上げたリーガリズムはしかし、アンソニー・メイソン（Anthony Mason）長官時代（1987–1995）に変遷を見せる。この当時、連邦最高裁裁判官はほぼすべて、中年・白人・男性で、シドニーかメルボルン出身の優秀で保守的な実務家的法廷弁護士であった。この系譜に属するシドニー法曹界出身であるにもかかわらず、メイソン長官は、それまでオーストラリアで正統な解釈手法として疑われなかったリーガリズムから離れていき、憲法に関する価値にコミットし、ある種 Living Constitutionalist の顔を示すのである。

メイソン長官のこうした態度には、いくつかの要因が考えられる。制度的な側面としては、一九八六年に枢密院司法委員会への上訴が廃止されたことが挙げられる。イギリスとの法的関係が断たれたことで、オーストラリア憲法は実質的に国民の手に、したがって主権者の意思に渡されることとなった。オーストラリアの憲法がオーストラリア国民のそれぞれの世代にとって目的を達成できるように意味が展開する生ける文書(living document)として扱われるようになったということである。形式的にではあっても、自前の憲法をついに持ち、それを裁判官が扱うことになり、裁判官の姿勢に変化が見られるようになったと考えられるのである[Roux 2018, 120–122]。

もう一つが、権利基底的立憲主義のグローバル化である。そこには、一九八二年のカナダ憲章も含まれる。オーストラリア連邦最高裁の判決にも、一九八〇年代以降は外国の判例引用が増えていく。イギリス、アメリカが最も多く、それに南アフリカ、カナダ、ニュージーランド、インドなどが続く。物理的に外国法の引用が容易になったことや裁判官の国際交流の活性化なども要因と考えられる[Roux 2018, 122–123](3)。

ただし、注意が必要なのは、オーストラリアの憲法は、体系的権利保障条項を有していないという点である。信教の自由や財産権、陪審裁判を受ける権利がばらばらに憲法に記載されているくらいで、包括的な権利保障条項群はない。それゆえに、メイソンコートの憲法解釈における態度を決定的に象徴するのが、憲法に具体的な権利として明示されていないにもかかわらず、憲法上、政治的コミュニケーションの自由があるとされた一九九二年の二つの判決である(4)。これらの判決では、連邦議会議員は「直接選出」(directly chosen)されるという憲法の条文(七条、二四条)に着目し、そこから見いだされる憲法の構造からすると代表民主制をとっており、憲法解釈はこれらを充足するようにするべきだとの前提から、有権者は候補者の見解に触れることができなければならず、そこで、黙示の自由である政治的コミュニケーションの自由を侵害することは違憲だという構成がとられた。その結果、政府のある委員会に対する論評を制約していた法律と選挙期間中の政治的報道を制約していた法律が無効とされた。これらは、権利を媒介しない従来の仕方であれば、連邦制をとる国の独自の裁定手法である連邦と州の権限配分をめぐる争いとして決着がつけられ、連邦の立法権限外だという判決になっていたはずの事例であった。

さらに、憲法上の争点とはなっていないが、先住民の土地に対して伝統的な権原があるということをコモン・ロー上認めたMabo判決（一九九二）[5]のインパクトもあり、メイソンコートは多くの論争を生むこととなる。これらの判断からオーストラリアの連邦最高裁は、メイソン長官を擁することで、進歩的解釈に踏み込むのではないかと見られるようになる。それまでリーガリスト的解釈を行いながら、ディクソン長官が苦心して積み重ねてきた、連邦制に関する中立な審判者であることによって獲得してきた正統性の資源を、メイソンコートは実体的権利を実現する領域で使ったのである［Roux 2018, 129］。しかしこうした懸念に対して実際は、黙示の権利に関しては政治的コミュニケーションの自由以外にも、結社の自由などが主張されたものの、後になって認められた投票権[6]を除いて新たに見いだされたものはない。メイソン長官が一九九五年に引退した後も、連邦最高裁の黙示の権利の扱いは従前どおりのままであり、憲法の他の領域にまで拡大した形跡はない。

メイソンコートが強いインパクトを与えた黙示の権利ではあるが、これらの判決がなされた一九九二年以降、最高裁の判断が内部で割れることが頻繁だった。このような行き詰まり状況は*Lange v Australian Broadcasting Corporation*[7]での全員一致の判断で解消された。ここでは、政治的コミュニケーションの自由を独立した原理として捉えるのではなく、「憲法のテクストと構造」（the text and structure of the Constitution）に基礎を置くものとされた。この判決で連邦最高裁は一体感を示し、黙示の権利の拡大がもたらされる可能性に歯止めをかけ、連邦最高裁の動向をいったん落ち着かせた。ここでは、黙示の権利なるものが抽象的に存在するのではなく、あくまで「憲法」に依拠していることを意識的に示したことが重要である。

メイソンコートがオーストラリア連邦最高裁の憲法判断の仕方について、大きな転換点であったことは間違いないが、メイソン長官引退後の連邦最高裁の動向が、黙示の権利を拡大することなく、一定の落ち着きを見せていることからは、メイソンコートとの決別を図ろうとしたわけではなく、その流れの中にありながらも、それ以上の論争を巻き起こさないような注意深さを見せたと評されている［Roux 2018, 132–133］。

ディクソン長官とメイソン長官のスタンスは対照的である。ディクソン長官が司法の不偏性を前面に出すことで連邦最高裁の存在を制度的に擁護しようとし、そのために法と政治の区別を強調するのに対し、メイソン長官は、価値基底的選択を裁判官が行うという事実を率直に語ろうとする。メイソン長官が就任する以前までは、連邦最高裁の憲法判断の役割はもっぱら連邦制に関する事項が主であった。メイソンコートはこれを転換し、権利を介在させることで、連邦と州の立法権限に制約を課すことを使命としようとした。

四　近年の憲法学説の動向——機能主義憲法解釈

裁判官が憲法を解釈するに際して、形式的な法源にとどまらず、実体的な憲法上の諸価値に依拠していることをはっきりと示すこと、そしてその際に、関連する憲法のテクスト、歴史、あるいは構造の中に特定の諸価値の淵源があることを提示するよう求める「機能主義憲法解釈」が近年のオーストラリアでは有力に主張されるようになってきている［高木二〇二一］。この立場は、「憲法のテクスト、歴史、構造」という一定の枠をはめつつも、何らかの価値に依拠することを認める点で、裁判官の憲法解釈の新たな地平を開こうとしているように見える。憲法上の諸価値なるものに依拠することを求める点では、オーストラリアの伝統的な憲法解釈手法とされてきたリーガリズムから抜け出そうとしていることがうかがわれるのと同時にしかし、「憲法のテクスト、歴史、構造」に価値の源泉を求めていることからは、リーガリズムの枠内にとどまっているようにも見える。そうするとこの立場は、全く異なる二つの解釈手法を取り込もうとしているのであろうか。しかし、オーストラリアの外からの観察者として見てみると、機能主義憲法解釈の中身は、それほど異質なものではないはずである。価値を重視すれば、裁判官の積極的な憲法解釈や新たな憲法上の権利の創造に資することになり、「憲法のテクスト、歴史、構造」を重視すればリーガリズムに近接すると思われる。また別の面から見れば、機能主義憲法解釈は、連邦最高裁の判断についての説明概念にとどまるかもしれない。もっとも、説明であったものが、後に積極的な規範的あるいは憲法解釈セオリーになることもありうるであろう。

ただしオーストラリアは、憲法上権利章典を持たない選択をしたのである。権利保障については、裁判所ではなく、議会を信頼する仕組みをとったのであり、権利と社会の利益との間の調整は、裁判所による法的判断ではなく、ましてや、憲法上の権利によって裁定されるものではなく、議会による政治的判断になじむはずだという主張も存在する［Allan 2020］。今のところオーストラリアでは、こうした立場はそれほど受け入れられていないように思われるが、それでも、一つの確たる憲法解釈手法があるというわけではない。これまで見てきたように、その時々に主流となるものはあるが、その後、せめぎあいがあり、また別のモデルが興隆してきている。

五　おわりに

カナダは、国境を接する隣国アメリカでの原意主義の主張を見て、人権保障条項群を備えた憲法を持った以上、そうした立場に与しない姿勢を強く示した。その結果、アメリカと同様の司法審査の正統性に関する論争を引き起こすこととなる。(8) それでもなお、カナダでは「生ける樹」憲法解釈にまだ分があるように見える。

対してオーストラリアでは、イギリス流の法解釈手法の系譜からリーガリズムを志向したが、それはアメリカの原意主義的憲法解釈に近接することになる。こうすることで、司法審査に関する政治的論争を回避しようとした。(9) しかしメイソンコート以降の黙示の権利の承認と、近年の機能主義憲法解釈の主張の潮流が高まってくると、カナダ的な憲法解釈に近接する可能性はある。そうすると、今後は、オーストラリアでは論争にならなかった司法審査の正統性問題がアメリカやカナダに数十年の遅れをもって生じることがありうるだろう。もし将来、オーストラリアで憲法上の権利に関して司法審査の正統性が問われるようになった場合、憲法に権利章典を持たないという独自性を前に、オーストラリアの裁判所は、その論争に耐え抜くことができるであろうか。

参考文献

Allan, James (2020), Constitutional interpretation wholly unmoored from constitutional text: Can the HCA fix its own mess?, Federal Law Review, 48 (1), 30-45.

Arcioni, Elisa and Stone, Adrienne (2020), Constitutional Change in Australia: The paradox of the frozen continent, in Xenophon Contiades and Alkmene Fotiadou eds., *Routledge Handbook of Comparative Constitutional Change*, Routledge 388-402.

Goldsworthy, Jeffrey (2006), Australia: Devotion to Legalism, in his ed., *Interpreting Constitutions*, Oxford University Press, 106-160.

Goldsworthy, Jeffrey and Huscroft, Grant (2017), Originalism in Australia and Canada, in Richard Albert and David R. Cameron eds., *Canada in the World: Comparative Perspectives on the Canadian Constitution*, Cambridge University Press, 106-160.

Roux, Theunis (2018), *The Politico-Legal Dynamics of Judicial Review: A Comparative Analysis*, Cambridge University Press, 183-208.

高木康一（二〇一一）「機能主義憲法解釈―Rosalind Dixon 教授によるオーストラリア憲法解釈の試み」中央学院大学現代教養論叢三（一）九三‐一〇七

（1）(1952) 85 CLR xi.

（2）*Amalgamated Society of Engineers v Adelaide Steamship Co Ltd* (1920) 28 CLR 129.

（3）さらに、シドニー大学のジュリアス・ストーン（Julius Stone）教授の影響も指摘されている。ストーン教授はロスコー・パウンド（Roscoe Pound）教授に学び、ハーバードで教員として同僚となり、後にシドニー大学に赴任する。ストーン教授はパウンド教授がアメリカでできなかったことを、オーストラリアで実現しようとしていたとされる（ただし後にパウンド教授はリーガルリアリストの考えは捨てていた）。ストーン教授のシドニー大学在任期間は一九四二‐一九七二年である。一九四〇年代にシドニー大学で学んだメイソン長官は、後に最高裁裁判官になる他の学生たちとともに、パウンド的考え方にさらされた。つまり、裁判官は法を宣言する外観を呈しながら実のところ、自らの価値判断を行っているのだというものであり、そうした創造的行為をあばくには、判決の理由付けの矛盾、循環しているころ、意味をなさなかったり、あいまいなコンセプトを暴くことが重要だとされた。当時、ニューサウスウェールズ州ではシドニー大学に唯一のロースクールがあり、著名な法律家や裁判官はもっぱらここから輩出されていた。この世代の法律家に対するストーン教授の影響力は大きいと見られているのである［Roux 2018,121-122］。

（4）*Nationwide News Party Ltd v Wills*（1992）177 CLR 1. *Australian Capital Television v Commonwealth*（1992）177 CLR 106. ただし前者ではメイソン長官は黙示の自由を前提として判断を行った四人の裁判官に入ってはいない。

（5）*Mabo v Queensland (No 2)*（1992）175 CLR 1. この判決では先住民に対する過去の行いについての償いまでを認めたものではないが、土地に対する責任を持つ州からは強烈な反対意見が上がった。

（6）*Compare Roach v Electoral Commissioner*（2007）233 CLR 162.

（7）（1997）189 CLR 520.

（8）そしてこれを回避しようとするのが、適用除外条項を媒介させた「対話理論」である。

（9）オーストラリアでは、憲法上、連邦制に関する州と連邦の紛争解決は裁判所でなされることが前提とされていたこともあり、そもそも司法審査を行う権限の所在についての論争が深刻に提起されてはいない。［Arcioni and Stone 2020, 392-393］参照。

「財産権」と法理論

松本有平
（早稲田大学・院）

序

日本国憲法二九条一項にいう「財産権」が議論されることはそれほど多くない一方で[1]、アメリカでは広く法学者の間でpropertyの概念をめぐる論議が長きにわたり盛んである[2]。もっともそうした論議は、根本的であると同時に抽象的であるがゆえに、学説間の対立点が拡散し、論議そのものの意義を把握することが難しくなることがありうる。本稿は、アメリカにおけるproperty概念をめぐる論議の一部を取り出して検討することで、その意義を検討することを目的とする。

アメリカにおけるproperty lawの議論状況は、日本における物権法や財産権法のそれとは大きく異なる。そもそも、アメリカにおけるproperty概念は、日本における財産権、物権、所有権といった諸概念とは異なる[3]。また、所有権を「使用、収益、処分」として捉える日本法とは異なり、アメリカにおいてはpropertyを「諸権利の束（bundle of rights）」として捉えるのが通説となっている[4]。同説にも様々なヴァージョンがあるが、概ね次の諸点については一致していると思われる[5]。すなわち、

property（rights）とは人と物との関係ではなく人相互の関係であるという点、propertyには様々な諸権利が含まれるのであって、単一の権利を指すのではないという点、諸権利の内実は国家によって様々に変更されうるという点、である。このような理解は、法学において通説であるだけでなく、Ronald Coarse等の経済学者にも広く受け入れられている。(6)

現代では、こうした通説に対して様々な立場から批判がなされている。本稿では、いずれもアメリカのproperty lawにおける代表的な論者であるHenry SmithおよびJoseph Singerによる批判について検討する。次いで、その批判を足掛かりとして、それぞれのproperty概念論について紹介し、法理論（legal theory or jurisprudence）の見地から光を当てることで、property概念論の意義について検討する。

一　情報費用の最小化のためのアーキテクチャ――Henry Smith

（一）「諸権利の束」説批判

現在のアメリカのproperty law研究における最も著名な論者の一人であり、第四次propertyリステイトメントのリポーターでもあるHenry Smithは、物に対する権利という理解と他者の排除を基礎とする伝統的なproperty概念を復活させたといわれる。(7)その議論は従来の「諸権利の束」説への批判から展開される。彼の批判は多岐にわたるが、さしあたり次の二点を挙げておく。

Smithによれば、まず、「諸権利の束」説――とりわけその現代的なヴァージョン――は、現実の法の在り方を説明することに失敗している。彼らの主張によれば、「諸権利の束」はそれが仕える目的――人格、自律、人間性の開花、など(8)――というコンテクストに依存して内容が決定され、「束」のなかの個々の権利はその目的に従って規定される。しかしながら、そうした主張は、目的を達成するための方法を選択する際に現実に存在する費用、あるいはその選択自体を看過している。現実には個々のルールに関しても説明費用（delineation cost）――とりわけ情報費用――がかかるのであり、「諸権利の束」説が主張するように当事者や事案によって権利の内実が異なるという状況は、非現実的である。著作権法におけるフェア・ユース法理のようなものを、トレスパスの事例に見出すことはできない。(9) コンテクスト次第で画定される権利義務関係なるものは、情報費用が存在する現実においては存在しないし、そもそも存在しえない。「諸権利の束」という見方は分析枠組みとしては有用だとしても、現実の説明としては機能していないのである。(10)

また、論者によって異なる目的が property law に見出される現代の「諸権利の束」(12) 説は、それぞれの理論を比較可能にする単一の基準を欠いている。(11) 同説は専門家の言語として科学的であろうとしているにもかかわらず、各論者が自身の研究プロジェクトに従って掲げる目的は、いわば比較不能であり、理論相互の検証ないし吟味は困難となる。

（二）情報費用の最小化のためのアーキテクチャ

以上のような批判から、Smith は property について、「諸権利の束」ではなく、他者の排除を基礎に置く、対物的（in rem）なものとして理解すべきであると主張する。この主張は、Ronald Coase の議論の発展的継承として展開される。

Coase はいわゆる「Coase の定理」の提唱者として知られるが、彼が想定していたのは、その定理の前提である取引費用ゼロの市場ではなく、むしろ取引費用が正の現実の市場であった。(13) 取引費用が正の現実の市場について、政府は取引費用を減少させ、取引を効率化させることが求められる。また、彼においてpropertyは、政府が内容を確定・配分するべき「諸権利の束」として捉えられていた。

これに対しSmithは、市場における取引費用を最小化するというCoaseの問題意識を継承しつつも、Coaseが「諸権利の束」説を採る点について批判する。「法制度の設計における取引費用の重要性、外部性の内部化のための装置としての契約締結の重要性、および社会的費用の諸問題に対する解決策の提示における比較制度分析への従事の必要性――これらすべての革新的な洞察は、propertyについての諸権利の束図式を受け入れなくともなされうるし、それらの価値は完全に実現される」(14)。現実には取引費用が正の市場が存在するが、必ずしもpropertyを「諸権利の束」と理解すべき理由はない。むしろ、Smithによれば、市場における取引費用、とりわけ情報費用の最小化を目指すならば、少なくともトレスパスの事例のような単純な事例については、財についての他者の排除を基礎に置く、日常的な言語理解に一致するproperty理解を採用すべきである。なぜなら、propertyが「諸権利の束」として内容が個別的に決定されるとすれば過大な取引費用がかかるのに対し、日常の用語法に合致する構想であれば、取引外の第三者であっても当該財に関するルール――たとえば土地への立入禁止や接触禁止など――を知ることができるため、取引費用を減少させ、譲渡可能性を促進することができるからである(15)。

また、他者の排除――排除戦略――を基本的なルールとしつつ、ニューサンスなどの事例については個別具体的な解決――管理(governance)戦略――が図られる。排除戦略をベースラインとしながら管理戦略で補うことで、情報費用の最小化というCorseの流の法と経済学を貫徹することができる(16)。

以上のように理解されるproperty lawは、体系的ないし制度的に、市場における法的アーキテクチャとして機能する。こうした理解によって、propertyについて国際的な議論および比較制度分析が可能となる。

（三）法の確定性と一般性

排除戦略を基礎とするSmithのproperty論は、法の確定性（determinancy）を前提とする法理論と響き合う。排除戦略が妥当する場面において、たとえば或る土地にproperty権者の許可を得ない他者が侵入した場合、その侵害についてproperty権者に法的救済が与えられるという日常的用語法に合致した比較的明瞭なルールが妥当し、裁判官はそのルールに拘束される。当該裁判官は、そうした法的ルールから容易に結論を導くことができる（ただし、管理戦略の場面では裁判所の裁量はより広範なものになる）。市民および裁判官に明瞭なルールが課されると解することで、Smithは法の確定性，あるいは形式性（formalirv）を強調しているといえる。

二　デモクラシーの法としてのproperty――Joseph Singer

（一）Smithへの批判

現代のアメリカproperty lawの代表的論者の一人であり批判法学派に属するJoseph Singerは、property論の前提にある価値判断を看過している点について、Smithを批判する。[17] Singerによれば、Smithはproperty lawを調整問題を解決するものにすぎないとするが、実際にはそれは暗黙裡に特定の価値を前提としている。そもそもpropertyは、根本原理に関わる問題（constitutional problem）にも関係する――すなわち、憲法に関わるのみならず、property制度は社会生活、道徳規範、政治権力、および法の支配にとって根本的（fundamental）なはずである。[18] そしてわれわれはデモクラシーという価値を選択している。「Propertyは社会秩序に関わるものである。したがって、それは各人を平等な配慮と尊重をもって扱う自由かつデモクラティックな社会において生きる意味についての構想を反映し、可能にする」[19]。Singer において property は、自由かつ平等な社会的諸関係の外郭（contours）を形成するルールと位置づけられる。

デモクラシーという価値を実現する法としての property は、他者の排除というルールだけではありえない。そもそも、Singer にとって法的権利は、権利をもつ者の権利や権能だけでなく、それに対応する義務や責務とともに理解されなければならない[20]。法律家は日常言語とは異なる用語で法関係を分析する。そのように分析される法関係は、所与の社会が選択した秩序や価値を前提に存在する。Property law は、封建制、奴隷制、長子相続制、人種に基づく隔離（racial segregation）を廃止した、アメリカにおけるデモクラシーを実現するものとして理解される。

したがって、彼の（とりわけ近時の）議論においては、市民的権利に関する法律（Civil Rights Act）は property law の中心的な法律として理解される。たとえばパブリック・アコモデーション法（Public Accommodation Act）では公衆（public）に開かれたいくつかの類型の施設・サービス等について、当該施設・サービス等への平等なアクセスが義務づけられる。こうした施設の所有者には、当該施設の利用について他者を排除する権利は必ずしも保障されない。Singer によれば、たとえケーキ店の所有者が宗教上の理由から同性愛に反対していたとしても、同性カップルのウェディングケーキの作成依頼を同性愛への反対を理由として拒むことは、許されない[21]。こうした法律は property の権利を制限するものではなく、その外郭を形成するものである。

（二）法の不確定性と基本的価値の解釈

Singer のこのような理解は、彼の法理論と対照することでよりよく理解されるように思われる。Singer によれば、法的ルールはそれだけで具体的帰結を導くことはないという点で不確定

(indeterminant) である。法理論は、必ずしも包括的ではなく、一貫してもいない。われわれは、相反する諸原理の間で何を選択することも自由であり、法的な論証が選択を拘束するわけではない。[22]

もっとも、だからといって法的判断の帰結が予測不能というわけではない。裁判官は不確定な法的ルールの下で自由に選択することができるとしても、法律家によって共有された法的文化に照らしてその判断の恣意性が評価される。法律家によって共有された法的文化には、適切な制度的役割の理解や、現状が維持または変更されるべき程度についての理解が含まれる。[23] 法的判断から恣意性を排し、正統性を審査できる規準を客観性と呼ぶとすれば、Singer において、客観性は社会的および歴史的コンテクストのなかで生じる対話の結果として導かれる。[24]

したがって法的判断は、当該社会の歴史を含むコンテクストを前提とする法的文化に照らして評価される。当該判断の一貫性は、規範的ではなく社会学的なものとして把握される。

Singer の property 論は、こうした理論の応用とみることができる。法的ルールは不確定であり、或る者が property 権をもつとしても、必ず他者を排除できるわけではない。アメリカ社会において広く共有された価値は、自由と平等を実現するデモクラシーであり、property の理論はデモクラシーに基づいて構築されなければならない。裁判官はデモクラシーの法としての property に従って解釈することで判断の客観性が保証されることとなる。また、客観性を確保するためにはデモクラシー自体を解釈することが求められる。[25]

三　Property law と法理論

Property law 理論の目的を市場における取引費用の最小化と理解し、したがって確定的な排除戦略がproperty lawにおける原則的なルールであると解するSmithと、法の確定性への懐疑から法的判断の客観性を確保するためには社会における共有された価値を遵守することが必要であるとし、アメリカにおけるproperty lawをデモクラシーの法と解するSingerは、多くの点で根本的に意見を異にする。ここでは紙幅の都合もあることから、二点を指摘するにとどめる。

第一に、両者の間には法的ルールの確定性に対する態度の違いがある。もっとも、両者はそれぞれに問題を抱えているように思われる。Smithは日常言語に従ったルールである排除戦略の確定性を前提にしているが、現実には市場における財は多様であるし、他者の排除が実際に問題となる場面で排除戦略がルールとして機能するかは疑わしい。また、広く共有されたルールを前提とすべきであるとしても、必ずしもそれを日常言語に沿って構成すべきであるとは限らない。法律家の間で共有されたルールが既に市場でも共有されているのであれば、あえてそれと異なるものを持ち出す理由は乏しい。現実のアメリカ社会において排除戦略が基本となっているとすれば、それが法律家の間でもある程度共有されているからではないか。他方でSingerについては、共同体における基本的価値が法的判断の規準となるとしても、あらゆる法的判断において基本的価値の解釈が必要となるわけではないとの批判が成り立つ。彼の立論を押し進めれば、共同体の基本的価値に関する解釈のための政治哲学や道徳哲学などの法学外の議論が裁判官の論証の大半を占め、法的議論、法的論証なるものが消滅するように思われる。法的判断を枠づけるものには、基本的価値とその解釈活動だけでなく、法的議論の様式も挙げられるだろう[26]。

第二に、両者の間にはproperty lawの目的、任務に関する理解の違いがある。Smithは新制度派経済学に依拠し、property lawの任務を取引費用の最小化という点に限定する。彼はそうすることで学説の対立の分析や各国の制度との比較を可能とすることを目指す。もっとも、もとより法学学説と経済学学説とでは議論の様式が異なるのであって、前者が比較不能であるから後者と同じものとすると いうのは、法学を不当に矮小化しているように思われる。Singer の批判のとおり、Smith の学説にも 価値判断が先行しており、その点をも批判することが法学学説の任務の一つであろう。しかし他方で、 property law の目的をデモクラシーの解釈に求める Singer の議論は、既述のように法的議論、法的言 説の役割を矮小化しているように思われる。また、彼のデモクラシー概念は、多くの者に共有されたも のという前提があるためか、非常に希薄であり、むしろこれほど希薄なデモクラシー観を抱く法律家が どれほどいるのか疑わしい。さらに、デモクラシー観のゆえに立法府と司法府が対立する場合（たとえ ば市民的権利に関する法律の解釈をめぐる対立など）に、Singer の議論によれば立法府を優先させる こととなるが、それが自身の望む帰結かは定かでないように思われる。

結局のところ、property の概念を法的言語として捉えるかぎり、それを経済学に還元したり、一定 の価値に還元したりすることで既存の法的言説の様式を無視することは、望ましいとはいえない。もっ とも、経済学やデモクラシーは法概念としての property の彫琢に資するところがある。

結

アメリカにおける property 概念論の対立には、法理論に関する対立として理解できる部分がある。 これら議論は、憲法学にも無関係ではない。たとえば、Smith の認識枠組みと Singer のそれとでは、 市民的権利に関する法律などの制定法の位置づけについて理解が異なるかもしれない。前者によればそ うした法律は（修正一四条などによって）違憲となりうるのに対し、後者によれば違憲となることは考 えづらい(27)。

こうした議論から示唆を得て、たとえば日本における憲法と民法の関係について検討することも可能であろうが、それは今後の課題としたい。もっとも当然ながら、それが可能であるとしても、アメリカ法と日本法とでは議論の背景が大きく異なる点に留意する必要がある。

（1）もとより、例外的には石川健治「財産権条項の射程拡大論とその位相（一）」国家一〇五巻三・四号（一九九二年）一四九頁以下などの研究がある。また民法学では財産権などの基本的概念が議論の対象となりつつあるように見える。たとえば、水津太郎「企画趣旨」法時九五巻四号四頁以下の各論文を参照。

（2）Propertyという語の翻訳について、さしあたり、板持研吾「現代アメリカにおける不動産賃貸借法制」国家一二六巻五・六号註五、六、同「アメリカ不動産取引法概説」神戸法学雑誌六七巻三号（二〇一七年）二〇六－八頁、および岩田太ほか編『基礎から学べるアメリカ法』（弘文堂、二〇二〇年）七七－八頁［板持研吾執筆］を参照。

（3）この点について、さしあたり、吉田克己「所有権の法構造」同編『物権法の現代的課題と立法提案』（成文堂、二〇二一年）三頁以下、および吉田克己『物権法Ⅰ』（信山社、二〇二三年）一二九頁以下参照。

（4）Bruce Ackerman は次のように指摘していた。「最も愚鈍な（dimmest）ロー・スクール学生でも、命じればその呪文［=bundle of rights］を猿まね（parrot）できるほどに浸透している」（Bruce Ackerman, *Private Property and the Constitution* (Yale University Press, 1977) 26）。

（5）以下の諸点につき、James Penner, The Bundle of Rights Picture of Property, *UCLA Law Review* 43 (1996) 713; Thomas Merill & Henry Smith, *Property* (Oxford University Press 2010) 1-16; Joseph Singer & Nestor Davidson, *Property* (6th edn., Aspen 2022) 1-3 参照。

（6）See Ronald Coase, *The Firm, the Market, and the Law* (University of Chicago Press, 1988)（ロナルド・コース『企業・市場・法』（宮澤健一ほか訳、ちくま学芸文庫、二〇二〇年））。

（7）Joseph Singer, Property as the Law of Democracy, *Duke Law Journal*, 63 (2014) 1290. Smith の所説とと

もに、彼としばしば共同執筆する Thomas Merrill の所説を検討する邦語文献として、村山健太郎「経済的自由権に関して裁判所の果たすべき役割はなにか」全国憲法研究会編『憲法問題　三四』（二〇二三年）八二頁以下参照。

（8）たとえば、人格を基礎に置く議論として、Margaret Jane Radin, Property and Presonhood, *Stanford Law Review* 34 (1982) 957、人間性の開花を基礎に置く議論として、Gregory Alexander, The Human Flourishing Theory, *Cornell Legal Studies Research Paper* 20 (2) (2022) が挙げられる。

（9）Henry Smith, Property as the Law of Things, *Harvard Law Review*, 125 (7) (2012) 1691-1726.

（10）Id., 1697.

（11）Id., 1694-96.

（12）Ackerman, supra note 4, 26-31, 97-103.

（13）この点を中心に Coase の議論を紹介する法学者による邦語文献として、亀本洋「ロナルド・コースのリアリズム経済学」法学論叢一六四巻一－六号（二〇〇九年）一三四頁以下参照。

（14）Thomas Merrill & Henry Smith, Making Coasean Property More Coasean, *The Journal of Law & Economics*, 54 (2011) 100.

（15）Id., 80-99.

（16）See Henry Smith, Property is not Just a Bundle of Rights, *Econ Journal Watch*, 8 (3) (2011) 279-291.

（17）Singer の理論を比較的詳細に検討する邦語文献として、髙橋正明『平等原則解釈論の再構成と展開』（法律文化社、二〇二三年）参照。また、Singer と Smith を対置する邦語文献として、木下昌彦「法概念としての所有権（一）：二つのパラダイムと表現の自由」神戸法学雑誌六四巻二号（二〇一四年）一－四五頁参照。

（18）Singer, supra note 7, 1298-1303.

（19）Id., 1299.

（20）See Joseph Singer, *Entitlement* (Yale University Press, 2000) 95-139; Joseph Singer, Democratic Estates: Property Law in a Free and Democratic Society, *Cornell Law Review*, 94 (2009) 1046-1051.

（21） See Joseph Singer, Property and Sovereignty Imbricated: Why Religion Is Not an Excuse to Discriminate in Public Accommodations, *Theoretical Inquiries in Law* 18 (2017) 519-546; Joseph Singer, Religious Liberty & Public Accommodations, in *Wesley Hohfeld a Century Later* (Shyam Balganesh et al., eds. Cambridge University Press, 2022) 478-493.

（22） Joseph Singer, The Player and the Cards, *The Yale Law Journal*, 94 (1) (1984) 14-19. See also Dennis Patterson, *Law and Truth* (Oxford University Press, 1996) 11-18.

（23） Id., 19-25.

（24） Id., 25-28.

（25） Singer, supra note 7, 1325-34.

（26） この点について、長谷部恭男「法源・解釈・法命題」『憲法の理性』（東京大学出版会、二〇〇六年）二〇二頁以下参照。

（27） この点について、木下・前掲注16参照。

第三部　多様化する社会と統治機構

政党の内部秩序への視座
――ドイツにおける政党内民主主義と党員の地位――

今枝昌浩
（慶應義塾大学）

はじめに

（一）政党に向けられる関心

政党の「組織及び運営」[1]に民主主義の要素を求めることは、何を目指すものであり得るか。この、一般に「党内民主主義」と呼ばれるコンセプトは、政治学はもとより憲法学においても教科書でしばしば言及されることがあり[2]、また世間においても決して関心が低いものではない[3]。にも拘らず、憲法学においては、これまで政党の内部秩序を主題とする研究は少なかった。このことは、ドイツを比較参照国とした憲法学の政党研究が、いわゆる政党の位置づけに関する古典的な議論から、政党に対する国庫補助（政党助成）にかかる現代的議論まで、正しく「枚挙にいとまのないほど」[4]であったことと比較すれば、いっそう顕著となる。例えば、政党国家について考察してきた手島にあっても、「党内民主主義」については「他日に留保」[5]されている。

（二）問題の所在

もっとも、特にドイツを対象とした政党研究に関しては、憲法学は常に警戒感を示してきたことにも留意しなければならない。そこでは「ドイツ特有の歴史的背景事情」[6]すなわちＮＳＤＡＰ（国民社会主義ドイツ労働者党）という経験に対する反省に基づいた、違憲政党の禁止に象徴される「闘う民主主義」との結び付きに着眼する、否定的ないし警戒する見方が示されてきた。そしてそのことは、とりわけ本稿が扱うような政党内民主主義（の評価）について強く妥当する。[7]他方で、そうした状況の下でも、闘う民主主義と区別する余地があり得るのではないか、[8]という問題提起があったこともまた指摘しておく必要がある。それでは、そうした区別は如何にして可能か、可能となることをどのように実証するのか、が問われなければならないだろう。

そこで、本稿では、これまでドイツの政党内民主主義について指摘されてきた側面とは異なる視点があることを提示したい。そもそも、規範としての政党内民主主義に対してどのような評価を与えるにせよ、先ずはその実態を精確に知らなければならないはずである。そのためには、かかる規範がどのように用いられているのかを検証する必要がある。そこで本稿は、政党とその構成員たる党員とが鋭く対立する局面であり、かつドイツにおいてしばしば生じる、[9]政党による党員の除名（政党除名：Parteiausschluß）という場面における政党内民主主義の用いられ方に焦点を合わせることで、この目的を果たす。

一　ドイツにおける政党の内部秩序と法的規律

（一）政党条項と政党内民主主義

基本法二十一条は、「政党は、国民の政治的意思形成に協力する」(一項一文)として政党の任務を定め、「政党の結成は自由である」(二文)とする一方で、「政党の内部秩序は、民主主義的諸原則に適合していなければならない」(三文)と規定し、詳細については「連邦法律」に委任する(五項:旧三項)。他方で第二項は「政党のうちで、その目的又はその支持者の行動に徴して、自由で民主的な基本秩序を侵害し若しくは除去し、又はドイツ連邦共和国の存立を危うくすることを目指すものは、違憲である」[10]と定め、この判断は連邦憲法裁判所が管轄するとしている(四項:旧二項二文)。これがいわゆる政党禁止(Parteiverbot)と呼ばれる仕組みの根拠となる。

さて、この政党の「内部秩序」に対して「民主主義的諸原則」を要求する基本法二十一条一項三文が、ドイツにおける政党内民主主義(innerparteiliche Demokratie)の憲法上の根拠となる。この基本法二十一条一項三文にいう「民主主義的諸原則」については、ドイツにおける最初の政党禁止判決となったSRP(社会主義ライヒ党)判決において、連邦憲法裁判所が(西)ドイツ政党法の制定に先立って(一九五二年)次のように暫定的に「確認」している。すなわち、この詳細については政党法による規律に委ねた上で、「政党の構造は下から上へ(von unten nach oben)と構成されなければならず、ゆえに党員は意思形成から排除されてはならないこと、および党員の基本的等価性ならびに加入および離党の自由が保障されなければならないこと」[11]と判示した。そのため、これがかかる概念の内容を知るための出発点となった。

(二)政党法による政党除名に関する規律

現行の政党法は、連邦内務省に設置された政党法委員会による審議および報告書を踏まえて、三度の立法期を経て漸く制定された(一九六七年)が、その「内部秩序」と題される第二章の下で、政党除名について規律している。

政党法は、政党除名が許されるのは「党員が党則に対して故意に違反し又は政党の原則もしくは秩序に著しく違反し、かつ、それによって政党に重大な損害を与えた場合のみ」（十条四項）として実体法上の要件を課す。さらに手続法上も、特に除名の判断は、政党内に設置が義務付けられる「政党仲裁判所」（以下「政仲裁」）が管轄するとし、かつ上訴を保障する（同五項）。この審級制は、政党が「地域支部によって構成される」（七条一項）という階層構造に対応するものであるが、政仲裁の人的構成についても政党の指導部（理事会）による影響を防ぐ仕組みが規定される（十四条）。

ここで政党除名の法的規律の特別性について少し具体的に考えるため、ドイツにおける社団について一般的に規律するドイツ民法典二十五条と比較してみよう。

社団は、結社の自由（基本法九条）に基づく社団自治の下で自由にその内部秩序を規定することができ、除名についても自ら定める定款（Verfassung）において規定することができるが、そこでは自働的除名（autmatischer Ausschluß）すなわち議決に依らない除名も可能とされている。のみならず、定款に規定した除名要件とは無関係に、つまり規定がなくとも社員を除名することが許される場合もある。すなわち、社団は、継続的債務関係の解約を規定する民法典三一四条の「重大な事由」を援用することで、その社員を除名することができる[12]。

なお、当初の政党法委員会の立場もまた、政党法が政党除名について規律する場合には、手続法的な規律であれば格別、実体法的な要件については、恣意的または善良な風俗に違反する加害的な除名に対して発展されてきた民法上の諸基準を超えることは推奨されないとしていたが[13]、政党除名に関して政党側のフリーハンドを抑える観点から、現行の構成要件となったのである[14]。

このように、実体法上も手続法上も厳格に規律されている政党除名手続は、党員の地位を強化するものとして、その特別性が強調されてきた。[15] 一方で、近時においても、ドイツにおける政党除名の規律および手続は、とりわけ法治国家的な諸要請にとり不充分である、[16] とする批判的（悲観的）な評価が加えられることがある。

（三）政党内民主主義による党員の保護

この党員の地位が危機にさらされる場面でこそ、政党内民主主義の機能が求められた。そこでは政党内民主主義は、除名に関する政仲裁の裁量を統制する意味で、党員を保護する機能として現れる。[17] なお、政党除名以外の、政党が党則において自由に定め得る規律処分についても、政党内民主主義は実質的な限界を画するものとして機能する。[18]

この党員保護という観点から、政党内民主主義は、政党の客観的な組織原理から更に発展して、個人が主張できる権利として展開していく。すなわち、政党政治に相応しい活動をするための個々の党員の主観的な権利である。[19] そこでは、政党内民主主義の要素として「政党内反対派」の保障が主張され、[20] さらにこれは「政党内反対派の権利」として結実した。[21] これは政党法に規定された権利ではないが、今日では広く承認されている。

二　国家による事後的関与

前章で検討した政党法による政党除名の規律が国家による事前の統制機会であるとすれば、政党から除名された元党員が国家機関である裁判所に対して訴えを提起した場合に、これを審査する裁判所は事後的な国家の関与機会となる。そこで事後的に国家が関与する機会とは次の二つの場面に分かれる。すなわち、政党側と党員が争う、通常裁判所の場面と、その裁判所の判断に対する憲法異議申立てを受けた連邦憲法裁判所の場面である。

こうした場面では、政党内民主主義はどのように用いられているだろうか。

（一）通常裁判所

連邦通常裁判所の判例[22]では、「社団法上の懲戒処分」を審査する場合に用いられてきた観点、すなわち「当該措置が、法律または党則において根拠を有するか否か」、「党則適合的に規定された手続が遵守されたか否か」、「他に法律違反または党則違反が生じていないか否か」、および「当該措置が著しく不合理もしくは恣意的でないか否か」、そして「当該除名判断の基礎となっている事実が客観的かつ法治国家的諸原則に則って正しく確認されているか否か」に限定された審査項目が、「政党によるそれ」つまり除名の場合についても転用される。こうした判例の態度は、一般に「制限された統制密度」と呼ばれ、「国家による（私法）裁判には、政党裁判所の諸判断、とりわけ党員の除名については、恣意の審査に限界づけられた統制密度が妥当する[23]」と説かれる。

かかる判例の立場に対しては、政党内民主主義の意義を看過している[24]、あるいは政党除名は法律事項であるから他の社団の場合と区別すべきである[25]、また裁判所が政仲裁の判断を常に是認することになれば党員の法的地位を弱めてしまう[26]、といった批判がなされてきた[27]。

他方で、そうした限定的な審査密度の下にあっても裁判例には、政党除名を審査する中で、「政党内民主主義は、より狭義には、次のものを意味する。すなわち、『下から上へ』の意思形成、参加、（宗教的な見解も含む）自由な意見表明および政党内反対派についての党員の権利である[28]」として、同規範を考慮するものもみられた。さらに近時、過去の除名に至らなかった二件の事例と比較する手法によって、問題となった政党除名（SPDシフトリーク事件）について比例原則の観点から「著しく不合理」であるとして無効としたベルリン上級裁判所判決[29]が登場した。ただし、珍しく党員を救済した本判決に対しては政党側（社会民主党：SPD）から憲法異議申立てが提起されたため、次節で改めて扱う。

（二）連邦憲法裁判所

政党除名をめぐる直接の当事者の紛争を審査する通常裁判所に対して、その判決に対する憲法異議申立てを審理する形で連邦憲法裁判所もまた事後的に関与することとなる。

憲法裁は、判例となっている判決[30]において、通常裁判所が政党除名を審査する場合に則る制限された統制密度は憲法上許されるとし、これを次のように基礎づける。すなわち、「党員の除名」に関する「自由な判断」もまた「国家からの自由」としての「政党の自由」に含まれることから裁判所の「制限された統制密度」が導かれるが、「他方で、個々の党員もまた基本法二十一条一項二文に基づく活動の自由を有している」から、裁判所には「濫用ないし明白性の統制」が義務付けられる。さらに、党員は、政党法による政党除名の規律があるため、先ずもって政仲裁によって保護されているのだから、裁判所は制限された審査に控えることができる、としている。一方で、同判決においては、通常裁判所の判断を是認する中で、同裁判所は「政党の自由の意義ならびに政党内民主主義の原則および少数派の保護を考慮し」、本件元党員の「参加、（宗教的な見解も含む）自由な意見表明および政党内反対派についての権利を審査した」と跡付け、政党内民主主義を考慮要素として確認している。

こうした中で憲法裁は近時、前節で述べた政党除名を無効としたベルリン上級裁判所の判決について、その審査は「比較可能な事実」に基づく同種の事案を比較したものではなく、「政党法十条四項に基づく政仲裁による政党除名の審査の枠における、国家裁判所の制限された統制密度を正当化できない程に看過している」とし、「憲法上許されない態様で、恣意の禁止としての形態をとる基本法三条一項に基づく本件異議申立人〔注：ＳＰＤ〕の基本権に介入している」[31]と認定して同上級裁に差し戻した。[32]本件で憲法裁は、政党内民主主義については言及しなかったものの、「概ね同様な事実に基づく場合には、政仲裁が、政党除名とならなかった他の党員の事例に拘束されることは考えられ得る」[33]とし、過去の類似事案と比較する手法自体は容認している。もっとも、これに対抗する形でＳＰＤが主張した次の見解は、結果的に採用こそされなかったものの、本稿との関係では大変興味深い。すなわち、先述した政党法七条のように「政党内民主主義は、地域ごとの支部を設置する政党の義務においても現れている」のであって「政治的ないし戦略上の諸見解は地域支部ごとに様々であり得る」のだから、上級裁判決は、政党除名の判断について政仲裁に「平等取り扱い義務を課そうとする点で、基本法二十一条一項三文に基づく政党内民主主義の原則に違反する」[34]として、かかる審査手法に対する防禦として政党内民主主義を援用したのである。

三　考察

（一）党員の地位への注目とその意義

ここまで法的規律の評価および裁判例における政党内民主主義の用いられ方を見てきたが、その前提となっている党員の地位については、そもそもなぜ重要とされるのかが問われなければならない。

まずは前提となる認識を確認する。国家の政治体制としての民主主義は、議会制民主主義という代表を通じたプロセスであるという事実を出発点とし、かつそれは政党が無ければ存立し得ない程に、そこでの政治的意思形成は、原則的には政党において、そして政党を通じて遂行されると認識される。[35]そこで、国家レベルの民主主義の代償として、政党内での活動機会の確保を基礎づける。[36] それは次のような相関関係で捉えられる。すなわち、憲法とその現実において代表を通じた間接民主主義の要素が強くなればなるほど、政党内における直接民主主義の要素の実現がシステム上ますます必要となるのである。[37]

しかし一方で、現実には議会勢力となり得る政党は比較的少数に限られるという寡占的状況もまた前提とされなければならない。[38] それはまた、新たに政党を結成する可能性など理論上のものに過ぎないと評価されることになる。なぜなら、いわゆる五％阻止条項（連邦選挙法六条）という選挙法上の条件だけでなく、そもそも議会勢力となる新党を結成するには予め強固な人的基盤を必須とするところ、生計の基礎を政治活動に置いていない個人にとっては投下できる労力と時間には限界があるのだから、もはやこれは個人でなし得る域を超えているからである。[39] こうした現実的観察から導かれるのが、既成政党を通じた政治参加、そしてその条件としての党員の地位の重要性である。

もっとも、この認識に対しては政党システムの変化に注目した反論もあり得る。すなわち、議会進出を果たした政党の数は当初よりも増えたのだから、前述の前提は崩れ、新党結成も困難とは言えないため、党員の地位の意義も相対的に薄れた、ともいい得るかもしれない。しかしながら、これもまた、当該新党が政党間の競争において持続的な選択肢たり得るのか、そもそも政党間競争が有効に機能しているのか、という動態的な検証を経なければ単なる印象論に基づく批判にしかならないだろう。

そこで、党員の視点から政党内民主主義を構成する場合に、政党法委員会が示した次の見解は重要である。すなわち、「市民」は「選挙ないし投票」という「偶発的な国家への参加」に限定されてはならず、「政党内において常に影響力を行使できなければならず」、それによって「選挙以外の場合においても」、「政治への能動的な関与ができなければならない」[40] という、政治プロセス全体における政党の内部の位置づけである。これは、議会制民主主義の下でのシステム上の限界と政党の不可欠性を前提とした、国民（市民）の政治参加を政党の内部において確保することで議会制民主主義を補完あるいは限界を克服する見立てであると同時に、その必須条件としての党員の地位を政党内民主主義によって保護しなければならない理論的根拠を提供するものである。なぜなら、基本法二十一条一項三文にいう「民主主義的諸原則」は、憲法裁も夙にSRP判決において「党員」の保護を含めていたように、正に「政党組織の民主主義的な構造だけでなく、党員の法的地位自体が民主主義的に秩序づけられていることも要求する」[41]ところ、かかる見地は、その目的が何であるのかについて手掛かり与えるからである。また、そこで懸念されていた事態が、政党内が寡頭制化することによって「国民が政党から遠ざけられてしまう危険」[42]であった点は、今日と共通する問題意識を確認する上で重要である[43]。

（二）裁判所による事後的関与と政党内民主主義

政仲裁による除名判断を国家機関の立場で審査する裁判所は、規律と自律のはざまで緊張関係を保ちつつ、学説を受容しながら政党についての審査方法を模索しているものと見ることができる。そこでは、その内容として「政党内反対派の権利」が挙げられたように、政党内民主主義が政党除名という場面で考慮されるべきことは認識されている。ただし、政党側と対立する党員の活動の自由の根拠を、学説が説く政党内民主主義（基本法二十一条一項三文）ではなく、政党の自由（同二文）に求めている点は、まだ学説とは距離がある。

さらに、SPDシフトリーク事件（憲法裁）において現れた、裁判所による過去の事案の比較審査に対する防禦として政党側に用いられた政党内民主主義の主張は、学説を参考にしたものと思われるが[44]、党員だけでなく政党もまた援用できる場合があるのかという新たな問題提起を含んでいる。

このように、裁判所による審査の場面で現れる政党内民主主義は、審査方法の模索とともに、今後発展の余地があると言える。

(三) 党員の視点がもたらす展望

ここまで検討してきたように、ドイツにおける政党内民主主義は、政党除名という場面においては、党員を保護する方向に作用する規範として用いられ、党員側の主観的な権利の根拠として主張されてきた。こうした実態は、しばしば結び付きが指摘されてきた違憲政党の禁止とは径庭があることを示すものであると言える。ただし、基本法二十一条一項三文は、SRP判決のように政党禁止手続においても参照されることから、両者の関連性を完全に否定することはできないであろう。実際に「基本法二十一条一項三文は、NSDAPのような指導者原理(Führerprinzip)に基づいて組織された政党や、大戦期のファシズム政党、ならびに共産主義者による政党の似非民主主義を禁じることを第一とするものである」[45]との見方もあった。さりとて両者を一体として理解することもまた正確ではない。なぜなら、この見方とは対照的に、違憲政党の禁止は「独立した別の問題」であって、基本法二十一条一項三文は「憲法擁護の観点を第一のものとして理解されるべきものではない」[46]との見解を政党法委員会が示しており、さらに「政党内の民主主義的な意思形成は、歴史的には、国民社会主義に支配されていた時代の『指導者原理』を禁ずるものであった」[47]とする近時の手引書における記述は、両者の関連性には時間的要素が含まれることを示唆するからである。それらが時や環境とともに変わり得るものであるとすれば、それらは動態的に捉えられなければならない。

そのため、ドイツにおける政党内民主主義を考察するに当たっては、日々の政治生活において果たされる機能と、違憲政党の禁止という特別の例外的場合におけるそれとは区別して考察されなければならない。そこで前者を析出するのが、本稿で検討してきた党員の視点である。

結びに代えて

本稿で検討した、党員の視点による政党内民主主義の理論構成は、政治プロセス全体との関係で政党の内部を考える視座をもたらすとともに、《政治参加＝選挙》という制限的・硬直的な思考図式に対して省察を促し、相対化を図る意義も有する。つまり、国民とりわけ有権者は、政党を用いて政治に参加することで「選挙での投票といったワンポイントの季節仕事しかしない(48)」地位から解放され得るのである。

ところで、党員の視点で政党内民主主義を見る場合、政党内における影響力の確保(49)という観点からは、果たして除名されないだけで充分かという問題もまた提起し得る。この点、日本においては《公認》手続と呼ばれる、選挙の際の候補者擁立手続は、政党内の非（反）民主主義的な現象が問題となる場面として政党除名の場合に勝るとも劣らない。党員の視点に基づいた構成は、こうした展望をもつ。

（1）政党助成法四条二項は、これが「民主的」であることを要求している。
（2）最近の例としては、松井茂記『日本国憲法』第四版（有斐閣・二〇二二）一三六頁以下は「公的助成を受けるための要件として、党内民主主義を要求する……ことは、許されてもいいだろう」とする。
（3）奇しくも近時、日本の政党除名事件に関連して、党首選定プロセスについて『党内民主主義』を軽視する政党に明るい未来があるとは思えない」との中北浩爾による指摘があったところである。日本経済新聞二〇二三（令和五）年二月二十四日付夕刊二頁を参照。
（4）丸山健「憲法と政党」『公法研究』三十号（一九六八）二頁。

（5）手島孝『憲法学の開拓線――政党＝行政国家の法理を求めて――』（三省堂・一九八五）三頁。

（6）本秀紀「ドイツにおける党内民主主義と法・序説」『法政論集』二三〇号（二〇〇九）四三六頁。

（7）差し当たり、上脇博之『政党国家論と憲法学』（信山社・一九九九）二十頁以下。

（8）彼谷環「ドイツ政党法制と政党内民主制」『広島法学』十八巻三号（一九九五）一三八頁。

（9）最近注目されたものとしては、ＳＰＤ党員であり連邦首相経験者でもあるシュレーダーが、ウクライナ侵攻にかかるロシア連邦に対する非難決議の後も、同国と関係の深い企業から業務を引き受け続けているとして政党除名が請求されたものの、最終的に除名を免れた事案（BSK-SPD, Az.：1/2023/P）が挙げられる。

（10）高田敏・初宿正典『ドイツ憲法集』第八版（信山社・二〇二〇）二三三頁〔初宿訳〕参照。

（11）BVerfGE 2, 1 (40).

（12）Vgl. *Martin Schöpflin*, in: Hanns Prütting/Gerhart Wegen/Gerd Weinreich (hrsg.), Bürgerliches Gesetzbuch-Kommentar, 15.Auflage, 2020, § 25, Rn.30 f.

（13）Vgl. Rechtliche Ordnung des Parteiwesens, Probleme eines Paretiengesetzes, Bericht der von Bundesminister des Innern eingesetzen Parteienrechtskommission, 2.Aufl., 1958, S.165. なお、同報告書の邦訳としては、自治庁選挙局『政党制度の法的秩序―政党法の諸問題』（一九五八）二〇七頁以下〔清水芳一訳〕がある。

（14）本規定の制定過程については、差し当たり、今枝昌浩「ドイツにおける政党除名手続の法的規律――政党内民主主義と政党除名に関する一考察――」『法学政治学論究』一二二号（二〇一九）一四三頁以下を参照。また、政党除名の要件を構成する各概念について詳しくは、同「ドイツにおける政党内民主主義と政党除名の法的規律」『比較憲法学研究』三十三号（二〇二一）一五三頁以下を参照。

（15）Vgl. *Friedrich Grawert*, Parteiausschluß und innerparteiliche Demokratie, 1987, S.129.

（16）Vgl. *Karl Albrecht Schachtschneider*, Parteiausschluß und Verfassung, 2021, S.77.

（17）Vgl. *Sebastian Roßner*, Parteiausschluss, Parteiordnungsmaßnahmen und innerparteiliche Demokratie, 2014, S.159 ff.

(18) Vgl. *Hinnerk Wißmann*, in: Jens Kersten/Stephan Rixen (hrsg.), Parteiengesetz und Europäisches Parteienrechts, 2009, § 10, Rn.18, S.231.

(19) Vgl. *Martin Morlok*, Parteienrecht als Wettbewerbsrecht, in: Peter Häberle, Martin Morlok, Vassilios Skoris (hrsg.), Festschrift für Dimitris Th. Tsatsos zum 70. Geburtstag, 2003, S.430.

(20) Vgl. *Karl-Heinrich Hasenritter*, Parteiordnungsverfahren, 1981, S.18 f.

(21) Vgl. *Dimitris Th. Tsatsos*, Ein Recht auf innerparteilicher Opposition? Ein Beitrag zur Auslegung der Art. 20 Abs. 2 und 21 GG, in: Rudolf Bernhardt/Wilhelm Karl Geck/Günter Jaenicke/Helmut Steinberger (hrsg.), Völkerrecht als Rechtsordnung–Internationale Gerichtsbarkeit–Menschenrechte : Festschrift für Hermann Mosler, 1983, S.998 ff. なお、今枝昌浩「ドイツにおける政党内反対派とその権利」小山剛・伊川正樹・渡邊亙 編『立憲国家の制度と展開　網中政機先生喜寿記念』（尚学社・二〇二一）二二四頁以下も参照。

(22) BGH, NJW 1994, 2610 (2611).

(23) *Christian Waldhoff*, in: Matthias Herdegen/Johannes Masing/Ralf Poscher/Klaus Ferdinand Gärditz (hrsg.), Handbuch des Verfassungsrechts, 2021, § 10, Rn.42, S.663.

(24) Vgl. *Karl-Heinrich Hasenritter*, Anmerkung zu BGH NJW 1980, 443.

(25) Vgl. *Elmar Lengers*, Rechtsprobleme bei Parteiausschlüssen, 1973, S.228.

(26) Vgl. *Johannes Risse*, Der Parteiausshluß, 1985, S.240.

(27) 詳細については、今枝昌浩「ドイツにおける政党除名に対する裁判所の司法審査――社団法上の統制基準とその問題性――」『法学政治学論究』一二六号（二〇二〇）一二三頁以下を参照。

(28) LG Bonn, NJW 1997, 2959 f.

(29) KG Berlin, DVBl 2014, 259. なお、事案の詳細については、今枝・前掲注27、一二九頁以下を参照。

(30) BVerfG, NJW 2002, 2228.

(31) BVerfG, stattgebender Kammerbeschluss vom 27. 5. 2020, NVwZ-RR 2020, 665; juris, Rn.34.

（32）なお、本稿執筆時点では未だ本憲法裁決定に対する差戻し審は確認できないが、同上級裁は別の党内紛争事案（ＡｆＤカルビッツ事件）において本決定を参照している。Vgl. KG Berlin, Urteil vom 27. 5. 2020, juris, Rn.5. 本決定を含め、近時の展開について詳細は別稿で扱う。

（33）BVerfG, NVwZ-RR 2020, 665.; juris, Rn.41.

（34）BVerfG, NVwZ-RR 2020, 665.; juris, Rn.27.

（35）Vgl. *Tsatsos*, a.a.O.（Anm. 21）S.998.

（36）Vgl. *Tsatsos*, a.a.O.（Anm. 21）S.1024.

（37）Vgl. *Dimitris Th. Tsatsos/Martin Morlok*, Parteienrecht, 1982, S.41.

（38）Vgl. *Roßner*, a.a.O.（Anm. 17）S.142.

（39）Vgl. *Martin Morlok*, Der Anspruch auf Zuzang zu den politischen Parteien, in: Detlef Merten, Reiner Schmidt, Rupert Stettner（hrsg.）, Der Verwaltungsstaat im Wandel, Festschrift für Franz Knöpfle, 1996, S.236.

（40）Vgl. Bericht, a.a.O.（Anm. 13）S.156.

（41）Vgl. *Gerhard Leibholz*, Verfassungsstaat-Verfassungsrecht, 1973, S.93. なお、同書の邦訳としては、Ｇ・ライプホルツ（清水望・渡辺重範 訳）『現代政党国家』（早稲田大学出版部・一九七七）一〇五頁がある。

（42）Vgl. Bericht, a.a.O.（Anm. 13）S.156.

（43）ドイツに限らず政党国家において政党と社会との紐帯がますます希薄となっている問題は、政治学によって指摘されている現象である。この点につき差し当たり、Richard S. Katz/Peter Mair, *Democracy and the Cartelization of Political Parties*, Oxford University Press, 2018, p.10.

（44）Vgl. *Sebastian Roßner*, Bock oder Gärtner ? Innerparteiliche Demokratie und Prüfung vom Parteiausschlüssen durch staatliche Gerichte. Zugleich zu Kammergericht Berlin vom 10.9.2013, Az. 7U 131/12, in: Martin Morlok/Thomas Poguntoke/Ewgenij Sokolov（hrsg.）, Parteienstaat –

Parteiendemokratie, 2018, S.119.

（45） *Karl-Heinz Seifert*, Die politischen Parteien im Recht der Bundesrepublik Deutschland, 1975, S.190.

（46） Vgl. Bericht, a.a.O.（Anm. 13）S.156.

（47） Vgl. *Waldhoff*, a.a.O.（Anm. 23）§10, Rn.40, S.663. 傍点は引用者による。

（48） 渋谷秀樹・赤坂正浩『憲法１ 統治』第八版（有斐閣・二〇二二）二七一頁〔赤坂執筆〕。

（49） Vgl. *Martin Morlok/Heike Merten*, Parteienrecht, 2018, S.124.

恩赦、amnesty の基礎の一考察

浦　川　源二郎
（京都先端科学大学）

はじめに

近時の英米法学では、諸種の赦しの概念が研究されている。本稿はこれを参照し、わが国憲法上の恩赦研究へ与えうる示唆について検討する。なお英語圏の研究では、恩赦や amnesty がときに複数の要素を包含し、論者によっては pardon、forgiveness、mercy、grace、liberate、excuse 等とも互換される。そこで本稿は、関連概念をあつかった研究も参照する。用語として、「恩赦、amnesty、赦し」を「非難を伴う責任の減免」と措く。実定法とかかわる場合、「憲法上の恩赦」等と記述する。

一　実定法上の恩赦、amnesty

（一）西洋法における恩赦、amnesty の歴史

amnesty はギリシャ語の amnestia（忘却、水に流す）に由来し、古代ローマ等に引き継がれ、キリスト教的思想や現実の政治状況の影響を受けつつも法の中に現存する。

古代ヨーロッパにおいて法は「神の法」、裁判は「神の裁き」を意味し[1]、赦しも神から賜るものであった。ローマ帝制成立後、赦しは皇帝より与えられるようになる。また皇帝の「仁慈」による恩赦が神の赦しと融合し、恩赦権の概念も誕生する。当該権限行使の根拠としては、慈悲という徳目や、君主への愛着醸成の政策、自分が受けた攻撃を忘れてやり、平和を維持・強化するというものもあった[2]。また恩赦権は、帝権の神権的正統化根拠としての価値も有し、その後、君侯らの攫取の対象ともなった。

なお中世でも、罰す正義と赦す慈悲の原理的緊張関係は自覚され、その関係をいかに整理・調整するか、法学者や神学者らの研究対象とされてきた。また立法技術が現代ほど洗練されておらず、問責と免責に関わる法整備が不十分な時代には、法の不備・欠缺を補うために恩赦権が行使されていたことも窺われる。たとえばフランス国王フィリップ四世の治世では、正当防衛や過失致死の場合の赦免が頻繁に行われ[3]、近世イギリスでも恩赦をもちいて、当時の過酷な刑罰の調整が行われていたようである[4]。

（二）憲法上の恩赦

わが国恩赦の制度的な歴史は、すくなくとも七世紀にまで遡ることができるという。天武町以降、中国風の恩赦が継受された[5]。古代の恩赦は天皇の大権に基づき、国家の慶賀や災異の折に、民と共に幸福を喜び災異を攘い、また天皇の仁慈と仁政を示すものであった。

恩赦は江戸幕府下でも存続し、発展する。当時の恩赦は将軍の権限として行われ、国家的な祝儀や凶事を契機に行われた。先行研究の中には、刑の厳格さを緩和するため、または「刑によって罰せられたものが犯した悪事を後悔し、あるいはその結果悪心を慎むに至った者をいよいよ改心させるために[6]」恩赦をおこなったとするものもある。

明治政府成立後、刑法典の西洋化に伴い、恩赦はフランス法上の用語と分類が参照される。大赦は

「あむにすち」、特赦は「ぐらす」をモデルとし、(7) 刑法・治罪法双方に、復権・特赦の規定が置かれる。恩赦の目的も、西洋法的観点から説明される。

一八八九年には明治憲法一六条下、恩赦権が天皇大権と明確化される。刑法典と刑訴法から恩赦規定が削除され、一九一二年には恩赦令が制度を形成する。(8)

現行憲法七条三号は、内閣の助言と承認に基づく天皇の国事行為として恩赦を規定し、七三条七号は、内閣の事務として恩赦の決定を規定する。以上の規定を受けて、恩赦法と施行規則が、恩赦に関する内容と手続きを規定する。(9)

恩赦の意義・機能として、恩赦審議会の最終意見書・勧告書(10)は以下四点をあげる。

①法の画一性に基づく具体的不妥当の矯正。
②事情の変更による裁判の事後変更。
③他の方法を以ってしては救い得ない誤判の救済。
④有罪の言い渡しを受けた者の事後の行状等に基づくいわゆる刑事政策的な裁判の変更もしくは資格回復。

次にこれら意義を検討する。(11)

意義①に関しては、法には必然的にある程度の画一性が伴うので、具体的ケースにおける不都合を調整する仕組みは必要である。しかしながら現実問題として、犯罪の成否判断については可罰的違法性、実体的デュープロセス、期待可能性などの刑法理論があり、宣告刑についても、法定刑の幅が広く、酌量減軽や執行猶予の制度があるため、刑の確定後の刑事政策的処置を除けば、画一性修正の必要が実際はほとんど考えられないとされる。

意義②に関しては、法令等の大規模変更により対象が広範に及ぶ場合には、個別恩赦でなく、一般恩赦により対処される。法は国家や社会の情勢の変化に応じて変動しうるが、その結果、同じ行為がある時期では処罰され、別の時期には処罰されないことも起こりえて、これを公平性の観点からいかに考えるかが問題となる。このとき、その種の行為の処罰が適当でなかった、誤りだったとして処罰をしなくなる場合に、恩赦の救済がされるべきとされる（不敬罪、姦通罪、治安維持法その他の言論・思想統制関係の法令、占領目的阻害行為処罰令等がその例とされる[12]）。

意義③は、裁判制度の不備があった時代には重要な意味を持っていたであろうが、こんにち再審制度や非常上告など同目的を果たす仕組みが存在するため、当該目的での恩赦はほぼ考えにくいとされる。

意義④では、改善・更生・社会復帰のための狭義の刑事政策的な場合が想定される。現行刑法や裁判においては、刑罰の持つ刑事政策的機能が考慮される。しかし刑事政策において、その者の改善・更生についての将来の予測が極めて大切だが、裁判時にそれを完全に予測することは不可能である。かくて裁判上の刑事政策には限界があるため、事後に個別の常時恩赦がなされるべきとされる。そして個別恩赦では、(a)犯罪の動機、方法、結果等犯情に酌量の余地、(b)改悛の情の顕著さ、健全な社会生活を営み再犯のおそれがないか、(c)被害者および遺族ならびに社会の感情が融和しているか、または少なくともこれらの感情を刺激するおそれがないか[13]、(d)刑の確定、仮出獄または刑の執行終了もしくは刑の執行の免除の後、相当の期間を経過しているか、(e)恩赦を必要とする事情があるかの総合考慮がなされてきた[14]。

以上、憲法上の恩赦の意義を概観したが、その制度設計や運用をめぐっても諸種の批判的検討がある。

たとえば恩赦のタイミングの不公平さ批判、天皇等への仁慈と結びつけることを企図した慶弔禍福恩赦への批判がある。行政権による恩赦は、既存の刑法の規定を無効とし、またそれに基づく司法府の判断を覆すため、権力分立や罪刑法定主義との緊張関係も指摘される。一般恩赦の政治的濫用批判や、不透明な政令一般恩赦決定プロセスへの説明責任不足批判もある。

二　英米法における赦しの基礎理論研究の参照

上述の恩赦をめぐる議論にみられた、不正を行った者の反省と悔恨、被害者の非難のとりやめといった要素は、英米の基礎法学における〝許し〟(forgiveness)の議論と通底する。

また憲法上の恩赦の議論で「憐れみ」と関わる要素が端々に登場するが、これは近時の英語圏でしばし〝慈悲〟(mercy)のカテゴリの下研究される、同情・共感・憐れみにもとづく赦しと通底する。(15)

以下〝許し〟と〝慈悲〟の研究を俯瞰し、わが国法学への示唆を検討する。(16)

(一)許し

不正がおこなわれたとき、われわれは不正者(wrongdoer)に責任を問う。行為主体に違反の理由を問い、理由が受容できないときは非難し、不正による利益を匡正し、生じた損害の賠償をもとめ、違反に対する罰を課す。

しかし問責は我々の実践上、問責者の不正者への〝許し〟により減免されうる。かかる〝許し〟をめぐる法・道徳哲学的研究を概観するに際し、ここ一〇年の英語圏の研究と論点を整理したシモーネ・グブラー(Simone Gubler)の論考が有益である(17)(なお以下は筆者が論点を補足している)。

まず、〝許し〟をどう定義するかの問題がある。また道徳実践上、不正者が悔いや謝罪を示すことなく、あるいはすでに死亡していても、被害者が許すという営みもみられるが、これらを〝許し〟に分類しうるか、〝許し〟の条件を充足するかなどの議論がある。

謝罪や悔恨、罰の受容などを経て、今や不正者が許されるに値するにもかかわらず、許す地位にたつ者が許さない場合もある。このとき、第三者や不正者が不正者を許すということは可能か、可能ならばいかなる条件においてか。この場合論点は、許しうる者の地位、被害者の道徳的特権とも関わる。悔恨と交換的に与えられる許しは、不当に地位を格下げし、害を与えることを目的としている、あるいは「許してやる」行為が抑圧手段ともなりうる等の、悪しき〝許し〟という論点もある。

本稿はこれらを検討しないが、国家と法による問責の一機能を制度化された義憤、非難と措定したとき、基礎法学的〝許し〟の研究は、憲法上の個別恩赦における更生の研究に示唆を与えうる。

更生保護において一つの問題となるのは、被害者らの意見等陳述の評価であるとされる。仮釈放等審理においては、被害者らの意見や心情の陳述が認められ、仮釈放等の許否の判断資料となるが、これらをどう反映させるか、審理の公平性や安定性と被害者らの心情の多様性をどう調和させるかが問題とされる。その基準がなければ、司法行政は予測可能性や安定性を欠く(18)。

そしてこれは、個別恩赦における被害者らの感情の融和の評価と判断への反映とも通底しよう。許されるに値する不正者を問責者が許さぬ場合、非難の継続は悪徳ともなろう。こう引き直したとき、〝許し〟における理想条件や第三者による許し、超義務性の研究は法解釈に寄与しうる。

(二) 慈悲

問責者が不正者の不遇を知るとき、同情し憐れみ、責任を減免することがある。これを〝慈悲〟と呼ぶのなら、道徳実践や法的責任追求でも、〝慈悲〟が一定の機能をはたしているようにみえる。かかる研究も、宗教的色彩の排除を志向しつつなされる。

マーサ・ヌスバウム（Martha C. Nussbaum）は『怒りと許し』のなかで、憐れみと慈悲について次のように述べ、〝慈悲〟のアメリカの刑事司法における役割拡張を主張する。すなわちギリシャ・ローマ的に〝慈悲〟を理解すると、罰を与える際に寛容になる心の傾向性と定義できる。完全無欠の聖なる神や君主らが、死せる、誤ちうる存在へ下賜する自由な贈物としての慈悲とは異なり、平等志向の〝慈悲〟は、共通の人間性や共感、関係の対等さを前提とする。[19] それは、生における無数の障害への洞察から始まり、人々が不正をなしたとき、しばしば異常な状況（unusual circumstances）やプレッシャーに足を掬われたといいたくなることを認める。被告人の状況への共感的評価（sympathetic appreciation）が、すべての事件において寛恕・減刑を導くわけではないし、導くべきでもないが、慈悲に満ちた裁判官は、過去志向でありつつ、同時に未来志向的な再統合をも目指す。[20]

またヌスバウムは epieikeia 概念の下、衡平（equity）と〝慈悲〟概念の歴史的に密接な関係を指摘する。そして抽象的一般的な記述がなされる法の条文ではとらえきれない個別の不正者の物語り（narrative）、人を不正へと向かわせる人生における諸状況を評価し、不正者その人の視点に立つよう想像力を働かせて共感することで、与えられる罰を緩和し、各事案における正義と法の支配の実現がなされるべき、と論じる。

またヌスバウムは、小説『デイヴィッド・コパフィールド』を素材に、不正者の意図的な悪事へ非難がなしうる一方、他方で不正者の視点に意を払い、不正者の物語りをひもといて、個人が完全な制御をもたぬ不遇な（unfortunate）家族の歴史等を知り、他にあり得たかもしれない歴史を想像したとき、慈悲が生じうるとも論じる。[21]

ストア派的賢人やカント的理想的行為主体とは違う、外的事項に善き生を左右される、道理に外れることもある脆弱な人間像を前提としたヌスバウム的〝慈悲〟の対象は、多様でありうる個別性、行為への熟考と制御の責任を完全に帰しえぬ性質、不遇といった特徴をもつ。[22] そして以上の、行為主体が災難（disaster）に見舞われる不遇へのヌスバウム的〝慈悲〟の思索は、道徳的運（moral luck）の研究とも通底する。[23]

ジョエル・ファインバーグ（Joel Feinberg）は、道徳的責任も法的責任同様、運や偶然性から逃れられず、カント的な「道徳的責任の精確さと完璧さを主張する立場」も不確定性の問題含みで、結果の発生にも行為にむけた意図の生成にも制御外の運が介在し、内的状態に対する道徳的責任も偶然に依存し、運の問題となりうると論じた。[24]

またトマス・ネーゲル（Thomas Nagel）が論じたところ、直観において「自身に落ち度がない、または制御外の事項に責任はない」ことはもっともらしいが、人々が道徳的に判断される事項は、さまざまな仕方で制御下にないか制御を超えており、雑にいっても構成的運（constitutive luck、当人がどんな人物となるか）、状況的運（circumstantial luck、どんな問題や状況に遭遇するか）、因果的運（causal luck、先行する事情によってどう行為が決定されるか）、結果的運（resultant luck、行為や計画がどんな結果をもたらすか）といった形で、道徳的評価の対象が運の影響下にあるという。

われわれの道徳評価は、さまざまな仕方で運や偶然といった制御外の事項の影響を受け、しかしなおわれわれは運の一部をときに行為主体への道徳評価に加え、ときに免れさせる。不注意な車の運転手が二人いても、一方の進路にのみ子供が飛び出す等が起これば、同様の内心の二人に別様の評価がくだる。成功の見込みが不明の革命など、難しい選択を強いられるケースの多くでは、結果を予見することが不可能である。結果によってはじめて何がなされたのかが決せられる、評価を下すために結果を待たねばならないケースもある。意図への非難可能性等が同程度でも、結果によっても評価が左右されうる。

行為主体が直面する状況、とりわけ政治環境や情勢などは制御範囲を大きく超える。たとえばナチス下の一般的な市民には、政府に反抗する英雄的振舞いのための状況・機会と同時に、政府に追随しまたは不正に無関心でい続けるという、悪しき振舞いのための状況・機会も与えられていた。そして多くの市民は道徳的試練に直面し、乗り越えられず非難をあびた。(25) ネーゲルはかく論じる。(26)

道徳的運にも、運の定義、道徳的運の分類、どこまで運を許容可能とし受け入れるか、運の産物とそうでないものの区切り、道徳と倫理の区別と運の関係、ネーゲルのパラドクス(27)への応答といった論点が存在する。(28) これら難問と向き合い、意志の質や形成過程を問い、責任能力の問題や行為がもたらす結果が責任の多寡を決することを認め、現実の脆弱な人間を前提とし、どこまで運を引き受けるべきかを考え、(29) 〝慈悲〟の法哲学的諸論点をも検討すること(30)は、法的責任研究一般にコミットしうる。

また憲法上の恩赦に対しては、〝慈悲〟の行使者の変遷の理解と併せれば、新たな分析と検討の視点を得られる。

すなわち恩赦が君主の仁慈とされていた時代には、赦しは君侯的な慈悲の判断により、その徳を知らしめ民草に愛着を覚えさせるツールでもあった。だが今やそれは法律内に移り、公務員の法解釈・適用のなかで日々行使される。そしてその実践は、起訴猶予、酌量減軽、個別恩赦などに際しては広範な裁量を伴う。かかる裁量的判断には相場があり、(31) 先例等の参照による安定性が認められる。しかし、それら慣行が正当かを検証する視点は必要である。事案によっては、先例に引き直しえないハードケースもありうる。こうした場合、〝慈悲〟と衡平に照らした裁量の点検と行使を推奨しうる。かつそのような

〝慈悲〟は、画一化された抽象的法条の間隙を埋める、正義にそぐうものと考えうる。(32)

おわりに

現実の恩赦の法制と運用上、諸論拠が混和し、赦す理由をなしているようにみえる。しかして法政策や法的判断の批判の際、問題とされる赦しがいかなる論拠にもとづくか問い、正当性を呻吟することは有益であろう。また諸論拠の研究の深化は、同じ恩赦、amnesty の名を冠す諸法間の相互参照の基盤も発展させるであろう。(33)

（1）類似の思考は、わが国古代にも存在したとされる。高柳眞三「上古の罪と祓および刑」同『江戸時代の罪と刑罰抄説』（有斐閣、一九八八年）四七八頁、法務省保護局『保護司のための恩赦読本』（財団法人日本更生保護協会、一九八九年）一二七‐一二八頁。

（2）英米での戦争と恩赦の関わりは、大林啓吾「統治原理と権力分立(1)‐(3)」帝京法学二六巻一号一二七頁、二六巻二号一二一頁、二七巻一号一四一頁等も参照。

（3）以上、古代から中世に至るまでの恩赦の説明については、福田真希『赦すことと罰すること』（名古屋大学出版会、二〇一四年）一六‐二九頁を参照。

（4）なお入植者確保の目的もケースにより併存していたとされる。イギリスの刑事司法の史的研究として、栗原眞人『一八世紀イギリスの刑事裁判』（成文堂、二〇一二年）を参照。同一八三頁の、一八世紀ごろの死罪へ恩赦が与えられる理由の整理も示唆に富む。英米の恩赦史と哲学的分類につきKathleen Dean Moore, Pardons, (Oxford University Press, 1989) も参考となる。

（5）中国と日本の恩赦につき、佐竹昭『古代王権と恩赦』（雄山閣出版株式会社、一九九九年）が詳しい。

(6) 高柳眞三「江戸幕府の赦律について」同・前掲注(1)三三一頁、法務省保護局・前掲注(1)二八頁。ただし高柳はその後の論考において、古い仏教的思想を背負った政策であったことも付け加える。高柳眞三「江戸幕府の赦追考」同三五三頁。徳川期における改善や悔恨等を考慮した刑期短縮を指摘する研究として児玉圭司「明治前期における刑期短縮制度の展開」法史学研究会会報一八号(二〇一五年)一一八頁も参照。

(7) 井上操『刑法述義　第一編(下)』(信山社、一九九九年)七七四頁。大赦「あむにすち」は「忘れること、社会が罪を忘れることをいう。……犯人が誰であるかを論ぜず、概してその事に関係する者は、大赦によって皆その罪を免ぜられるべし」、特赦「ぐらす」は、「恩恵に出るものなれば、人に関わるものであり……同じ一つの犯罪を犯した共犯者の中でも、事情愍諒(憐れむべき事情)」すなわち「裁判官の過誤や法律の過酷により不当の刑を受ける者」、または「懲戒の主意に立ち改過自新の情顕然たる者」が、恩赦を与えられるとされた。同七七八‐七八一頁(鉤括弧の引用部は筆者が現代語化し略記している)。児玉・同上一一八‐一二一頁は、フランス法継受により、従来の恩赦の意味へフランス法恩赦由来の意味が流入したとする。

(8) 中国法継受からの歴史の流れは、とりわけ児玉圭司「わが国における恩赦制度の歴史」法学セミナー七八一号六‐一〇頁を参照した。

(9) 法制については岡田亥三郎『恩赦法釈義』(第一法規出版、一九六八年)等を参照。

(10)「恩赦制度に関する恩赦制度審議会委員長よりの最終意見書及び勧告書」1948.7.9 国立国会公文書館デジタルアーカイブ(https://www.digital.archives.go.jp/das/meta/M0000000000001781588.html 最終確認二〇二三年三月一五日)。

(11) 以下特に、中野次雄「恩赦制度の運用と刑事政策」ジュリスト九三四号四四頁を参照。

(12) 田中開「戦後における恩赦の運用とその問題点」ジュリスト九三四号五五頁。なお最大判昭和二三年五月二六日刑集二巻六号五二九頁、最判平成二〇年三月一四日刑集六二巻三号一八五頁が提起する論点もある。

(13) なお法務省保護局『保護司のための恩赦の話』(日本更生保護協会、二〇〇二年)四〇頁は、犯罪をおこなった者が慰謝慰霊に相応の誠意を示しても、被害者側の感情が融和しない場合においては、「被害者(遺族)の感情の融和がなければ絶対に恩赦は許されない」ということはできないと補足する。「被害者（遺族）感情等調査報告書」で調査される内容については、同六二頁を参照。

（14）同上三八－四二頁。

（15）たとえば、Andrew Brien, *Mercy Within Legal Justice*, social theory & practice 24（1998）, at 83-110を参照。また Lucy Allais, *Wiping the Slate Clean: The Heart of Forgiveness*, Philosophy & Public Affairs 36, No. 1（2008）, at 34-35, Luke Brunning and Per-Erik Milam, *Letting Go of Blame*, Philosophy and Phenomenological Research（2022）, at 1（https://onlinelibrary.wiley.com/doi/full/10.1111/phpr.12899 最終確認二〇二三年三月二〇日）などは、〝許し〟と別種の責任減免論拠として本稿が扱う〝慈悲〟に該当する内容を論じる。

（16）詳細な検討は他日を期す。なお宇佐美誠「移行期正義」国際政治一七一号四三頁、宇佐美誠「正義と利益」新世代法政策学研究一〇号一五頁や Linda Bosniak, *Amnesty in immigration: forgetting, forgiving, freedom*, Critical Review of International Social and Political Philosophy Vol. 16, No. 3（2013）, at 347, Jeffrie G. Murphy, GETTING EVEN（Oxford, 2003）等を参照すれば、他の論拠として、行為が何をもたらしたかが重要と考える〝帰結主義〟や、不正な法や処罰等からの解放たる〝正当化〟等もありうる。前者については、帰結を正義の理論においてどれだけ考慮するかが1つの大きな問題となると同時に、経済学等を参照することも要す。後者に関しては、市民的不服従や政治的責務等でお馴染みの、道徳と法の関係から発展する諸論点に目をむける必要があろう。なお各論拠はMECEでない。

（17）Simone Gubler, *Recent Work in Forgiveness*, Analysis 82:4（2022）, at 1.

（18）松本勝編著『更生保護入門【第6版】』（成文堂、二〇二二年）一八四－一八五頁。

（19）Martha C. Nussbaum, UPHEAVALS OF THOUGHT（Cambridge, 2001）第二部は、次のように慈悲と憐れみ・同情を整理する。すなわち〝慈悲〟は熟慮の末の不正に対しても、その全てに落ち度があると必ずしも言わず、不正者をとりまく社会、自然、家族的な諸要素を考慮に入れる。こうした責任の減免の判断をするにあたり、不正者の歴史に対して物語り的態度をとるのであるが、これは同情に含まれる共感的視点とまこと同類のものであり、〝慈悲〟へと導く想像力の行使は、同情と密接に結びつく。違いといえば、〝慈悲〟はなおも、違反者が責任と非難に関するいくらかの基本的な条件に適合していると判断する点である（三九七－三九八頁）、ただし同情にも適切なしばりというものが必要であり、よき判事や陪審はあらゆる人は過ちを犯しうること、そして犯罪者と判事・陪審のあいだの違いはしばしば人的・社会的所状況によりつくりだされることを理解する（四四六頁）。

（20）なお Martha C. Nussbaum, ANGER AND FORGIVENESS (Oxford, 2016) で展開される、交換的許し批判への批判的検討は別稿でおこなう。

（21）Martha C. Nussbaum, *Equity and Mercy*, Philosophy & Public Affairs 22-2 (1993), at 105-107. 近藤智彦「運と幸福――古代と現代の交錯」社会と倫理三二号（二〇一七年）一五頁や加茂英臣「遇運と行為」千葉大学教育学部研究紀要五五巻（二〇〇七年）二三三頁も示唆に富む。

（22）Martha C. Nussbaum, *If You Could See This Heart*, Ruth R. Caston and Robert A. Kaster eds., HOPE, JOY, AND AFFECTION IN THE CLASSICAL WORLD (Oxford, 2016), at 235 では、我々は運や制御外の事項の影響を受けない自足的な賢人を想定するべきではない、行為主体が常に運の強力な影響から免れうるわけでなく、不正な行為が問題となる多くの事例は制御をこえた事項による苦しみがあり、困惑させられ、名誉を損なわされた事例だと論じる。わが国恩赦における憐れみの判断には、ヌスバウム的〝慈悲〟以上の、人間の生の脆弱性と諸個人が背負う災難への憐れみへの配慮があるようにみえる。

（23）Martha C. Nussbaum, THE FRAGILITY OF GOODNESS [update edition] (Cambridge, 2001), at 383-385 も参照。Jesse Couenhoven, *The Justice in Mercy*, Journal of Religious Ethics 48 (3) (2020), at 399 も慈悲等と道徳的運の関わりを研究するが、神学的要素を削いでも成立しうると筆者は考える。

（24）ジョエル・ファインバーグ「法と道徳における問題含みの責任」同著（嶋津格、飯田亘之編集・監訳）『倫理学と法学の架橋　ファインバーグ論文選』（東信堂、二〇一八年）四七五頁。

（25）なお前述の脚注で引用した Nussbaum, *supra* note (19), at 451 でも、慈悲、同情の対象として、同旨のナチス下市民と一般市民の紙一重さが例示される。

(26) Thomas Nagel, *Moral Luck*, Aristotelian Society, Supplementary Volumes, Vol. 50 (1976), at 137、Thomas Nagel, MORTAL QUESTIONS (Cambridge University Press, 1979), at 24、Th・ネーゲル「道徳における運の問題」同著（永井均訳）『コウモリであるとはどのようなことか』（勁草書房、一九八九年）四〇頁を参照。

(27) 定式化と分類も含め、Michael J. Zimmerman, *Luck and Moral Responsibility*, Ethics 97 (1987), at 374 も参照。

(28) 議論の構造やアプローチをまとめた研究として、古田徹也『不道徳的倫理学講義』（ちくま新書、二〇一九年）や Dana Key Nelkin, *Moral Luck*, Stanford Encyclopedia of Philosophy (https://plato.stanford.edu/entries/moral-luck/　最終確認二〇二三年五月二日）が参考となる。

(29) この点、Margaret Urban Walker, *Moral Luck and the Virtue of Impure Agency*, Edited by Daniel Statman, MORAL LUCK (State University of New York, 1993), at 235 も示唆に富む。

(30) 〝許し〟と一部重複するが、たとえば〝慈悲〟を超義務と解すときその性質理解、徳と正義の関係の整理、法の支配や正義との対立の疑義、概念の定義等の論点がある。この点 Daniel Statman, *Doing Without Mercy*, The Southern Journal of Philosophy 32-3 (1994), at 331 は示唆に富む。

(31) 土井政和「情状酌量　明確な基準がない量刑」法学セミナー四三九号三九頁。

(32) ただし〝慈悲〟研究は裁量の内容を一義に確定せず、反省的な理論構築に際してむしろ現実から学ぶこともあろう。

(33) たとえば大林啓吾が憲法上の恩赦と入管法上のアムネスティを類比したＮＨＫ特集記事、柳生寛吾「私は犯罪者、ゆるされたのか」ＮＨＫ政治マガジン（二〇一九年一一月六日特集記事）(https://www.nhk.or.jp/politics/articles/feature/25234.html　最終確認二〇二三年三月一五日）を参照。

専門家の関与する民主的政治過程

高橋雅人
（九州大学）

はじめに

専門家による専門知の重要性が高まっている。差し迫った具体的問題として、原発事故や新型コロナウィルスに襲われている。この危難に政治は「緊急事態宣言」を発出し、一方、社会は政治に対する不信感を募らせ、専門知を欲している。SNSによる個人の発信力の高まりに反比例して、政治家だけでなく専門家の権威が低下するという今日的な「大衆社会」の問題は抽象的には存在するものの、個別には専門家によるエビデンスの役割が高まっている。統治機構の権力分立関係に関心を寄せる憲法では、そもそも専門家をどのように位置づけられるのか。

日本国憲法に「専門家」の概念は存在しない。にもかかわらず、それが民主的な統治機構において欠くことのできない重要な役割を担うことで、「知は力なり」として何らかの力を担っている。とすれば、統治構造に影響力を及ぼす専門家の任務について、その輪郭や限界を明らかにする憲法論としての作業が必要ではないだろうか。半面、専門家は、日本国憲法二三条や二一条を基礎とした基本権の担い手として憲法で保障されねばならない。この統治機構への関与と基本権保障の挟間で、専門家の位置づけを考察する必要がある。

思えば、新型コロナウィルス対策をめぐり、首相より専門家の記者会見が長時間となり、専門家の存在感は否が応でも高まった。他方、いわゆる「アベノマスク」の配布決定については、諮問をせずに行うという〈専門家の不在〉が専門家側から指摘された。コロナ禍における政治と専門家は、事態や政策内容・局面によって、同化や疎隔といったルールのないアドホックで不安定な間柄にあった。こうした政治家と専門家、政治と専門知、民主的決定と専門家支配[1]の緊張関係[2]について、憲法学がいかに受けとめ、どのような議論として展開すべきなのか。この大きな問いのなかでも、本稿では、統治機構における国家機関の決定に専門家が関与した場合の権力関係をいかに考えるかを問う。

一　公法における専門家の位置づけ

（一）専門家の合理性

民主政において、国民に説得力ある政策形成を行うために、政治がその「エビデンス」として専門知を取り入れることは必要である。しかし、この「民主政」の構造やプロセスは、得てして国民からは見えにくいし、専門知を考慮したうえでの政策決定だと伝えられれば、それで十分と言えなくもない。ここに、〈専門知が行政の「隠れ蓑」である〉とか、〈政策が官僚主導となり、議会軽視につながる「新議会」[3]へと移行する〉といった旧来からの批判が重ね重ね向けられることになる。つまり、専門知がいわば政策の権威付けとして世論誘導に至り、政治決定の責任を専門知（家）へと転嫁し、あるいは、代表制を軽視する、そういう問題につながりかねない。はたまた、都合良く「国民参加」と称した利益代表による調整の議論へと押し流される恐れもある。(4) こうした政策決定の民主的正当性の問題は、その論理的な裏返しとして、責任の問題に及ぶことになる。(5) 政治に都合の良い専門知・専門家の操作は今までも行われてきていた。したがって統治機構における専門家は、普遍的な問題として、その合理的かつ適切な位置づけこそが問題となるのである。

そもそも、合理主義的な近代国家では、知は国家行為の基礎である。(6) 本来、専門家は、政治決定を補強・充実（＝合理化）すると期待されているはずである。その一方、今日のポピュリズムの跋扈する社会では「知識に対する積極的な憎悪の出現」もあり、(7) その存在が何らかの局面でマイナスに作用することもある。このような専門家の位置づけを困難にする状況下でも、民主的な統治機構における専門家を「合理的」な存在として、いかに位置づけるかが課題である。

（二）「専門家」の類型

「専門家」については、そもそも、その者が本当に専門知を有しているのかという問題は常につきまとうし、政策形成のための専門家への諮問についても、どの分野の専門家まで尋ねれば十分なのかも不確かである。したがって、「専門家」の位置づけを議論するにも、いかなる存在として扱うべきかを示す必要がある。一つの分類基準としては、政策形成を行う行政の内側か、それとも外側の存在かという区別がありうる。つまり、行政内部の「国家の専門家」と、行政外部の「民間の専門家」という帰属に関する区別である。(8) 前者は、官僚、官庁所管研究機関、議会の委員会など、国家組織固有の依存関係・責任関係にある者である。後者は、決定審級の外部にあり、決定権限を有しない存在である。この区別は、責任の所在を明確化するのに役立つ。

他方、専門家の職務内容を基準とした「リスク評価／リスク管理」の区別がある。これは、専門家の職務において、検討対象が有害なのか、リスクがあるのか、といった広く開かれた科学的議論のプロセスと、社会の他の利益と衡量しながら政策決定へと収斂させていくプロセスを区別するものである。(9) 両者の分類は、一方を選択すれば他方を排するという排他的な性格をもつわけではない。以下では、場面に応じて、それぞれの専門家の概念を使うこととする。

(三)「専門家の政治化」と「政治による道具化」

政治システムと学問システムの区別が融解されてはならない。以前このようなテーゼに基づいた議論を行ったことがある。(10) その折は「立法」の課題に焦点を当てたのだが、本稿では、「司法」との関係において見る。

政治システムの場合、政治はその権力によって〈決定するかしないか〉というコードに基づく決定を行う。政治は、有期に、特定の見解・知見に立って決定を下さねばならない(決定を下さないという決定も含めて)。つまり政治は、学問的な真理と無関係に、いわば政治の事情によって決定を行う。

これに対して、学問(科学)システムの場合は、〈真か偽か〉というコードに基づくことになる。学問システムにおける専門家は、知の析出の困難さを前提にしつつ、それを固有の課題としている。したがって、析出された専門知を使って政治がどのような決定を行うのかについては、一応、論理的には無関係である。

このようなシステムの分化を前提とするが、実際の議会制民主政においては、専門家の助言に過度に影響されたある種の「テクノクラシー」に転倒する場合もあり、そのような場合、政治ではなく科学に基礎づけられた政治システムになる。(11) この区別の越境は、政治システムの側で専門家の「政治による道具化」が、他方で、政治システムを度外視した学問システムの側で「専門家の政治化」が生じうる。とくにリスク状況においては、いかに規制をすべきかがわからず、専門家集団にその規範化・基準化を委ねてしまいがちとなる[12]。しかし、そのような相互のシステム固有性そのものに作用してしまう介入は、それ自体の固有性、すなわち、一方では政治システムに中核的な位置を占める民主的意思を、他方での学問システムにおける学問の自由を、相互に介入し、過剰に作用してしまう恐れがある。

（四）政治と専門家の合理的な関係の条件整備へ

ここでいう「政治による道具化」とは、政治にとって都合の良い専門知を恣意的に引き出すために、専門家を（諮問）委員として恣意的に選任し、その助言を、政治決定の正統性として自在に調達しようとすることである。

学問システムの論理としては、まずは、個々の専門家の見解の多様性を確保することが要請される。他方の政治の側には、政治的決定の理由を説明することが求められ、その決定の責任を、専門家ではなく政治の側でのみ回収することが必要となる。憲法上、前者は「学問の自由」の保護としての「研究の自由」保障により、後者は民主主義原理により基礎づけられている。これらにより、専門家と政治の適切な距離を確保することが憲法上想定されているはずなのである。

とりわけ、研究の自由保障には、他者から介入されない自律的な認識プロセスが確保され、研究対象に対して批判的な距離をとる条件が整えられねばならない。とくに、研究方法の選択、研究計画の実行、研究結果の評価の点で、十分な独立性を必要とする[13]。

専門家のうち、行政内部の「国家の専門家」は、指揮監督の下で従事するとしても、原則的に学問の自由が保障される[14]。しかし、その場合でも、指揮権に従属するがゆえに独立した研究関心を追究できず、自律的に「リスク評価」を行えないような場合（「道具化」）は、憲法の保障する学問活動に含まれない。

（つまり、法律執行の目的のために、行政によって科学的方法が使われる場合や、科学行政・文化行政の従事者、または企業の研究部門での従事者のように、科学的方法が、たんなる技術的分業として使われ、評価や研究形成の裁量を認められない者については、この場合の純粋な学問活動に含まれない）[15]。したがって、立法による「構造創設義務」または「正当化責任」を必要とする。たとえば、専門家組織の枠づけとして、職務内容の承認・選任手続・定足数・座長の選任手続の法定化、そして、その運用として、当該機関の公開性の程度・助言の理由付記義務・質問権の付与・助言に反対意見を付すといった内容につき、立法府による制度形成が求められるのである[16]。

（五）行政府の専門技術的判断に対する司法審査

それでは、今度は、司法判断において、司法は、専門家または専門知をいかに扱うべきなのだろうか。これまで、行政庁において専門知を尊重して判断を行わなければならない局面について、「専門技術的判断」として特別な扱いを行ってきたところがある。

たとえば、伊方原発訴訟の上告審判決（最判平成四・一〇・二九民集四六巻七号一一七四頁）では、「原子炉設置許可処分の取消訴訟における裁判所の審理、判断は……現在の科学技術水準に照らし、右調査審議において用いられた具体的審査基準に不合理な点があり、あるいは当該原子炉施設が右の具体的審査基準に適合するとした原子力委員会若しくは原子炉安全専門審査会の調査審議及び判断の過程に看過し難い過誤、欠落があり、被告行政庁の判断がこれに依拠してされたと認められる場合には、被告行政庁の右判断に不合理な点があるものとして、右判断に基づく原子炉設置許可処分は違法と解すべきである。」とした。

また、第一次家永教科書訴訟の上告審判決（最判平成五・三・一六民集四七巻五号三四八三頁）でも、教科書検定の審査・判断は、「文部大臣の合理的な裁量に委ねられる」としたうえで、「合否の判定、条件付合格の条件の付与等についての教科用図書検定調査審議会の判断の過程……に、原稿の記述内容又は欠陥の指摘の根拠となるべき検定当時の学説状況、教育状況についての認識や、旧検定基準に違反するとの評価等に看過し難い過誤があって、文部大臣の判断がこれに依拠してされたと認められる場合には、右判断は、裁量権の範囲を逸脱したもの」となるとされた。このように、主務大臣の判断が専門家に「依拠」した場合の司法審査において判断過程の審査が行われるとしている。(17)

なお、老齢加算年金廃止訴訟上告審判決（最判平成二四・二・二八民集六六巻三号一二四〇頁）では、老齢加算廃止に係る保護基準改定が裁量権の逸脱・濫用として違法となるか否かの判断の際に、「統計等の客観的な数値等との合理的関連性や専門的知見との整合性」が審査対象とされ、厚労大臣の判断が専門委員会の意見に沿って行われたことを基に、最高裁は、判断過程の「過誤、欠落」を認めなかった。専門家の判断過程の過誤欠落の点に行政庁の判断の不合理性を見出す前二者の判例とは違い、後者では、専門委員会の「意見に沿って行われたもの」かどうかで、専門委員会の判断ではなく主務大臣の判断における「過誤、欠落」の審査を行っている点、注意を要する。

二　検証可能な専門家の関与

たしかに、政治・行政は、たとえ科学的に不確実であっても、災害や事故に対して、科学的知見が限界にあることを自覚しつつ、それでも決定が求められる。(18) このため、急を要する決定を法的に統制するには、事後的な検証可能性を確保するよう、判断過程を保存する必要がある。(19) したがって、専門家の判断に委ねてしまうのではなく、その専門家の判断とそれを基に決定した行政判断が適切であったか否か、事後の司法審査に開いておかねばなるまい。なお、専門家の判断の信頼にとって代わる役割として、「開かれた討論」による住民参加手続の充実に期待が寄せられている。[20] たしかに社会的合意を獲得することは必要ではあれ、専門家の判断に住民の声を代替することはできないように思われる。あくまでも、専門家の適切な判断と、その判断に基づいた行政決定の判断それ自体という、それぞれの判断過程をチェックすることが必要なのではないだろうか。

（二）敬譲審査への疑問―「民主的政治過程」をチェックする役割

①民主的政治過程論の展開

この問題を考えるにあたり、憲法学で議論されてきた「民主的政治過程論」をここで取り上げたい。国会が民主的政治過程を空洞化させるような立法を行ったと危惧される場合は、国会の判断を尊重すべき理由がなくなる。したがって民主的政治過程論に因れば、民主的政治過程が機能不全に陥る場合は、政治過程において修正が期待できないので、この過程を健全に維持するための役割が裁判所に期待されるというのである。ここで考えられているのは、伝統的には、民主的「立法」過程を害する、選挙権の制限や、政治的表現の自由の制限立法である。しかし、民主的政治過程論の「政治」に着眼すれば、より広く、民主的「行政」過程において、逸脱した専門家関与により機能不全となった場合、行政決定の矯正が期待できない問題についても、同様に考えられないだろうか。

以下では、〈専門家関与により民主的政治（行政）過程が機能不全に陥る場合、裁判所は審査密度を高めて裁量統制を行うべきである〉というテーゼを立て、検討したい。

民主的政治過程論で基点となる発想は、裁判所の役割論である。裁判所は、その組織・手続の構造上、社会経済政策に関して判断する能力が国会に劣る。それゆえ、従来、高度な専門技術的知識を必要とする社会経済立法について、政治部門のほうが司法よりも能力が高いとされ、立法府・行政府の判断を尊重する「敬譲」が指摘されてきた[21]。しかし、本当に敬譲審査でよいのだろうか[22]。

つまり、民主的政治過程が適切であれば、裁判所は国会の判断を尊重する。しかし、民主的政治過程が害されていれば、裁判所には民主的政治過程を維持することが期待される。となれば、専門家の関与によって、民主的政治過程が大きく変容する場合は、審査の厳格度を高める必要があるはずではないか。民主的政治過程が歪んでいるか、適切に機能していないことから、その民主的政治過程を是正するために、裁判所が積極的に介入し判断過程審査を「厳格」に行うべき、となるはずである。

（二）政治過程の不完全な民主政の問題

不完全な民主政という事実は、『『司法審査と民主主義』問題への一定の解答の方向を示唆する」。司法府が「非民主的なものに堕しがちな政治過程の欠陥を矯正し、政治過程をより民主的なものにすることが必要[23]」である。裁判所による不完全な民主的政治過程の矯正について、民主的政治過程論を主導してきた芦部信喜自身、繰り返し指摘している。「古典的な民主過程の論理にもとづいて、ただ司法権の消極性のみを強調し、あらゆる法律にひとしく強度の合憲性を推定し、それに『最大限の敬意』をはらうだけで、はたして裁判所が民主主義に貢献できるだろうか。また、新しい社会的・政治的問題に即応する民主的な政治過程を確立する上で必要な政策のリーダーシップをとるべきはずの議会・内閣が、党派的な理由などによって立法を怠ったりすることも……実際政治においてはしばしば見られる現象である。……そこで、裁判所がむしろ新しい政策形成のイニシアティブをとることが民主主義の確立・擁護のために要請される場合が生じる[24]」。なお、この議論が、主に立法の問題を扱っており、「行政」過程にただちに拡大してよいかという問題はあるが、民主的政治過程と司法との関係の問題として本質的に同根であろう。

（三）裁量統制の厳格化

だとすると、行政過程に専門家が関与することで、その民主的政治過程が歪む場合、司法審査はいかに厳格化されるべきなのだろうか。この点、先の伊方原発上告審判決や第一次家永上告審判決において最高裁は、マクリーン事件判決のような「社会通念に照らし著しく妥当性を欠くことが明らか」という行政庁の裁量を広範に認める審査は用いず、より厳しく専門家の判断や判断過程を審査するとした。前二者と後者との判断の違いの説明として、「技術的裁量」（伊方原発）と「政策的裁量」（マクリーン事件）という違い[25]や、国民の生命・健康や教育を受ける権利という憲法上の法益がかかわる事件であるからという「憲法論」が指摘されている[26]。この点、本稿のテーゼから、〈専門家によって過度な影響を受け民主的政治過程が歪むケースについて、裁判所が行政庁の裁量を狭めた判断の結果である〉としてこれらの判例の違いを見ることができないだろうか。第三次家永上告審判決（最判平成九・八・二九民集五一巻七号二九二一頁）のように、検定制度の合憲性審査において憲法論が検討されても、裁量審査においてその憲法論は有意性を失ってしまう。そのような「苦しい[27]」局面において、この統治の発想は有効ではないだろうか。民主的政治過程の歪みにより統制密度が上がる、と。

結びにかえて

本稿は、まだ「試論」に止まるものと言わざるを得ない。〈専門家の関与と司法審査の厳格化〉という試論は、具体的には、「原子力規制委員会」の規制権限強化において考えることができるだろう。この点、有力な考え方として行政裁量重視型思考がある。「『相対的安全性』の原則をどのように具体化するかという『設計思想』が『民主的正統性』を有する委員会規則という形式で示された以上、行政訴訟においては当然として、また、民事訴訟においても、裁判所はそれを尊重する必要がある[28]」というものである。本稿の試論は、この議論に対して、判断代置方式の審査を求めるものではなく、裁判所が裁量統制密度を高める必要性の論拠として展開しうるもの、と捉える。民主的政治「決定」に専門家が直接作用するケースは、裁判所の審査密度を高めなければならないはずなのだから。

（1）Laura Münkler, Expertokratie (2021).

（2）この文脈では、多数の研究が発表されているが、さしあたり筆者なりの整理として、高橋雅人「政治と専門家の憲法問題」法政研究八七巻三号一六三頁以下（二〇二〇年）。

（3）手島孝「審議会か新議会か」法時五八巻一号（一九八六年）三八頁以下。

（4）兼子仁『行政法と特殊法の理論』（有斐閣、一九八九年）七四頁以下。近年は、勢一智子「審議会行政における専門性と『民意』」公法研究七九号（二〇一六年）一七三頁以下に指摘されているように、専門知による科学的合理性とは別に、社会的受容を公益判断の重要な要素として正当化根拠とするよう、専門性と民意との「対流」を目指した協議会としての審議会の活用が注目される。

（5）武藤香織、磯部哲、米村滋人、曽我部真裕、佐藤信、山本龍彦「コロナ対策における専門家と／の政治」法時九三巻一二号（二〇二一年）七頁以下の座談会では、①責任分配、②組織法制や国会関与、情報公開、透明性の密度、③言論の自由、④日本固有の位置づけの観点が挙げられる。

（6）Bardo Fassbender, Wissen als Grundlage staatlichen Handelns, in: Josef Isensee / Paul Kirchhof (Hrsg.), Handbuch des Staatsrechts der Bundesrepublik Deutschland Bd.IV (2006) §76.

（7）トム・ニコルズ（高里ひろ訳）『専門知は、もういらないのか』（みすず書房、二〇一九年）三〇頁。

（8）Andreas Voßkuhle, Sachverständige Beratung des Staates, in: Josef Isensee / Paul Kirchhof (Hrsg.),

Handbuch des Staatsrechts der Bundesrepublik Deutschland Bd.III (2005) §43, Rn.14f.

(9) 山本隆司「リスク行政の手続法構造」城山英明・同『融ける境 超える法5 環境と生命』（東京大学出版会、二〇〇五年）二〇頁。

(10) 高橋・前掲注2。

(11) Hans-Peter Vierhaus, Sachverstand als Vierte Gewalt? NVwZ (1993) S.37.

(12) 高橋・前掲注2、七一〇頁。

(13) Klaus Ferdinand Gärditz, GG Art.5 Abs.3, Maunz / Dürig (Hrsg.), Grundgesetz Kommentar (2019) Rn.99.

(14) もっとも、「完全な独立」は、学問が研究資源に依存しており、また社会的な諸条件の下にあるため、基本権保護の必然的な条件とはならない。Gärditz (Fn.13) Rn.100.

(15) Gärditz (Fn.13) Rn.101.

(16) 高橋・前掲注2の拙論。

(17) 二〇一二年に原子力規制委員会が新設され、規制委員会は高度の専門技術的知見を具えた合議機関であり、かつ、原子炉設置許可について規制権限を行使する行政庁となった。これにより「リスク管理」の機関へと展開した。

(18) 蟻川恒正「決定―アーカイヴズ―責任」奥平康弘・樋口陽一編『危機の憲法学』（弘文堂、二〇一三年）六一頁は、原発再稼働の「責任」の意味を問い、再稼働決定それ自体の「責任」というのは、「想定される過酷事故の収集可能性……についての可能な限り確定的な見透しをふまえたものになっているといえるための条件を探ること」として、最重要な指標を「当該再稼働決定に際して、決定に至るまでの意思形成過程を記録した議事録が作成され、それが必要に応じて然るべき条件のもとに公表できる状態に置かれているかどうかということ」とする。

(19) 米村滋人「感染症対策の法的ガバナンスと専門家の役割」法時九二巻七号（二〇二〇年）三頁。政策決定プロセスのアーカイヴ化について、参照、山田洋「公文書保存における法制度的課題」『リスクと協働の行政法』（信山社、二〇一三年）一八一頁以下。

(20) 亘理格「原子炉安全全審査の裁量統制論」論ジュリ三号（二〇一二年）三五頁。

(21) 高橋和之『体系 憲法訴訟』(岩波書店、二〇一七年)二三三頁。

(22) 芦部信喜「憲法訴訟と『二重の基準』の理論」『憲法訴訟の現代的展開』(有斐閣、一九八一年)一一三頁。「生存権については、それが『自由と生存』というスローガンに象徴されているように、自由権と不即不離の関係を保ちつつ現代国家の人権のカタログに最も貴重な法価値として座を占めているという立場を採れば(私はそう解するが)、生存権に関する裁判で行われる憲法判断は、自由権的側面はもとより社会権的側面についても、少なくとも……アメリカの『厳格な合理性』のアプローチと同じ厳しさと実質的審査を認めるものでなければならないだろう。」

(23) 市川正人『司法審査の理論と現実』(日本評論社、二〇二〇年)一一〇-一一一頁。

(24) 芦部信喜『憲法訴訟の理論』(有斐閣、一九七三年)三六三-三六四頁、ほかにも同書三七-三八頁も同旨。また、同「憲法訴訟における裁判所の政策形成機能」『憲法訴訟の現代的展開』一五三-一五五頁では、この意図を強化している。

(25) 大橋弘、最判解民事平成九年度(下)一〇四三頁。

(26) 亘理格「行政裁量の法的統制」『行政法の争点』(有斐閣、二〇一四年)一一八頁。

(27) 宍戸常寿『憲法解釈論の応用と展開〔第二版〕』(日本評論社、二〇一四年)三一四頁。

(28) 高木光「原発訴訟における民事法の役割」自治研究九一巻一〇号(二〇一五年)三〇頁。

立憲主義と軍事的合理性のせめぎあい

――司法権と軍事裁判権に関する台湾大法官解釈を素材として――

陳　韋　佑
（早稲田大学・院）

はじめに

立憲国家が実体として誕生する以前から、文官官僚機構と常備軍は専制国家・近代国家を支える二本の柱であり続ける。立憲国家が誕生する前の時代には文官官僚機構と常備軍が絶対王権や主権のもとに統一されていたが、歴史が示すように、文官官僚機構と常備軍の衝突は絶えなかった。立憲国家の誕生にともない、形式的に統一された文官官僚機構と常備軍も分離され、立憲主義からの要請に従い政権と軍権が分離されている。すなわち、市民的権力体系と軍事的権力体系の分離である(1)。文官官僚機構は法治国家の諸原理に適合するよう求められるのに対し、常備軍は法治国家の諸原理を退ける聖域であり続ける。

こうした法治国家の原理が支配する市民的権力体系と市民社会から隔離されて独自の論理を有する軍事的権力体系の相互関係は、立憲主義の核心にある「国家権力をコントロール・制限することによって人権を保障する」というテーゼに緊密につながっている。本報告では、軍事的権力体系におけるその支配的原理である軍事的合理性と立憲主義との緊張関係を重視した文脈において、司法権と軍事裁判権に関する台湾大法官解釈に焦点を絞り、立憲主義と軍事的合理性のせめぎあいの実例を描くのである。

一　立憲平和主義憲法学

前述したように、市民的権力体系と軍事的権力体系の相互関係は立憲主義の核心に緊密につながっている。すなわち、国家の戦争および軍事的権力（国家自衛権―軍事的高権・軍事的合理性または公共の福祉）への立憲的または民主的統制は単に「平和主義」問題だけではない。なぜなら、平和なしに人権保障も権力の分立もありえないからである。国家の戦争および軍事的権力への立憲的または民主的統制は存在・機能しなければ、人権保障も権力の分立も文字通りにただの白紙に書かれた言葉にすぎない。それゆえ、近代立憲主義の黎明期から、国家の戦争および軍事的権力への立憲的または民主的統制は立憲主義の重要な課題として取り扱いされてきた。たとえば、一七九一年フランス憲法は人権保障や権力の分立のみならず侵略戦争の禁止も規定している。こうした一七九一年フランス憲法について、深瀬忠一は「近代的意味の憲法によって、国家の対内主権を制限して人権を保障し、同じ目的のために、翌年『侵略戦争』放棄によって、対外主権を制限し、国民にとって無益有害的な侵略戦争を違法化した。人権は、平和の保障なくして守られえないという、近代立憲平和主義の原点である」と説明している。(2)

もともと国家主権には同時に対外性と対内性があり、主権という概念を把握する際に対内性だけに重きを置くのは不十分である。戦争または国家の安全保障にかかわる場合、立憲主義の諸原理を相対化する力としての国家主権が最も強く作用する。(3)だから、国家の戦争および軍事的権力への立憲的または民主的統制は立憲主義を可能ならしめる要だと言わざるを得ない。こうした平和主義と立憲主義の緊密な関係性を重視するのが「立憲平和主義憲法学」である。

ここでは、二つの実例をあげて平和主義と立憲主義の緊密関係を説明する。まずは国家緊急権の発動または戦時体制の場合である。台湾では、台湾省戒厳令（一九四九年から一九八七年まで）と動員戡乱時期臨時条款[4]（一九四八年から一九九一年まで）のもとに長年にわたって公共の福祉としての国家の安全保障が人権保障や権力の分立といった法治国家の諸原理を凌ぐ例外状態が存在していた。しかし、この軍国体制には二重性があった。この半永久的戦争状態という日常化された例外状態のもとに、台湾では高度経済成長や近代国家化が進められていた。台湾の人々は、軍事的緊張を身近に感じながらも穏やかな暮らしを送っていたのである。[5]

さらに、国家緊急権の発動に至らぬ公共の福祉としての国家の安全保障も一種の「例外状態の日常化」である。強制労働の禁止を定めた市民的及び政治的権利に関する国際規約（B規約）第八条第三項における軍事的役務の除外はその一例である。国家緊急権の発動であれ、国家緊急権の発動に至らぬ公共の福祉としての国家の安全保障であれ、いずれも、軍事的合理性を理由にして立憲主義に反するものを正当化するのである。

かくして平和主義と立憲主義の緊密な関係性を重視する「立憲平和主義憲法学」は筆者の基本的な学問的立場である。そして、こうした「立憲平和主義」という概念には二重意義がある。ア）深瀬忠一によれば、「立憲平和主義」とは、国家の軍事および戦争権力への立憲的または民主的統制を視角にして近代立憲主義発足以来の立憲主義発展史を再検討する方法論であり、立憲主義発展史を近代立憲平和主義→現代立憲平和主義→将来の立憲平和主義という三つの段階に分けることができる。[6]さらに、イ）こうした方法論にとどまらず、立憲平和主義憲法学という学問的立場は、個人の尊厳・人間の尊厳を徹底した結果として非軍事平和主義を立憲主義の不可欠なファクターとし、深瀬のいう「将来の立憲平和主義」こそが立憲主義の次なる段階であるという基礎認識を有する憲法学である。(7)

二　本報告の位置づけ

日本国憲法と異なり、台湾憲法は平和的生存権を憲法上の権利として保障しているわけではない。しかし、仮に市民的権利の体系と軍事的合理性の体系が衝突するときに、立法・司法・行政がどのような決定を行っているのかを検討することを通じて、個人の尊厳を徹底した結果としての立憲主義＝立憲平和主義がどの程度真剣に受け止められているのかを算定することは可能である。(8)すなわち、国家の戦争および軍事的権力・軍事的合理性が公共の福祉としての国家の安全保障として機能する事件または市民的権力体系と軍事的権力体系が衝突する事件に関する大法官解釈（司法院大法官による公権的憲法解釈）を分析することを通し、台湾の法秩序における立憲主義と国家の戦争および軍事的権力の間にある優劣関係を明らかにすることができる。(9)

台湾では、ドイツ公法学の影響力が強いが、その基底に戦争と侵略に対する反省と悔恨の積み重ねがあるドイツと異なり、長年にわたって存在していた軍国・党国二重体制の遺風と、中国との軍事的対抗関係の存続ゆえ軍国主義への抵抗力が弱い状況にあると言わざるを得ない。拙稿「立憲主義と国家の戦争および軍事的権力のせめぎあい——台湾における司法院大法官解釈を素材として」(10)では、こうした台湾の特有の文脈において、国家の戦争および軍事的権力に関する大法官解釈を素材として立憲主義と国家の戦争および軍事的権力のせめぎあいを分析する。

前述した拙稿では、基本権に関する解釈、シビリアン・コントロールに関する解釈、軍事裁判に関する解釈というように三つに分けて分析するが、紙幅のため、軍事裁判に関する解釈に関しては、釈字第四三六号解釈と釈字第七〇四号解釈のみを取り扱っている。本報告は、前述した拙稿を補完するため、軍事裁判に関する他の諸解釈を分析する。なお、構成のため、釈字第四三六号解釈と釈字第七〇四号解釈も再登場させる。

三　司法権と軍事裁判権に関する台湾大法官解釈

（一）司法権と軍事裁判権をめぐって

普段は隠されているが、立憲主義と国家の戦争および軍事的権力、市民的権力体系と軍事的権力体系の間には常に緊張関係がある。その緊張関係が司法権と軍事裁判権のせめぎあいにも現れる(11)。法治国家の刑事裁判にあたっては人権保障や真実発見等が重要な原理としてあげられているのに対し、軍事裁判権は人権保障や真実発見よりも軍組織内部の秩序維持を優先する原理を内包している。

台湾では、「白色テロ」時代・戒厳時代において軍事裁判権が国体維持の道具として使われていたという歴史的事実があった(12)。戒厳時代終了後にも軍事裁判機関が軍内部のスキャンダルを隠蔽する事件がしばしば発生していた。二〇一三年まで、司法府から独立した軍組織に属する軍事裁判機関が軍事裁判権を行使していた。一九九九年までは、軍事裁判官と軍事検察官が同じ部署に属しており、かつ上官たる軍事行政長官が具体的な軍事裁判事件に介入する権限を持っていた。軍事行政からの介入を受けない独立した軍事裁判は存在しなかった。一九九九年以降、特定の条件を満たせば普通裁判所への上訴ができるようになり、軍事裁判所と軍事検察庁は分離され、軍事行政に携わる上官の介入権も廃止されたが、相変わらず統帥権の一部にとどまっているという批判があった(13)。

司法権と軍事裁判権に関する問題は、軍事裁判権・軍事裁判機関と司法権・普通裁判所の関係にあたって一元説か二元説をとるかという課題に還元される。すなわち、軍事裁判権・軍事裁判機関は司法権・普通裁判所の統制下に置かれなければならないか、あるいは、軍事裁判権・軍事裁判機関は司法権・普通裁判所と平行するものか、という問題にある。この問題に対して大法官の多数意見は一元説に近づきつつある傾向があった。しかし、本来、一元説の理論を推し進めていくと、軍事裁判所制度そのものが完全に否定されることになるはずである。結果として、大法官は二者択一の課題よりも、むしろ一元説と二元説を端点とする線分でどこに軍事裁判権を位置付けるべきかという問題として考えているようである。(14)

以下では、時系列に沿って軍事裁判権に関する大法官解釈を分析する。

(二) 軍事裁判権に関する解釈

①釈字第二六二号解釈：軍人に対する弾劾を審理する有権機関

一九九〇年に作成された釈字第二六二号解釈は、軍人に対する弾劾を審理する有権機関についての回答であった。「五権分立」(15)のもとで監察権を有する監察院は公務員を対象として弾劾権を発動することができる。弾劾権が発動されると司法院の所轄の下におかれる公務員懲戒委員会（現：懲戒裁判所）がその弾劾事件を審理する。それでは、軍人への弾劾も文官と同じく公務員懲戒委員会が審理するか。

多数意見によれば、憲法では弾劾について軍人と文官の違いを区別していないため、軍人弾劾事件にあたっても公務員懲戒委員会がそれを審理する。そして、その審理は陸海空軍懲罰法に拠る。

しかし、多数意見に反対する個別意見もあった。李志鵬不同意見書と李鐘聲不同意見書は、軍人を懲罰する権限は大統領の統帥権に属するとし、軍人の懲罰を軍事機関の専権とし、多数意見が統帥権の干

犯にあたると主張している。(16)

②釈字第二七二号解釈：戒厳令下の軍事裁判の上訴禁止と軍事裁判を受けない権利

台湾憲法第九条では「人民は、現役軍人を除き、軍事裁判を受けない」と規定している。第九条には戦時除外の例外規定は存在しないにもかかわらず、戒厳法により戒厳令下の文民は軍事裁判を受けさせらる。そして、動員戡乱時期国家安全法(17)第九条第二項により、一九四九年から一九八七年までの台湾省戒厳令のもとで軍事裁判所による確定判決を宣告された文民は普通裁判所に上訴することができない。釈字第二七二号解釈は、動員戡乱時期国家安全法第九条第二項の是非を問う解釈であった。

大法官によれば、ア）戒厳令下の文民が軍事裁判を受けるのは戒厳を定めた憲法が認めた例外である。しかも戒厳法第一〇条は戒厳令が解除された後に軍事裁判を宣告された文民は普通裁判所に上訴することができると規定している。それは憲法の趣旨に合致する。イ）動員戡乱時期国家安全法により今回の戒厳令のもとで軍事裁判所による確定判決を宣告された者は上訴できない。今回の戒厳は三十年を超えるほど長く、社会秩序と裁判の安定性を維持する必要があるため、係争規定は合憲である。さらに、ウ）台湾省戒厳令以外の戒厳にあたっては本解釈を適用することができない。

なお、二〇一七年に制定された移行期正義のための法律である促進轉型正義條例第六条により、国家安全法第九条の効力は否定されている。

③釈字第四三六号解釈：軍人の裁判を受ける権利および軍事裁判権と司法権の関係(18)

一九九七年の釈字第四三六号解釈と一九九九年の軍事裁判法の法改正ができるまで、（旧）軍事裁判法により軍事裁判所によって判決を宣告された現役軍人は普通裁判所に上訴できずにいた。軍事裁判権の最高機関は司法府にあらず、国防省であった。

釈字第四三六号解釈はこうした状況に終止符を打った。釈字第四三六号解釈によれば、ア）現役軍人であっても人民であるため、身体的自由（憲法第八条）と裁判を受ける権利（第一六条）を有する。イ）第九条は現役軍人を対象とする特別刑事手続きを設けることができると規定しているが、軍事裁判所が罪を犯した現役軍人に対して排他的管轄権を有するというわけではない。ウ）憲法典は明文に軍事裁判の在り方を規定していないが、法律で定めることができる。しかし、軍事裁判所が行使するものは国家刑罰権に属するものであり、「その発動と作用は最低限の適正手続の保障の要請を満たさなければならない」。エ）したがって、軍事裁判に関する法律は、第七七条（国家の司法権最高機関としての司法院）、第八〇条（裁判官の独立）といった「司法権の在り方に関する憲政原理」に従わなければならず、軍人の権利にかかわる際に比例原則（第二三条）に従わなければならない。オ）軍事裁判制度は戦時と平時によって区別されなければならない。平時の軍事裁判制度では、軍事裁判所によって有期刑以上の終局判決を宣告された現役軍人は、判決が法令違反にあたったのを理由として普通裁判所に救済を求めることができる。カ）以上をふまえ、係争規定は憲法違反であり、国は本解釈が公布された日から二年以内に本解釈の趣旨に沿って法整備を行わなければならない。

釈字第四三六号解釈は初めて軍事裁判権を司法権の下に置く画期的な憲法解釈であったが、いくつの問題点が残された。ア）普通裁判所に上訴できるとしながらも、具体的な方法（事実審にも上訴できるか、法律審だけに上訴できるか）を説明していない[19]。イ）多数意見は司法院が司法権の最高機関であることを定めた第七七条を挙げながらも、戦時除外の可能性を示唆している。ウ）本解釈では一見すると一元説に近いように見えるが、実際には司法府・普通裁判所と平行する軍事裁判所の合憲性を認めている。後に蘇永欽が指摘する通り、司法体制を規定する憲法第七章における軍事裁判への沈黙を、立法者に軍事司法体制を創設する裁量権を与えた根拠とする解釈論になっている。[20] さらに、エ）「軍事裁判権の在り方は司法権の在り方に関する憲政原理」に従わなければならないと言いながらも、違憲理由については軍事裁判手続と普通裁判手続きのつなぎの欠落だとしている。こうした解釈論は支離滅裂だと言わざるを得ない。[21]

④釈字第六二四号解釈：冤罪賠償における軍事裁判判決の除外

旧冤罪賠償法（現：刑事補償法）では冤罪賠償請求権を有するのは司法機関によって刑事判決を宣告された者であると規定されていたが、立法者は意図的に軍事裁判所による判決を受けた者を排除した。大法官は二〇〇七年の釈字第六二四号解釈を通じてこうした意図的排除が憲法違反であると宣告した。

釈字第六二四号解釈によれば、ア）立法府は、国家の安全及び軍事的必要のために軍人を対象とする特別刑事訴訟手続きを設けることができるが、軍事検察機関と軍事裁判所の犯罪への訴追権と処罰権は国家刑罰権に属し、司法権の性質を有するため、その発動は「司法権の在り方に関する憲政原理」に従わなければならない。イ）本質上、司法府による裁判と軍事裁判の間には差異がない。それゆえ、司法府による裁判か軍事裁判かに関わらず、裁判で権利の損害を蒙った人民は国家賠償を請求することができる。ⅲ）以上をふまえ、軍事裁判で冤罪判決を受けて権利の損害を蒙った人民の国家請求権を等しく認めないのは、正当理由なき差別待遇であり、憲法第七条の平等原則に反する。軍事裁判で冤罪判決を受けた人民は、本解釈が公布された日から二年以内に（冤罪賠償法の定めた時効）請求することができる。

⑤釈字第七〇四号解釈：軍法務官の身分保障[22]

釈字第四三六号解釈に引き続き、二〇一二年の釈字第七〇四号解釈では軍法務官の身分保障いついて論ずる。

釈字第七〇四号解釈によれば、軍事裁判は司法権的性質を有するため、「司法権の在り方を規定する憲政原理」に従わなければならない。裁判官の独立を確保するため、軍事裁判官の身分保障にあたっては一般士官と等しく取り扱うことにはならない。刑事または懲戒処分、後見開始宣告を受けないまま、またはそれに相当する法定事由が存在しないまま、軍事裁判官の免職は許されない。かつその免職は適正手続の保障の要請を満たさなければならない。

多数意見は、上記の結論を導くにあたって、釈字第四三六号解釈を踏襲して軍事裁判官を憲法第八〇条のいう裁判官とはせず、裁判官の身分保障を定める第八一条を適用しないまま、「司法権の在り方を規定する憲政原理」を用いている。それに対し、蘇永欽の個別意見が批判している。蘇によれば、戒厳の場合を除き、軍事司法体制の独立性を認める二元説をとる余地はほぼないため、一元説か二元説かをはっきりしない釈字第四三六号解釈は変更されるべきであった。一元説のもとで軍事裁判官も第八〇条に定めた裁判官となり、裁判官の身分保障を定めた第八一条を適用すべきである(23)。

⑥まとめ

大法官は憲法に除外規定が存在しないのにもかかわらず、戒厳令下の文民の軍事裁判を簡単に合憲にしている。軍事裁判所を司法府の下に位置付けようとする努力は見られるが、もっとも軍事裁判は憲法の司法権条項に位置付けられるわけではなく、あくまで「憲政原理」が軍事裁判に適用されるにとどまる。大法官の間にある意見分岐、統帥権の落とした影、政治的・社会的な条件といった原因から、多数意見は緻密な論理を欠いている。軍事裁判権を司法権のもとに置くか、そうではないのか、一元説か二元説かははっきりしない状態にとどまっている。

おわりに

拙稿「立憲主義と国家の戦争および軍事的権力のせめぎあい——台湾における司法院大法官解釈を素材として」では、筆者が国家の戦争および軍事的権力に関する大法官解釈を分析することを通し、以下のような結論を提出している。

「国家の戦争および軍事的権力と立憲主義のせめぎあいにあたり、大法官は立憲主義の番人よりもむしろ国家の戦争および軍事的権力による立憲主義への侵食を正当化する者として機能している」(24)。

本報告を通し、軍事裁判権に関する解釈に焦点を絞ってもこの結論と一致している。一元説に接近していく傾向があるといっても、大法官はあえて一元説をとるという決断を出すことはできなかった。本来、一元説をとると、軍事裁判制度自体が危うくなるはずである。大法官でさえ、立憲主義を徹底して軍事裁判制度を完全に否定することができなかった。その背後には、大法官でさえ国家の戦争および軍事的権力＝軍事的合理性＝公共の福祉としての国家の安全保障が人権保障や権力の分立といった立憲主義の諸原理に優先する特段の公共の福祉である、その他の公共の福祉と比べれば国家の戦争および軍事的権力＝軍事的合理性＝公共の福祉としての国家の安全保障が大幅に立憲主義の諸原理を相対化する効力を有する、という考え方があったと言わざるをえない。

言い換えれば、一元説的な発想を提示する大法官でさえ、立憲主義が軍事的合理性に譲歩する場合をなお幅広く認めていたように思われる。二〇一三年の法改正による軍事裁判制度の大規模な排斥は、爆発的な社会運動の結果であり、そこには立憲主義を推し進めていくという観点が必ずしも徹底されていたわけではない。今後、立憲主義と軍事のせめぎあいが再びシビアになっていく可能性がある。その時、果たして大法官がどれほど公共の福祉としての安全保障・軍事に対して緻密に審査できるか、改めて問われることになるであろう。我々は「軍は神聖にして侵すべからず」といった立憲主義の徹底を侵食する考え方を放棄しない限り立憲主義と軍事合理性のせめぎあいにあたって後者が勝利するという歴史的教訓を銘記すべきであろう。

(1) 石川健治「軍隊と憲法」水島朝穂編『立憲的ダイナミズム』(岩波書店、二〇一四年)一一八頁以下。
(2) 深瀬忠一「恒久世界平和のための日本国憲法の構想」深瀬忠一ほか編『恒久世界平和のために』(勁草書房、一九九八年)四二頁。
(3) 柄谷行人『世界共和国へ』(岩波書店、二〇〇六年)一一三頁以下。
(4) 「反乱(共産党)を鎮圧するための総動員時期臨時条項」という意味である。
(5) 益田肇『人びとのなかの冷戦世界』(岩波書店、二〇二一年)三〇〇頁以下。
(6) 国家自衛権に対する考え方によって以下のように区別できる。
・近代立憲平和主義:正戦論(侵略戦争の禁止および革命戦争の輸出)。国家自衛権を国家の自然権と見なす。
・現代立憲平和主義:制限された正戦論(原則として武力行使を禁止する)。国家自衛権は国連集団安全保障発動前の暫定的措置。集団的自衛権という「攻撃権」の新設。
・将来の立憲平和主義:戦争非合法論または戦争違法論。軍事力によらざる自衛権または国家自衛権の否定。憲法が保障する権利としての平和的生存権。

（7）詳しくは、深瀬忠一『戦争放棄と平和的生存権』（岩波書店、一九八七年）二九頁以下、深瀬・前掲注二）四一頁以下、陳韋佑「我國憲法國家軍事主權限制條項的法制史與釋義學之開展：立憲和平主義憲法學的省察」憲政時代第四五巻第二・三号（二〇二〇年一月）三三五頁以下を参照。

（8）憲法上の権利としての平和的生存権または国家の戦争および軍事的権力を明確に制限・禁止する条項が存在している場合、平和的生存権または制限条項を着眼点にして立憲主義と軍事的公共性のせめぎあいを分析することができるが、憲法上の権利としての平和的生存権がまだ認められていない・国家の戦争および軍事的権力に関して抽象的な条項しか存在しない場合、いかにして立憲主義と軍事的合理性・公共の福祉としての国家の安全保障のせめぎあいを分析するか。平和的生存権の核心的な機能は基本的人権制限事由としての国家の戦争および軍事的権力＝公共の福祉としての国家の安全保障を否定することにある。平和的生存権の反面たる基本的人権制限事由としての国家の戦争および軍事的権力＝軍事的公共性から考察を開始することもできるであろう。

（9）小林直樹によれば、一国の法秩序における法的な価値の序列は「司法上（裁判官の法的価値判断）・行政上または国家政策上（行政官吏や国会議員の価値判断）の諸決定から、逆算的に推定されうる」。小林直樹『憲法の構成原理』（東京大学出版会、一九六一年）一一〇頁参照。

（10）陳韋佑「立憲主義と国家の戦争および軍事的権力のせめぎあい——台湾における司法院大法官解釈を素材として」愛敬浩二・藤井康博・高橋雅人編『水島朝穂先生古稀記念　自由と平和の構想力』（日本評論社、二〇二三年）三四三‐三六三頁。

（11）水島朝穂が指摘するように、「軍隊というものは、通常の裁判制度のほかに、それを経由しない軍固有の裁判権、軍事司法ないし軍事裁判所の制度を要求する傾向にある」（水島朝穂『現代軍事法制の研究』（日本評論社、一九九五年）一四七頁）。なぜかといえば、ア）軍隊が公然的かつ合法的に殺戮と破壊を行う公権的権力であり、軍紀維持のためにその構成員には一般市民よりも迅速かつ厳格な法律・裁判仕組みを適用すべしという主張がある。そして、イ）近代・現代戦争では、一国の常備軍のコアをなすのが専門的職業軍人団である。男性的な暴力を崇めて閉鎖的な軍組織の特有の論理に馴れた職業軍人には一種の疑似貴族階級を形成する傾向がある。疑似的貴族意識を有する彼らは「軍の論理を弁えない文民裁判官」による裁判を受けることを拒否しやすい。詳しくは、陳韋佑・前掲注一〇）三五五頁以下。

(12) 林政佑・曾文亮「威權統治時期軍事審判體制之法制基礎、合法性及其與自由民主憲政秩序之關係」（促進轉型正義委員會委託研究、二〇二一年）参照。

(13) 薛欽峰「我國軍事審判制度的過去、現在與未來」律師雜誌第二五〇期（二〇〇〇年）四頁。

(14) 詳しくは、陳韋佑・前掲注一〇）三五七頁以下。

(15) 行政・立法・司法・監察・考試（試験）。

(16) 釈字第二六二号解釈李志鵬不同意見書、同李鐘聲不同意見書。

(17) 一九九二年の改正により法規名称は「国家安全法」になった。

(18) 陳・前掲注一〇）三五八頁以下も参照。

(19) 多数意見が周到な説明を行っていない原因は大法官の間で合意形成ができなかったことにあると思われる。なお、釈字第四三六号解釈を受けて改正された後の軍事裁判法第一八一条により、特定の条件を満たせば、地方軍事裁判所・高等軍事裁判所・最高軍事裁判所に実刑判決を言い渡された者は高等裁判所・最高裁判所に上訴することができる。

(20) 釈字第七〇四号解釈蘇永欽不同意見書五頁以下。

(21) 蘇・前掲注二〇）七頁。

(22) 陳・前掲注一〇）三五九頁以下も参照。

(23) 蘇・前掲注二〇）二頁以下。

(24) 陳・前掲注一〇）三六三頁。

民事裁判手続における裁判を受ける権利
――裁判実務の憲法学的再検証――

吉原裕樹
（大阪経済法科大学・弁護士）

はじめに

日本の憲法学では、裁判を受ける権利について、笹田栄司[1]、松井茂記[2]、片山智彦[3]らによる精力的な研究がある。しかし、憲法における他の人権、たとえば表現の自由や平等に比べると、裁判を受ける権利に関する憲法学の研究は、決して多くはなかった。そのため、裁判を受ける権利に関する先行研究において、見過ごされてきた問題は少なくない。特に、必ずしも法文にあらわれない、裁判実務上の問題については、憲法学説による検討が乏しかった。

そこで本稿は、裁判を受ける権利保障に関する問題のうち、先行研究による検討が及んでいない、裁判実務上の問題を中心に検討する[4]。

紙幅の制限のため、本稿は、検討対象を民事裁判に限定する。以下、民事裁判・民事訴訟・民事事件には、それぞれ、行政裁判・行政訴訟・行政事件を含むものとする。

一　保障内容の総論的考察

（一）従来の憲法学説

伝統的な憲法学説は、民事裁判における裁判を受ける権利の保障内容について、おおむね、以下のように論ずる。同権利の具体的な保障内容とは、私人に対する「裁判請求権（訴権）」の保障、言い換えれば、国による「裁判の拒絶」の禁止を指す。[5] もっとも、裁判を受ける権利が形式的に保障されていても、資力がなければ画餅に帰してしまう。そこで、裁判を受ける権利の実質的保障（実質化）のために、経済的困窮者が裁判をするための法律扶助制度が順次拡大されてきた。現在では、総合法律支援法（平成一六年〔二〇〇四年〕六月二日法律第七四号）に基づき、日本司法支援センター（以下、通称に従い「法テラス」という）が民事法律扶助業務を行っている。[6]

他方で、近時の有力な憲法学説は、裁判を受ける権利の保障内容を、以上に限定しない。これら近時の有力説は、裁判を受ける権利の中核に、「法的聴聞権」ないし「審尋請求権」を位置付ける。すなわち、「訴訟当事者が裁判手続の単なる客体にとどまることなく裁判手続の過程そして結果に影響を行使しうることを『裁判を受ける権利』は保障しなければならない。手続の主体としての訴訟当事者は裁判所に対する単なる情報の提供者にとどまることなく、手続過程に能動的にも影響を行使しうるものでなければならない」。[7] このように、近時の有力説は、裁判を受ける権利保障の中核に、「裁判手続への主体的・能動的な参画保障」を見出す。

（二）検討

伝統的憲法学説は、裁判を受ける権利の保障内容を「裁判の拒絶」の禁止と理解してきた。このような理解は、同権利の対象となる手続段階を、暗黙のうちに、出訴段階に限定するものである。また、このような理解によれば、裁判を受ける権利の保障内容も、相当に形式的な性質のものとなる。

これに対し、近時の有力説は、裁判を受ける権利の対象となる手続段階を出訴段階に限定することなく、裁判手続全体に及ぼす。また近時の有力説は、同権利から、「裁判手続への主体的・能動的な参画保障」を導き出す。当事者が、出訴段階以外の手続段階でも、裁判手続に主体的・実質的に参画できなければ、当該当事者にとっては、実質的に「裁判の拒絶」となりかねない。そのため、近時の有力説は、正鵠を射たものである。

もっとも、伝統的憲法学説だけでなく近時の有力説においても、裁判を受ける権利の享有主体として、無自覚のうちに、原告が想定され、被告にとっての同権利の重要性は、十分に認識されていないように思われる。

しかし、「裁判手続への主体的・能動的な参画保障」は、原告だけでなく、被告にとっても重要である。なぜならば、原告は、自ら希望して民事訴訟を提起するのに対し、被告は、原告による訴訟提起に強制的に巻き込まれる結果、時間的負担・精神的負担その他の負担を負い、敗訴した場合には、自らの財産等を失う危険を負う。したがって、原告と同様に、被告に対しても、裁判手続への主体的・能動的な参画保障を十分なものとする必要があるためである(8)。

以上が問題となる典型的な局面として、訴状副本の公示送達が挙げられる。すなわち、民事訴訟法は、被告の住所・居所が不明な場合等に、被告が現実に訴状副本を受領せず、訴訟提起の事実を現実に認識していなくても、訴訟手続を進行させ、判決もすることができる制度として、公示送達の制度を設けている（民事訴訟法一一〇条ないし一一三条）。訴状副本について公示送達がなされた場合、被告が訴訟手続に現実に関与することは皆無といってよいから、請求認容判決（原告の全部勝訴判決＝被告の全部敗訴判決）がなされることが圧倒的に多い。

このように、訴状副本の公示送達は、被告が現実に裁判手続に参画しないままに、被告を全部敗訴させる効果を生じさせる。このため、公示送達制度は、被告の「裁判手続への主体的・能動的な参画保障」に対する重大な制約である。

原告が調査を尽くしても被告の住所・居所が判明しない場合等に、裁判手続を進行させる必要性自体は否定しがたいから、公示送達制度自体を違憲と断ずることは困難である。しかし、受訴裁判所は、被告の裁判を受ける権利をできるだけ尊重するためにも、公示送達の要件具備について、厳格・慎重に検討しなければならない（憲法適合的解釈[9]）。

二　弁護士依頼権・弁護士相談権

（一）裁判を受ける権利による保障

最高裁判所は、不法行為に基づく損害賠償請求における損害項目に弁護士費用が含まれると判示した判例において、次のように判示していた（最一小判昭和四四年〔一九六九年〕二月二七日民集二三巻二号四四一頁）。「わが国の現行法は弁護士強制主義を採ることなく、訴訟追行を本人が行なうか、弁護士を選任して行なうかの選択の余地が当事者に残されているのみならず、弁護士費用は訴訟費用に含まれていないのであるが、現在の訴訟はますます専門化された訴訟追行を当事者に対して要求する以上、一般人が単独にて十分な訴訟活動を展開することはほとんど不可能に近いのである」。この説示は、一九六九年のものであるが、現在においても妥当する。

そのため、一般人が弁護士に委任するに際し、公権力による不当な介入を受けない（消極的）自由は、当該一般人の裁判を受ける権利の一環として保護されるべきである。また、一般人と弁護士との間にいったん委任関係が生じたあとに、一般人と弁護士との委任関係が、公権力による不当な介入を受けない（消極的）自由もまた、当該一般人の裁判を受ける権利の一環として保護される必要がある。これらの権利を、「弁護士依頼権」と総称することができる。[10]

さらに、一般人と弁護士との十分な意思疎通があってはじめて、弁護士が一般人の代理人として、十分に訴訟追行することができる。最高裁判所も、刑事手続に関してではあるが、憲法の保障する弁護人依頼権によって、被疑者・被告人と弁護人との間の秘密交通権を基礎付けてきた。[11] そのため、民事事件においても、一般人が弁護士に相談し、その助言を受けるに際し、公権力による不当な介入を受けない（消極的）自由を、当該一般人の裁判を受ける権利の一環として保護する必要がある。この自由を、「弁護士相談権」と呼称することができる。[12]

（二）実務における近時の重大事案

従来、憲法学説が、民事手続・民事事件における弁護士依頼権・弁護士相談権の保障に着目することは、ほとんどなかった。一方、弁護士実務では、近時、民事事件における弁護士依頼権・弁護士相談権が侵害される重大事案が続発するに及んで、論議が活性化している。

すなわち、最近、企業が弁護士に民事事件（前記のとおり、行政事件を含む）について相談した後に、公正取引委員会が当該企業に対し、当該相談の内容を記した書面の提出を命じるという事態が生じている。また、金融庁・財務局が、企業に対して金融検査を行う場合に、当該企業は、検査部局の事前の承諾がなければ、検査関係情報を弁護士に開示して、その助言を受けることができないとの事態も生じている。[13]

公正取引委員会及び金融庁・財務局のこのような行為は、（民事事件における）弁護士依頼権の一環たる、「私人が弁護士に、公権力に知られることなく、秘密で相談・依頼することができる権利[14]」を不当に侵害するものである、との指摘がなされている。[15]

このように、近時、公正取引委員会及び金融庁・財務局が前記のような行為に出ているため、弁護士依頼権・弁護士相談権を裁判を受ける権利の一環として憲法上保護する必要性は、高まっている。

三　総合法律支援法・法テラスに関する憲法学説の事実誤認

（一）手数料納付

前記のとおり、憲法学説は、総合法律支援法に基づく法テラスの民事法律扶助業務が、経済的困窮者の裁判を受ける権利の実質的保障（実質化）につながっていると論じてきた。[16]憲法学説が最も典型的に想定するのは、原告が訴訟提起時に裁判所に納付すべき手数料である。[17]すなわち、民事訴訟費用等に関する法律は、訴訟提起に際し、原則として、訴状に収入印紙を貼付する方法で、手数料を納付しなければならないと定める（同法三条一項、八条本文、別表第一の一項）。

しかし実際には、総合法律支援法・民事法律扶助に、前記手数料納付を支援する制度は皆無である（同法三〇条等）。そのため憲法学説が、民事法律扶助が前記手数料納付を支援するかのように論ずることには、問題がある。[18]

（二）本人訴訟

そもそも、総合法律支援法による主要な支援内容は、経済的困窮者等に対して、弁護士をはじめとする代理人に対する報酬、及び、同代理人が行う事務処理に必要な実費を援助することにある（総合法律支援法三〇条一項二号イ(2)）。本人訴訟を行う場合の経済的支援は、総合法律支援法には含まれない[19]。そのため憲法学説が、「総合法律支援法に基づく法テラスの民事法律扶助業務が、経済的困窮者の裁判を受ける権利の実質的保障（実質化）につながっている」と論ずるのは、少なくとも本人訴訟については、明白な事実誤認である。

（二）代理訴訟

では、弁護士が代理人に就いている訴訟（以下「代理訴訟」という）はどうか。

前述のとおり、裁判を受ける権利の一環として弁護士依頼権・弁護士相談権が認められる。そのため、「総合法律支援法に基づく民事法律扶助が、弁護士依頼権の実質的保障につながる。それは、経済的困窮者の裁判を受ける権利の実質的保障をも意味する」という議論は、論理的には成立可能である。しかし実際には、総合法律支援法・民事法律扶助は、代理訴訟についても、裁判を受ける権利の実質的保障に十分貢献しているとはいいがたい。以下に、重大な問題類型を二つ挙げる。

①　上告審

憲法訴訟・人権救済にとっての最高裁判所の重要性は、いうまでもない。最高裁判所への上告の途が開かれていることは、とりわけ憲法訴訟・人権救済にとって非常に重要である。

法テラスが裁判手続について援助（代理援助）を行うに当たって、要件の一つとなるのが、「勝訴の見込みがないとはいえないこと」という要件である（総合法律支援法三四条一項に基づき法テラスが制定した「業務方法書」九条二号）。特に、上告人による違憲主張が詳細かつ本格的であるとか、表現の自由（憲法二一条一項）など重要な人権の侵害が主張されている場合には、最高裁判所における（逆転）勝訴の見込みがありうるとして、代理援助を認める必要がある（業務方法書の憲法適合的解釈）。ところが、法テラスは、「上告審は通常、〔代理援助の〕援助対象となりません」[20]と明言している。その理由は、法テラスが、「控訴審で敗訴した一般人が、上告審で（逆転）勝訴する見込みは、通常考えられないため、代理援助の要件の一つたる、前記『勝訴の見込みがないとはいえないこと』の要件も、通常満たされない」との前提で、民事法律扶助制度を運用しているためである。実際にも、控訴審で敗訴した一般人が、上告審について、代理援助を受けられる事例は、ほとんどない[21]。このことは、憲法訴訟・人権訴訟であっても変わりはない。

法テラスは、その運用によって、経済的困窮者が最高裁判所で人権等の救済を受ける途を閉ざしている。そのため、総合法律支援法・法テラスは、代理訴訟においても、裁判を受ける権利の実質的保障に十分貢献しているとはいいがたい。

② 費用対効果

損害賠償請求訴訟（国家賠償請求訴訟を含む。以下同じ）によって人権救済を求める場合、請求可能な損害項目が慰謝料くらいしかなく、仮に請求が認容されたとしても、認容額が数十万円にとどまる事例は、決して珍しくない。そのため、憲法訴訟・人権訴訟は、もともと費用対効果になじみにくい。総合法律支援法三一条も、民事法律扶助「業務は、その利益を得る者の権利を実現することに資すると認められる限りにおいて行うものとする」と定めるにとどまり、費用対効果に言及しているわけではない。

しかし以下のとおり、法テラスは現在、「費用対効果の観点から代理援助……になじむこと」が代理援助の要件となる旨、明言している。しかも、法テラスは最近、代理援助の可否判断に当たって、費用対効果の観点をますます重視しつつある。

すなわち、法テラスは二〇一四年ころには、次のように述べていた。「民事法律扶助事業……〔の〕援助案件は、申込者の『権利を実現することに資する』ものでなければならない（同〔＝総合法律支援法〕三一条）。以下のような場合は、権利の実現に資するとはいえない。……④費用対効果の観点から代理援助になじまない場合[22]」。ここでは、費用対効果の観点は、申込者の「権利を実現することに資する」という援助要件該当性を判断するための考慮要素として位置付けられていた。そのため、費用対効果の観点からは代理援助になじむか疑問の余地があっても、他の要素を考慮して、なお申込者の「権利を実現することに資する」と判断し、代理援助を行う可能性は否定されていなかった。

しかし法テラスは、二〇二一年になると、「費用対効果の観点から代理援助……になじむこと」を、「権利の実現に資すること」とは別個独立の援助要件として明言するに至った[23]。ここでは、申込者の「権利を実現することに資する」かどうかにかかわりなく、費用対効果の点から代理援助になじまない場合には、常に、代理援助が認められないこととなった。法テラスは、二〇二一年の前記明言に当たって、「法テラスの運営は国費で賄われていることを常に意識し、日常業務に携わる必要があります[24]」と強調しているため、費用対効果の観点を、従前よりも厳格に審査する趣旨であることが明白である。

青森地八戸支判令和三年（二〇二一年）五月一九日（青森地方裁判所八戸支部　令和二年〔二〇二〇年〕〔ワ〕第八六号、D1－Law判例体系二八二九二一〇七）も、法テラスの前記解釈を受け入れて、「三号要件〔＝代理援助の要件の一つとして、法テラス業務方法書九条三号が定める、『民事法律扶助の趣旨に適すること』という要件〕該当性の判断において、費用対効果の観点からの検討は必要不可欠である」旨判示した。

前記のとおり、憲法訴訟・人権訴訟は、もともと費用対効果になじみにくい。それにもかかわらず法テラスは、費用対効果を理由として代理援助を拒否することができ、現実にも拒否しているのだから、法テラスは、憲法訴訟・人権訴訟について、裁判を受ける権利及びその一環としての弁護士依頼権の保障を、十分に実質化しているとはいえない。

四　控訴審における一回結審

(一)　裁判実務

民事訴訟の第一審では、複数回にわたって期日が繰り返され、両当事者が主張立証を行うことが通常である。従来の憲法学説は、暗黙のうちに、控訴審でも、同様の訴訟運用がなされていることを前提としてきたように思われる。

しかし、控訴審では、通常、第一回口頭弁論期日にて、ただちに口頭弁論が終結（結審）され、次の期日で判決言渡しがなされることが大半である。控訴審裁判所による求釈明等がまったくなされないまま、判決内容がいきなり第一審と逆転することも、決して珍しくない。また、控訴審では、当事者が尋問（本人尋問・証人尋問）を申し出ても、裁判所は、必要がないとして却下する場合が圧倒的に多い。

(二)　近畿弁護士会連合会による調査報告

このような裁判実務について、近畿弁護士会連合会は、二〇一八年八月三日の「民事控訴審の審理に関する意見書」にて、以下のように論じている[25]。

「最近の高裁の民事控訴審は、七八％（全国平均）が一回で結審している」。「最近の高裁の民事控訴審は、一部の裁判官を除き、人証調べをしない裁判官が多い。最近は、人証調べが行われた裁判は全体の一％しかない」。弁護士にアンケートをとった結果、「当事者が新しい証拠の提出や反論の機会を求めたときに、裁判所が一回で結審し、当事者が問題に思ったというケースがいくつもあった。現在の控訴審は、一審判決の取消しや変更の可能性を考えている場合、あるいは一審では十分なやりとりがされていない争点について控訴審が判断を示そうという場合、あるいは、当事者が控訴審で新たな主張や立証をしたり、相手方が反論反証を用意したりする場合でも、裁判所から当事者に釈明を求めたり、示唆したり、主張立証の整理を求めるなどの訴訟指揮をせず、黙って一回で結審することが少なくない」。

このような裁判実務は、近畿圏だけでなく、全国に共通の傾向である。

㈢　検討

裁判を受ける権利の保障内容たる「裁判手続への主体的・能動的な参画保障」のためには、控訴審においても、十分な主張立証の機会が与えられなければならない。

それにもかかわらず、控訴審の裁判実務では、一回結審を強行し、尋問をほとんどまったく認めない。このような硬直的な実務運用は、当事者の「裁判手続への主体的・能動的な参画保障」に真っ向から反する。同実務運用は、裁判を受ける権利の核心部分を侵害し、違憲といわなければならない。

おわりに

従来、憲法学説が裁判実務に着目することは、ほとんどなかった。これに対して本稿は、裁判を受ける権利保障という観点から、裁判実務を批判的に検証した。もっとも、本稿で論じたもの以外にも、裁判実務が有する憲法上の問題点は数多い。その検討は、別稿を期したい。

※本研究は、一般財団法人司法協会による研究助成（個人研究）を受けたものである。本稿の内容は、もっぱら筆者の私見に基づくものであり、いかなる組織・団体をも代表するものではない。

(1) 笹田栄司『実効的基本権保障論』(信山社、一九九三年)、笹田栄司『裁判制度――やわらかな司法の試み』(信山社、一九九七年)、笹田栄司『司法の変容と憲法』(有斐閣、二〇〇八年)など。

(2) 松井茂記『裁判を受ける権利』(日本評論社、一九九三年)など。

(3) 片山智彦『裁判を受ける権利と司法制度』(大阪大学出版会、二〇〇七年)など。

(4) 本稿では、紙幅の制約のため、取り上げる具体的問題を大幅に厳選せざるをえなかった。裁判を受ける権利に関して、先行研究が(ほとんど)取り上げてこなかった問題については、以下の各拙稿も参照されたい。なお、本稿は、以下の各拙稿の内容を基礎としつつ、これを大幅に改編・圧縮したものである。吉原裕樹「民事裁判における裁判を受ける権利保障――憲法学における『理論と実務の協働』の新たな姿――」政經研究(政経研究、公益財団法人 政治経済研究所)一一八号(二〇二二年六月号)五六～七二頁、吉原裕樹「民事訴訟手続における裁判を受ける権利の実質的保障――木下昌彦教授の批判に応えつつ――」Law & Practice(早稲田大学)一六号(二〇二二年八月号)一九九～二三八頁。

(5) 芦部信喜『憲法(第七版)』(岩波書店、二〇一九年)二六七～二六八頁、樋口陽一ほか『注解法律学全集 憲法Ⅱ 第二一条～第四〇条』(青林書院、一九九七年)二八三頁(浦部法穂執筆部分)、木下智史・只野雅人編『新・コンメンタール 憲法(第二版)』(日本評論社、二〇一九年)三八二頁(倉田原志執筆部分)、長谷部恭男編『注釈日本国憲法⑶ 国民の権利及び義務⑵・国会』(有斐閣、二〇二〇年)二九七～二九八頁(宍戸常寿執筆部分)。

(6) 以上につき、同上・木下智史ほか編三八二頁(倉田原志執筆部分)、同上・長谷部編三〇八頁(宍戸常寿執筆部分)。

(7) 前掲注1・笹田(一九九三年)三一七～三一八頁。

(8) 一方、木下昌彦は、被告に着目しつつ、次のように論じており、注目に値する。「裁判を受ける権利の意義に鑑みれば、被告の事前の告知防御の機会を求める権利も、それを『裁判を受ける権利』と呼ぶかどうかはともかくとして、憲法上保障されていると考えるべきであろう」。もっとも、木下昌彦は、裁判を受ける権利の保障内容について、「裁判の拒絶」の禁止を意味すると理解する伝統的憲法学説から出発し、基本的には、「終局的に事実を確定し当事者の主張する権利義務の存否を確定する裁判を受ける権利、すなわち、本案裁判を求める権利ということになる」と論じている。以上につき、木下昌彦「民事裁判手続のＩＴ化における憲法問題――ＩＴアクセス困難者と裁判を受ける権利――」法とコンピュータ（法とコンピュータ学会）三九号（二〇二一年〔七月〕）四～七頁。

(9)「憲法適合的解釈」の意義については、宍戸常寿『憲法裁判権の動態〔増補版〕』（弘文堂、二〇二一年）二七一頁を参照。

(10) 本文掲記の議論は、公権力による不当な介入を受けないという意味における、消極的自由を論じたものである。本文掲記の議論は、民事裁判手続において、一般人が裁判所等に対して、弁護士を代理人として付するよう求める積極的権利を、ただちに憲法上の権利として認めるべきであると論ずるものではない。もっとも、一般人がスムーズに（物理的・社会的その他の障害なく）弁護士に依頼できることを、弁護士依頼権の「実質的保障」と位置付けることは可能であろう。

(11) 最一小判昭和五三年（一九七八年）七月一〇日民集三二巻五号八二〇頁（杉山事件）など。

(12) 本文掲記の議論は、弁護士依頼権と同じく、公権力による介入を受けないという意味における、消極的自由を論じたものである。

(13) 片山達ほか「依頼者と弁護士の通信秘密保護制度の重要性――理解が進むＱ＆Ａ――」自由と正義六八巻一一号（二〇一七年一一月号）二六～二七頁。なお、公正取引委員会及び金融庁・財務局による調査の結果、企業に対して行政処分が課される可能性があるし、企業ないしその構成員が刑事訴追される可能性も否定できない。そのため、本文掲記の事例では、弁護士依頼権・弁護士相談権・裁判を受ける権利は、民事手続と刑事手続とを横断する性格を有する。

(14)「私人が弁護士に、公権力に知られることなく、秘密で相談・依頼することができる権利」は、一般に、弁護士・依頼者間の秘匿特権といわれる。京野垂日ほか「依頼者と弁護士の通信秘密保護制度をめぐって――座談会――」自由と正義六八巻一一号（二〇一七年一一月号）一〇頁（山本晋平発言）参照。

(15) 日本弁護士連合会「弁護士と依頼者の通信秘密保護制度の確立に関する基本提言」（二〇一六年〔二月一九日〕）

同会ウェブサイト（https://www.nichibenren.or.jp/document/opinion/year/2016/160219_2.html）、同上・京野ほか九〜一〇頁（山本晋平発言）、前掲注13・片山達ほか二六〜二七頁。以下、ウェブサイトへのアクセス日は、いずれも二〇二三年五月二六日である。

（16）前掲注5・木下智史ほか編三八二頁（倉田原志執筆部分）、前掲注5・長谷部編三〇八頁（宍戸常寿執筆部分）。

（17）上田健介「訴訟費用と裁判を受ける権利――EU法およびイギリス法の展開――」近畿大学法科大学院論集一五号（二〇一九年）七五〜七六頁。

（18）経済的困窮者は、本文掲記の手数料を納付できない場合、訴訟上の救助（訴訟救助）を申し立てることができる（民事訴訟法八二条・八三条）。もっとも、訴訟上の救助と、総合法律支援法・民事法律扶助とは、沿革も内容も大きく異なる。

（19）総合法律支援法が本人訴訟についても援助の制度を設けているという議論は、論理的にまったくありえないというわけではないが、日本の司法の実態から乖離したものである。詳細については、前掲注4・吉原（二〇二二年六月）七一頁を参照。

（20）日本司法支援センター大阪地方事務所編『民事法律扶助業務の手引き（大阪地方事務所、平成二八年度版）』（同地方事務所、二〇一六年）二二頁。

（21）弁護士による経験談として、弁護士伊東良徳のウェブサイト（http://www.shomin-law.com/m/sodaniraibengoshihiyo.html）を参照。

（22）日本司法支援センター編『民事法律扶助業務必携』（日本司法支援センター、二〇一四年）三三〜三四頁。

（23）日本司法支援センター編『民事法律扶助業務必携』（日本司法支援センター、二〇二一年）三七頁。

（24）同上。

（25）近畿弁護士会連合会「民事控訴審の審理に関する意見書」（近畿弁護士会連合会、二〇一八年（八月三日））同会ウェブサイト（http://www.kinbenren.jp/declare/2018/2018_08_03.pdf）三〜四頁・一〇〜一一頁。

第四部　『大人』と『子ども』の境界と人権

成年年齢引下げと消費者法
――「おとな」と「こども」の間――

大澤　彩
（法政大学）

はじめに[1]

二〇二二年四月一日より、民法の成年年齢は二〇歳から一八歳に引き下げられた。これによって、一八歳になったばかりの若者が消費者トラブルに巻き込まれやすくなることが、成年年齢引下げ論議が始まってから現在に至るまで懸念されている。実際にも、後述するように一八歳、および一九歳の消費者の消費者相談件数と比べて、二〇歳以降の相談件数が増えること、および、被害事例としては、成年直後に勧誘を受けるなど、成年になることが消費者被害に遭う一つの転換点となっていることが指摘されている[2]。

この問題について、法務省法制審議会成年年齢部会による「民法の成年年齢引下げについての最終報告書」では、①若年者の社会的経験に乏しさにつけ込んで取引等が行われないよう、取引の類型や若年者の特性（就労の有無、収入の有無等）に応じて、事業者に重い説明義務を課したり、事業者による取引の勧誘を制限すること、②若年者の社会的経験の乏しさによる判断力の不足に乗じて取引が行われた場合には、契約を取り消すことができるようにするといった民事的効果をもたらしうる施策の提案のほか、若年者専用の相談窓口を消費生活センター等に設けることや、一八歳、および一九歳の者に対する広報活動、消費者教育の充実、特定商取引法の改正といった様々な観点からの提案がなされていた。(3)また、二〇一七年には、消費者委員会の中に設置された「成年年齢引下げ対応検討WG」(以下、「WG」とする)が、一八歳以上二二歳未満の若者を「若年成人」と称した上で、若年成人の消費者被害の防止・救済のための制度整備として消費者契約法等消費者保護特別法の改正や、消費者教育の充実、消費者被害対応のための消費生活センターによる相談体制や情報提供の充実などを提案した。この報告書を受けて、二〇一八年の消費者契約法改正によって一定の対応がなされた。さらにその後、二〇二二年の消費者契約法改正によっても一定の対応がなされた。

その一方で、民法上は「成人」、つまり、完全な行為能力を有する「大人」であるにもかかわらず、取引に当たって特別な保護を法律上実現することは、「大人」でも「未成年者＝こども」でもない新たなカテゴリーを作り出すことになるとともに、若者の社会参加を促し、意思決定の場に参加させて、若者の「自立」を促す、という成年年齢引下げの目的と矛盾する可能性も否定できない。(4)本報告では、「大人」であるにもかかわらず、民事ルールによる特別な保護を設ける必要性の有無、および、それが必要である場合の理論的・立法論的正当性について検討する。

一　「若年成人」の消費者被害の実情

若者の消費生活相談件数を一五～一九歳、二〇～二四歳、二五～二九歳の年齢区分別にみると、過去五年ではいずれも二〇～二四歳の相談件数が最も多い。(5)また、国民生活センターによれば、二〇歳代では、未成年者にはあまりみられなかった「エステ」「医療サービス」などの美容に関する相談や、「内職・副業」「ファンド型投資商品」などの儲け話に関するトラブルが多い。(6) まず、副業や情報商材等の儲け話に関する相談件数が増加している一つの要因として、若者には経済的な余裕がなく、そこに目を付けた悪質事業者によって勧誘のターゲットにされている可能性がある。(7) 次に、エステなどの美容に関する商品等でトラブルになっているのは、容姿に関する悩みやコンプレックス、自分を変えたいという思いが影響していると言われている。(8) その他にＳＮＳの広告をきっかけに美容に関する商品等を購入したが、定期購入だったというケースや、(9) 友達に誘われてマルチ商法への勧誘を断れない、という苦情もある。

二　「若年成人」保護に向けた民事ルールの在り方

(一)「年齢」に着目した若年者保護の可能性

若年者を消費者被害から防ぐためには、究極的には、民法上は未成年者取消権を有さない一八歳、および一九歳（あるいは、一八歳から二二歳の若年成人）であっても、あくまで「消費者契約の場面」に特化して特別な取消権を新設する、ということも考えられる。しかし、ＷＧも含め、少なくとも「年齢」のみを要件として消費者契約の取消権を新設するという方向性には慎重な意見が少なくない。若年者といっても、その者の知識・経験・判断能力等によって必要な対策は様々であり、単純に年齢のみで保護の必要性の有無を画一的に判断できないからである。そこで、以下のように、「年齢」へ「配慮」するという方向性や、「年齢」＋αを要件とした取消権を付与するという方向性が提案される。

消費者基本法では、消費者の自立の支援に当たって、消費者の安全の確保等に関して事業者による適正な事業活動の確保が図られるとともに、「年齢その他の特性に配慮」されなければならないとされている（二条二項）ほか、事業者に対して消費者の知識、経験及び財産の状況等への「配慮」が要請されている（五条二号）。

そこで、WGでは、若年成人に対する配慮に努める義務を明文で明らかにすることが提案されていた。具体的には、「事業者は、消費者契約を締結するに際しては、消費者の年齢、消費生活に関する知識及び経験並びに消費生活における能力に応じて、適切な形で情報を提供するとともに、当該消費者の需要及び資力に適した商品及び役務の提供について、必要かつ合理的な配慮をするよう努めるものとすることが考えられる」としていた。二〇一八年の消費者契約法改正へ向けた議論においては、この提案の是非についても検討され、「（消費者契約）法第三条第一項の情報提供にかかる部分を改正し、『消費者契約の締結について勧誘をするに際しては、消費者の理解を深めるために、消費者の年齢並びに当該消費者契約の目的となるものについての知識及び経験について必要な配慮をした上で、消費者の権利義務その他の消費者契約の内容についての必要な情報を提供するよう努めなければならない』とする」ことが提案されていた(10)。最終的には事業者の情報提供の努力義務を定めた法第三条第一項を改正し、「当該消費者契約の目的となるものの性質に応じ、当該消費者契約の目的となるものについての知識及び経験についても考慮した上で」、消費者の権利義務その他の消費者契約の内容についての必要な情報を提供するよう努めなければならない旨を明らかにするとされ、「知識及び経験」についての考慮は必要としつつ、「年齢」を考慮すべきという点は明文化しないことになった。「年齢」だけでは当該消費者の脆弱性への決め手にならないというのが、その理由である。

しかし、結局、二〇二二年の消費者契約法改正で、知識・経験に加え、「年齢」という文言が追加された。消費者の「年齢」が、当該消費者の理解の不十分さをうかがわせる一つの手がかりになることや、消費者の「年齢」は、知識・経験よりも事業者にとって容易に知ることができることがその理由であるが、事業者がこれらを知ることができたときにはそれに沿った情報提供が求められるのであり、事業者に積極的な調査を求める趣旨ではない(11)。そこで、個々の消費者の年齢等は、「事業者が知ることができた」ものに限定することが明文化されている。

また、年齢（層）に加え、その若年者にとっての取引の必要性等を加味して取消権を付与するという見解も見られる。例えば、若年成年者撤回権および撤回期間経過後に年齢以外の要素も加味した上での取消権付与を提案する見解がある。具体的には「二三歳未満の成年者（以下「若年成年者」という。）は、法律行為の相手方が事業者である場合において、その申込み若しくは個別の勧誘により法律行為を行ったときには、法律行為の時又は法律行為の目的物を受領した時から起算して一ヶ月の間、その法律行為を撤回することができる。ただし、若年成年者が支払うべき金額若しくは支払うべき総額が一〇万円に満たない場合、又は当該法律行為の状況から裁判所が撤回が相当でないと認めるときは、この限りでない」という提案であり、これに加えて、一ヶ月を経過した場合や一〇万円以上の金額の取引についても、年齢による未経験等による判断力の低下が認められる者がその者が特に必要としない取引のための意思表示をした場合には、取消権を付与するといった取消権付与の一般規定を設け、それによって取消しを認めることも提案されている(12)。

さらに、いわゆる適合性の原則を参考にしたアプローチとして、「若年」であることを、当該取引への「適格」性を否定するための一つの要素とするという提案もある。具体的には、WGによる、「若年成人の知識・経験、契約目的・意向、財産状況などに適合しない場合に当該契約を取り消すことができるようにする」という取消権を新設するという考え方である。(13) その際には、事業者が、若年成人の消費生活に関する知識若しくは経験又は消費生活における能力が不十分であることを利用した場合において、その勧誘により当該消費者契約の申込み又はその承諾の意思表示をしたときは、これを取り消すことができるものとし、ただし、当該消費者契約の目的となるものが当該若年成人の需要及び資力に応じ合理的に必要と判断されるときはこの限りでないものとすることが考えられるとしている。(14) この考え方は、「若年成人」であることが取引への「適格性」を否定する一つの要素となることを示すものであるが、結局消費者契約法改正では採用されていない。成人に達しているのに、「若年」であることが、適格性を否定する一つの要素になるという考え方の妥当性が問題となろう。

(二)「脆弱性」に着目した若年者保護の可能性

そこで、「若年であること」を消費者の「脆弱性」を示す要素であると捉えた上で、消費者の「脆弱性」へのつけ込みを問題とするアプローチが、学説や法改正論議において見られたもう一つの方向性である。

消費者法分野では、本報告の対象である若者だけではなく、判断力の低下ゆえにやはり消費者相談件数が多い高齢者のように、知識・経験不足や判断力の低下ゆえに「特に脆弱な消費者」に対して、「消費者」一般とは異なる配慮を要するという「消費者の個別化」が、学説および立法論議においてトレンドの一つとなっている。具体的には、消費者には、高齢者のように判断能力が低下しているゆえに悪徳事業者からつけ込まれがちな者や、若年者のように取引経験に乏しい者、外国人のように言語の壁がありがちな者のように、「消費者という属性」で消費者像を念頭に置くのではなく、さらにすすんで「消費者の多様性」「消費者個人の特性」に着目した法制度を設けるべきという見解にあらわれている。(15) ここでの「脆弱性」とは、判断能力だけではなく、情報収集能力、意思貫徹能力といった、取引に際して問われる能力であり、この能力は、取引の目的物や生活環境あるいは置かれた状況毎に、誰もが多かれ少なかれ有している「脆弱性」である。(16)そこで、当該消費者の「脆弱性」の一つの原因として「年齢」を考慮に入れ、当該消費者の判断力や知識・経験不足へのつけ込みによる契約締結への制度的手当や説明義務の強化によるという方向性が考えられる。(17)その際に、民法の暴利行為法理に依拠するものや、暴利行為法理の拡張としてこの方向性を実現しようとする見解がある。

以上のように、消費者の「脆弱性」に着目した取消権付与を行うという方向性は、二〇一六年や二〇一八年の消費者契約法改正に向けた論議でもみられた。具体的には、二〇一五年八月公表の消費者委員会消費者契約法専門調査会中間とりまとめで、「事業者が、消費者の判断力や知識・経験の不足、心理的な圧迫状態、従属状態など、消費者が当該契約を締結するか否かについて合理的な判断を行うことができないような事情を利用して、不必要な契約を締結させた場合に、必ずしも対価的な均衡を著しく欠くとまでいえなくても当該契約の効力を否定する規定を消費者契約法に設けるべきである」という考え方があることが示されていた。(18)

若年成人といっても経験や知識は各人多様であることを考えると、一律の年齢（層）を軸として若年者の保護を図るのではなく、多様性を考慮した上で締結された契約の効果について検討することが考えられる。その意味では、脆弱性の濫用といった受け皿規定を設けるという方向性はありうる方向性である。

消費者契約法改正においても、結局、「合理的な判断を行うことができない事情」という要件が抽象的に過ぎるとの批判があって、一般規定は実現せず、二〇一六年改正では現在の消費者契約法四条四項の過量販売の場合に限定した取消規定が新設され、続く二〇一八年改正では消費者契約法四条三項三号以下が追加され、就職セミナー商法や恋人商法といった、主として若者に発生している被害事例が念頭に置かれたものが取消しの対象となるにとどまった。消費者の多様性、つまり、若年者という属性や、それによる「脆弱性」に着目するというよりは、これらを利用する事業者の行為態様に着目した規制のあり方である。

三　検討

以上の立法論や解釈論は、若年者への特別な保護を求める際に、「年齢」を指標の一つとするのか、それとも消費者の「脆弱性」に着目し、むしろその「脆弱性」を利用する事業者の行為態様を法的介入の根拠とするのか、をめぐる難題を突きつけている。

民法上、一八歳に達すれば、「行為能力」を有する「おとな」として単独で取引を行うことが「能力上」認められる。それでも、WGや学説が一八歳から二二歳の若者を「若年成人」として、成熟した成人期とは異なる配慮が必要な年齢層であるとしているのはなぜなのか。さらには、同じく消費者被害が多い高齢者の場合とは異なり、若年者の場合には年齢に着目した法制度が検討されるのはなぜなのか。

一つの理由として、この年代が急速な成長の途上であることから、「成熟した成人として十分な知識・経験・判断能力が身についているとはいえない」ことが年齢と結びつく形である程度定型的に言えるという理由があげられるのではないか。また、若者が消費者トラブルに巻き込まれやすい原因として、令和四年版消費者白書は、若者が「知識や経験の不足」に起因する脆弱性を抱えていることだけではなく、「経済的な余裕の無さ」によって悪質事業者から儲け話に勧誘されるおそれがあること（実際にも、儲け話に関する消費生活相談の件数が多い）、「コミュニケーションへの苦手意識」によって勧誘を断り切れないことや、相手との関係性を過度に意識してしまうこと、さらに、「悩みや不安等の気持ち、今の自分を変えたいという前向きな気持ち」につけ込むような勧誘に巻き込まれること（将来への不安など）をあげている。(19) これらは若者に一定程度見られる傾向であろう。

そのことから、WGは若者に対して、成年年齢になった時点で全て自己責任ということで責任を負わせる」のは適切ではなく、「段階的に経験を積んで成熟した成人に成長することができる社会環境を整備し、若者の成長を支える必要がある」としている。(20) つまり、単に危険な物や取引から保護するというだけでは人格形成として問題があることから、セーフティー・ネットを張りつつ、物の危険や社会の危険に目を向け、そこでの危険を理解して回避の方法を身につけさせるという方向性である。(21) 未成年制度の正当化として、若年者は世界や自分の過去・現在・未来をどのようにみるかという世界観・人生観の形成が未熟で、長期的な見通しが欠如しやすく、特定の価値観や狭い人間関係による影響を受けやすいため、保護者を付けて、未熟な世界観・人生観にしたがった決定に介入する権限を認め、その「福祉」を図るという点があげられるが、(22) この点は、「一八歳以上」か否かで大きく変わるのだろうか。

しかし、若年者が行う契約を「年齢」のみを基準として取消可能とすることは、若年者の自己決定の余地を一定程度制約することを意味する。(23) 消費者の「個別化」は、その個別化された人、例えば若年者や高齢者を取引から過剰に排除することにもなりかねず、そうすると人の平等・ノーマライゼーションに反することにもなる。そのことから、近時の議論では、年齢のみに着目した取消権や年齢のみで区切るといったカテゴリックな制度ではなく、年齢以外の要素も加味することで「脆弱」性ゆえに保護が必要な際には保護を与えるべきとの見解が有力である。つまり、人の属性に着目するというよりは、各当事者の行為に照準を合わせた規律を充実させることで、契約当事者に対して適切な支援を与えるという方向性である。[24] 若年者であってもすでに高校卒業と同時に社会人となって親からも経済的に自立した状態が数年経過している若年者と、大学生である若年者とで、取引に関する経験や知識、収入等が異なりうる。このことを考えると「年齢」は「脆弱性」を導く一つの要素たり得るが、それ以外の知識・経験等の有無をも考慮して取引の効果を否定できる規定を設けることが妥当ではないだろうか。また、民法九十条から導かれる暴利行為法理のように、当該契約による本人への財産的影響も考慮されることが望ましいのではないか。その際に、給付の不均衡の有無を問題にするのか（従来の暴利行為法理に近い）、それとも当該当事者にとっての当該契約の有用性を問題にするのかが問題となる。これは、取消しによって影響を受ける相手方の保護のためでもある。

他方で、一八歳以上かそれ未満かという一律の年齢で成年・未成年を二分するのではなく、成年・準成人・未成年の三分法をとることを提案する見解のように、若年者の経験・知識のレベルや判断能力には多種多様なものがあることを踏まえて、「年齢」によるサポートの必要性を重層化することも考えられよう。[25] この見解によると、「未成年」を「準成年」と「完全未成年」とに二分し、前者は満一五歳以上として被保佐人同様、重要な行為以外は単独でなしうるとし、後者は法的代理人の同意なしには完全に有効な法律行為をなしえないものとする。完全未成年はさらに二分し、一〇歳～一二歳を境に「幼年」と「半成年」として「幼年」に関しては日用品の購入などを除き行為能力を否定するとともに、一律に責任能力を否定する。これに対して、「完全成年者」のうち、一定年齢（二五歳あるいは二六歳）に達するまでの成年を「初成年」とし、「支援人」（法定代理人あるいは本人が選任した者）に相談した上でなければ一定の重要な行為はなしえないとする、この場合、支援人は相談を受けて助言をするだけであり、その同意を得ることは必要でないこととする。ただし、これでは実質的に見れば単独で行為しにくくなることは確かであることから、「初成年者」は自ら望めば、いつでも「完全成年者」になれる。[26]以上の見解の論者も指摘しているように、年齢を段階化することは煩雑になるという問題もあるが、人の契約に関する能力は、単純に一律の年齢で判断できるわけではない。

おわりに

本報告で検討した民事ルール以外にも行政規制や消費者教育の充実といった、まさに消費者法制度の「ベストミックス」による「セーフティネット」を貼るべきではないか。

令和四年消費者白書によると、若者は商品やサービスの購入時に、「SNSでの口コミ評価」」の情報を最も重視している（SNSでの口コミ評価を重視していると回答した者の割合が一〇歳代後半で四五・八％、二〇歳代で五二・三％。[27]）。そうすると、「若年であること」に着目するよりも、若年者がトラブルに巻き込まれやすい広告形態や取引形態について、より踏み込んだ対処が求められる。また、若者が陥りやすい（現に陥っている）トラブルにピンポイントに対処したものとして、二〇二一年の特定商取引法改正による、定期購入ではないと消費者に誤認させる表示や解除妨害をするような詐欺的定期購入への対策をあげることができる。このように、インターネット被害、マルチ商法被害、エステ、サイドビジネス商法など、若年消費者層に特有の被害に対応する特別法の手当（特商法改正）を行うことが考えられる。[28]

消費者教育について、二〇二一年度には、消費者庁等の関係四省庁が連携して「成年年齢引下げに伴う消費者教育全力」キャンペーンが展開された。また、消費生活センターでは、キャンペーンを通じた啓発や特設サイトによる情報発信、消費者庁では若年者層に向けたＳＮＳアカウントの開設や啓発動画の公開など、消費者教育と消費者被害の防止に向けた取り組みが活発化しており、国民生活センターでは、「若者の消費者トラブル」のコーナーで関連情報をまとめるとともに、「若者向け注意喚起シリーズ」として継続的な注意喚起がなされている。[29] これらの実効性向上が課題である。

（1）以下、拙稿「年齢と取引―若年者をめぐる契約法・消費者法の立法的課題」河上正二＝大澤彩編『廣瀬久和先生古稀記念・人間の尊厳と法の役割―民法・消費者法を超えて―』（信山社、二〇一八年）三六三頁以下、および、そこで引用した文献も参照。

（2）消費者委員会成年年齢引下げ対応検討ワーキング・グループ「成年年齢引下げ対応検討ワーキング・グループ報告書」（平成二九年一月）（以下、「ＷＧ報告書」で引用する）(http://www.cao.go.jp/consumer/iinkaikouhyou/2017/doc/20170110_seinen_houkoku1.pdf) 三頁。

（3）http://www.moj.go.jp/content/000005078.pdf 一六頁以下。

（4）山本敬三「『成年』・『未成年』の意義と若年成年者の保護」法律時報九四巻四号（二〇二二年）一頁。

（5）https://www.kokusen.go.jp/news/data/n-20220228_1.html

（6）https://www.kokusen.go.jp/soudan_now/data/wakamono.html

（7）消費者庁・令和四年消費者白書（以下、「令和四年白書」で引用する）(https://www.caa.go.jp/policies/policy/consumer_research/white_paper/assets/2022_whitepaper_all.pdf) 七八頁。

（8）令和四年白書八〇頁。

（9）令和四年白書八五頁。

（10）第四二回（平成二九年六月三〇日）会議資料六頁以下を参照。

(http://www.cao.go.jp/consumer/history/04/kabusoshiki/other/meeting5/doc/170630_shiryou1.pdf)

（11）立案担当者がこのように述べている（https://www.caa.go.jp/policies/policy/consumer_system/consumer_contract_act/annotations/assets/consumer_system_cms203_230210_04.pdf）の二二頁を参照。

（12）加藤雅信「未成年者保護規定の改正をめぐる動向」消費者法研究二号（二〇一七年）1一九三頁以下（初出：現代消費者法三号（二〇〇九年））

（13）その他に、宮下修一「成年年齢の引下げに伴う若年者の契約締結における適合性の配慮について」消費者法研究二号（二〇一七年）五五頁以下も参照。

（14）ＷＧ報告書一一頁。

（15）後藤巻則「人と消費者」ＮＢＬ一一九九号（二〇二一年）九頁。

（16）河上正二「成年年齢の引下げと若年消費者」消費者法研究一一号（二〇二一年）六頁以下。

（17）河上正二「人間の『能力』と未成年者、若年消費者の支援・保護について」消費者法研究二号（二〇一七年）八頁。

（18）『消費者委員会消費者契約法専門調査会中間とりまとめ』（二〇一五年八月）（http://www.cao.go.jp/consumer/history/03/kabusoshiki/other/meeting5/doc/201508_chuukan.pdf）二〇頁。

（19）令和四年白書七四頁。

（20）ＷＧ報告書二頁以下。

（21）河上・前掲注（17）六頁。

（22）山本・前掲注（4）一頁。

（23）山下純司「民法成年年齢引下げについて―未成年者取消権を中心に」学習院法務研究一号（二〇一〇年）八三頁。

（24）山城一真「契約当事者の判断能力と消費者法」ＮＢＬ一一九九号（二〇二一年）二八頁。

（25）河上・前掲注（16）五頁以下。

（26）大村敦志『新しい日本の民法学へ』（東京大学出版会、二〇〇九年）二六八頁。

（27）令和四年白書六四頁以下。また、以下のサイトも参照。https://www.kokusen.go.jp/news/data/n-20211104_1.html

（28）河上・前掲注（16）九頁。

（29）https://www.kokusen.go.jp/pdf/n-20211217_2.pdf

https://www.caa.go.jp/policies/policy/consumer_education/consumer_education/lower_the_age_of_adulthood/

https://www.kokusen.go.jp/news/data/n-20190328_3.html

「AV新法」と憲法
——被害の防止・救済と自己決定——

志田陽子
（武蔵野美術大学）

はじめに

本稿の元となった憲法理論研究会七月ミニシンポジウムは、「『大人』と『子ども』の境界と人権」というもので、「一八歳成人」が人権保障・人権状況にもたらす影響について、複数の報告者がそれぞれの専門分野から検討することとなっていた。筆者が予定していた報告も、この中に位置づけられるものだったが、シンポジウム直前の二〇二二年六月に成立した「AV新法」[1]は、当初の課題枠組みには収まらない内容となったため、本稿のようなタイトルと内容に変更しての報告となった。

一　二〇二二年の「AV新法」論議とその背景

(一)「AV新法」制定の二〇二二年五月までの経緯

二〇二二年、いわゆる「AV」（アダルトビデオ）への出演強要被害を防止するための議論から始まった「AV新法」法案の審議が、異例の早さで進み、六月一五日に成立、同月二二日に公布、翌二三日に施行となった。

この課題は、もともとは二〇一六年に社会問題として浮上した「AV出演強要問題」に端を発している。議論の前提として、ここで言う「強要」には、腕力は使わないが言葉巧みにそそのかしたり煽ったりして本来の意に反する出演・演技をさせること（心理的・実質的強制）も含める考えが採られている。以下、「強要」という言葉を使うときには、筆者もその理解を共有している。

この出演強要問題に端を発して、関連事業者が共通の自主管理・自主規制の枠組みを採用することとなり、このことを可能にするための法律面からの提言と監督を行う第三者団体として「AV人権倫理機構」が二〇一七年に発足した[2]。

その後、二〇二二年四月から改正民法の成人年齢引き下げが施行されることとなったため、これが新たな懸念材料となった。具体的には、一八歳・一九歳がAV出演強要の標的にされる、これを防止する対処が必要だ、との声が、被害者支援団体や一部議員から上がり、二〇二二年中に内閣府で行われた公式会議では、悲惨な強要被害の事例報告とともに、政府が防止に取り組むことが示された[3]。

（二）「AV新法」の概要

結果的に成立した「AV新法」は、「一八歳・一九歳」に限定せずすべての年齢の出演者とすべての映像作成者（事業者と個人・同人の区別なし）を名宛人とする内容となっていた。以下、概要を記す[4]。

①事業者に契約書作成義務と不利益事項に関する説明義務を課す（五条一項）。
②出演者は契約後一カ月を経てからでないと撮影できない（熟慮期間）（五条一項、七条一項・四項）。
③撮影後は四か月を経てからでないと公表できない（熟慮期間）（五条一項、九条）。

④事業者側にこれらのルールへの違反があったときは、契約は無効となる。出演者側からも取り消せる（五条一項、一〇条、一一条）。

⑤事業者側にこれらのルールへの違反がなかったとしても、出演者は公表後一年間（経過措置として施行後二年間は「二年間」）、任意・無条件で契約を解除できる（五条一項、一三条、一四条）。

⑥上記契約取消・解除によって事業者側に実費（撮影セットや人件費など）の損害が出ても、出演者に損害賠償を請求しない（損害は事業者が飲む）（七条二項）。

これらのルールは、通常の「契約」の原則から考えれば、事業者に厳しいリスク負担を負わせ、出演（希望）者を翻意の自由を含めて保護する特殊な仕組みとなっている。その意味で、民法上の契約ルール（一般原則）に対する特別法となっている。

(三)「ＡＶ」の特殊な害悪性

こうした特殊な扱いは、「ＡＶ」（アダルトビデオ）と呼ばれる表現ジャンルの特殊性に応じたものである。その特殊性は概要、以下のように整理できる。(5)

①このジャンルの出演者が意に反する出演をしてしまった場合には、本人の受ける被害が性暴力被害そのものとして深刻なものであり、②その心の傷も深刻かつ長期にわたるものとなること、③契約・出演当時には本人の意志で出演した場合でも、公表後に一般人から興味本位での本人特定（「身バレ」「顔バレ」）や画像拡散が行われることが多く、④これがその後の社会生活や家庭生活の妨げになるなど、本人の不利益になる可能性が高いこと。

この領域への法規制は、意に反する出演を強要されることを「被害」と見るのか、自発的意思による出演であっても出演すること自体を一種の自傷行為として「被害」と見るのかで、内容が変わってくる。実際に成立した「AV新法」は、たしかに強要被害の防止に資するものと思われるが、他方、自発的な出演者の表現活動と経済活動をも強力に抑止する内容を含んでいるため、上記のどちらの「被害」概念を採用しているのか、疑問を禁じ得ないところがある。

さらに、AV出演者が受ける被害のうち、③と④の社会的不利益の問題は、本来は社会の側の問題と見るべき事柄である。この問題を、自発的活動者の活動を困難化することで解消しようとする方向には、疑問がある（この点は後述）。

二　論争の地図

（一）立法過程での論議

「AV新法」の骨子については、二〇二二年五月九日に行われた内閣府会議で、多様な意見が出された。大まかに整理すると、以下のようになる[6]。

①「AV」というジャンルについて、「表現」「作品」という文言を使うべきでないという要望。

②「契約の取消し・解除」を基軸とした法政策では、契約の形式さえ整えれば法的に認められるという意味で「AV」の合法化・正当化につながってしまい、かえって強要や有害行為を助長してしまうので認めがたい、との見解。

③法案にはこの法律の適用対象となる「AV」について定義が置かれているが、その定義以外のものを合法化・正当化する作用が生じるため、定義を外すべきであるとする見解。

④いわゆる性交行為そのものを撮影目的で行わせることは出演者の合意があっても禁止する「本番禁止」のルールを入れない限りは認められないとする見解。

⑤もともと適法に活動していた出演者と事業者にまで負担を負わせる方策は、過剰になると遵法への心理的動機が失われ、被害が地下化する恐れがある。適法に活動している事業者への負担は謙抑的なものにとどめ、人権侵害行為そのものに対してより強く刑事罰で対応するべきだ、とする見解（条件付き賛成論）。

⑥今回の「新法」とは別筋で「ＡＶ」を全面禁止する法政策を検討する、または「新法」の二年以内の見直し時に一層の規制強化を図ることを前提に、賛成する立場。

このうち①は、そのまま法案に反映され、「ＡＶ新法」では、「表現」「作品」という文言は使われず、「性行為映像制作物」という文言に変更された。

②と③については、本法の各規定につき、公序良俗に係る規定（民法九〇条）等により無効とされる契約を有効とするものと解釈してはならず（ＡＶ新法三条三項）、本法により刑法、売春防止法その他の法令において禁止され又は制限されている性行為等ができることにはならないこと（同条四項）が確認された。

④は、今回の「新法」とは別の問題として、あらためて議論される可能性を残している（後述）。

⑤は、「ＡＶ人権倫理機構」が表明した立場である。ＡＶ人権倫理機構は、立法については中立の立場をとるべき第三者団体であることから、④については将来これを禁止する法令ができればそれに従うものとし、⑤についても同じく中立の立場から立法化の尽力に敬意を表しつつ、懸念材料について考慮

を求めた(7)。

（二）「当事者」の範囲と、複眼的アプローチの必要性

①当事者は誰か

出演強要被害を受けた者をとくに救済する方策を定めた法令である場合は、その法の名宛人すなわち「当事者」を、意に反する出演強要を受けた被害者に限定するならば齟齬の問題はない。しかし「AV新法」が名宛人としているのは、自発的意思によって出演しようとしている者を含め、出演者と事業者のすべてである。この場合には、この法の「当事者」の範囲もそれに応じて認知する必要がある。しかし、この「AV新法」により直接に影響を受ける自発的出演者・事業者は、本法成立の前にヒアリングの機会を提供されていない(8)。

法令によって禁止されている活動（たとえば売春あっせんや児童ポルノ作成）には当たらない活動をしている者にとって、その活動の自由は憲法一三条（幸福追求権）、二一条（表現の自由）、二二条（職業選択の自由）等によって保障されている。長期の熟慮期間や契約解除権・公表の取消権などを導入した「AV新法」は、そこに特殊な制約と「負担」を課す内容となっている。

「AV新法」については、出演強要の被害者が当事者であることは間違いないにしても、自発的に出演してきた者や適法に活動している事業者も、罰則付きでこの法に服することになるので、当然に当事者である。自発的に出演してきた者や適法に活動している事業者がここまでの制限と金銭負担リスクに耐えられるか、という聞き取りは必要だったはずである。

②自主規制と法規制

この「AV新法」には、先行して存在していた自主規制ルールがある。この自主規制ルールは、法律

家による第三者団体（AV人権倫理機構）が、AV業界内で強要被害が起こりうる場面を洗い出し、被害を防止し出演者の権利を守るための統制方法として提供してきたものである。この自主規制ルールを守って作成・販売されるAVコンテンツは「適正AV」と呼ばれている。

同じ課題について、問題場面の違いに応じて複数の側面からのアプローチがあることは、必要である。それぞれのアプローチがそれぞれの守備範囲を持っており、守備範囲外の事柄には手が届かないという事実も認めた上で、被害防止と救済のためのパッチワーク的な地図を描く必要があるのである。たとえば被害者支援団体は、起きてしまった被害事例を社会に告発することはできるが、事業者と会合を重ねてコンプライアンス共有を促す調整的・監督的な役割は果たせないだろう。他方、「機構」が提供する自主規制の取り組みは、この枠組みに参入しない事業者や個人が引き起こす犯罪事例にまでは手が及ばないし、警察にしか行えないような調査・捜査・処罰などは法令上当然に行えない。さらに、出演者が自ら海外に出て出演・撮影した映像や、海外の業者を経由して流通経路に出た映像は、日本の法律によっても自主規制によっても対応できなくなる。

とくに、被害者支援団体が上記の五月九日の内閣府会議で訴えていた極端に悪質な強要事例は、詐欺罪、監禁罪、強制わいせつ罪、強要罪、脅迫罪、侮辱罪などに該当する完全な刑事犯罪事例であるため、自主規制によっても「AV新法」方式によって抑止できるようなものではなく、刑事罰をもって臨むべき事例だった。もっとも「AV新法」では、説明義務や契約締結義務や熟慮期間遵守義務を守らなかった場合は刑事罰（懲役または罰金）の対象となっており、上記のような明白な犯罪事例についてはこの部分を入り口として警察が刑事介入することは可能かもしれない。

三　被害の防止・救済と自己決定確保の道

（一）出演強要の問題場面

「AV」の領域について指摘されてきた問題場面は、①意に反する撮影／意に反する公表／意に反する拡散の継続、②経済面での不当な扱い／衛生面などの管理配慮不足、という二層がある。

このうちの①は、本稿で「広義の強要」と呼んできたものである。これに対して②の問題場面は、出演者に支払われる出演料が低額すぎて、メーカーが得る利益の高さと比較すると搾取的であるとする議論や、演技をする環境が不衛生であるために出演者に精神的苦痛や健康を損なうリスクを生じさせている、という指摘である。

②のタイプの諸問題を憲法に照らして考える場合には、AVの全面的禁止・違法化による根こそぎの解決ではなく、出演者・事業者などの活動者が自発的に当該の活動を意欲している場合は、可能な限り当該活動の自由を尊重し、極端な収益不均衡や健康被害リスクを是正するための対策はそれとして取り組むべきである。むしろ、この領域の活動そのものを違法化・犯罪化していけば、その種の活動は地下化し、①レベル、②レベル両方の問題について、対策不可能となっていくことが懸念される。(9)

（二）憲法論の基本的視点——自己決定尊重型と人間の尊厳・差別禁止型

この分野の表現活動および経済活動に禁止・抑止的な規制を行う場合、意に反する出演・撮影のみを禁止・抑止する方向であれば現行法および憲法に適合する方向と言えるが、自発的な出演・撮影までを抑止する内容となっている部分は、憲法適合的であるかどうかについて、綿密な吟味が必要となる。

これには、二つの筋がある。ひとつは、①当人の自己決定に委ねることを原則とし、「意に反する」

撮影・演技要求・公表・商品化のみを法規制の対象とすべきだ、との筋である。もうひとつは、②ＡＶというジャンルは出演者の承諾があっても「人間の尊厳[10]」や性差別禁止原則に照らして違法化すべきだという筋である。この②は、いわゆる性交行為を実際に行うところを撮影する、いわゆる「本番もの」を禁止対象とすべきだとする学術議論[11]に加え、およそＡＶと名の付くジャンルはすべてこの理由で禁止すべきだ、という市民的議論もあるようである。

契約から出演・公開までに長い熟慮期間を設けた「ＡＶ新法」は、自己決定尊重型の思考に立脚していると理解できるが、仮にこの法律に「人間の尊厳」の観点から強行型の禁止規定を追加導入するさいには（あるいは別の法令を制定する場合にも）、その射程が漠然不明確なものとならないよう憲法的観点から十分な絞りが必要とされるところである。筆者は、「人間の尊厳」や「差別禁止」を根拠とした場合、憲法的に許容されうる禁止規定は「本番」撮影を対象とした禁止に限定されると考えている。《性行為に見せかける演技》については、出演者当人の権利自由に照らして「強要」被害を除去することのみを関心事とすべきであって、それを超える一律禁止や一律抑止を内容とする法政策をとることは、憲法違反の疑義を免れない。

㈢「表現の自由」の問題は

成立した「ＡＶ新法」では、「表現」「作品」という文言は使われず、「性行為映像制作物」という文言が選択された。しかし本法が憲法上の考察の対象となるさいに、「表現規制として許容可能な規制かどうか」という論点設定が封じられるわけではない。

出演の「強要」とその映像記録物は、「表現の自由」以前の問題として被害者の身体的自由と自己決定を奪う暴力犯罪であるために、「表現の自由」によって擁護する余地はない。他方、出演者が自発的に選択している活動である場合には、出演者および事業者の「表現の自由」および「職業選択の自由」を尊重すべきこととなる。「AV新法」は、自発的出演者と法令を遵守して活動している事業者にも、被害発生防止のために負担・不利益を飲むよう求めている法令である。したがって、これらの出演者・事業者が、どこまでの協力・負担を受忍することができるか、という観点から、この方策の限度が吟味されなければならない。立法者側には、立法過程において、この視点が欠けていたのではないか。

このジャンルの出演希望者の多くは、表現活動期間をごく短期間のものと考えているとのことである。したがって、契約から実質半年間公表ができないことになる「AV新法」のルールは、出演者にとっては長期間、表現活動停止を強制するものとなってしまい、当人たちの表現意欲を決定的に削ぐこととなる（「AV新法」施行直後に引退する女優も出た）。

AVというジャンルを社会悪と見て撲滅したいという発想からは、この「意欲を削ぐ」方策は効果的な賢策ということになるのかもしれないが、憲法的観点からは、自発的活動に対して公権力が許容限度を超えた抑止を行っていないか、問うべきこととなる。明確な禁止規定ではなくても表現活動にこうした活動停止期間を課すことは、実質的に表現規制の問題として憲法問題化しうる問題と思われる⑿。

(四)「引き返す権利」と「忘れられる権利」

「AV新法」では、「公表後一年」の間はいつでも販売（公表）を取り消せるというルールを採用している（「AV新法」施行以前は、「適正AV」の自主規制ルールによって、契約後一週間以上の熟慮期間を設けることとなっていた）。これは、当人が当初は自発的に契約をしたにせよ、後に後悔して翻意したくなった時には撮影や公表を止める権利が行使できることにしたものであり、いわば「引き返す権利」を手厚く認める、という発想に基づいている。出演者がすでに出演料を前払いで受け取っていた場合には、この出演料は返還すべきこととなる。契約解除や取消の申し入れを受けた事業者は、この者に対して出演料返還を超えて損害賠償（撮影セット設営などの実費分：「バラシ代」と呼ばれるもの）を請求してはならない、とするルールは、「AV新法」も「適正AV」も同じである。

一方、「適正AV」と呼ばれる自主規制ルールの中には、「販売停止ルール」というものがある。これは、合意・契約の上で作成され商品化された作品であっても、五年が経過した後は、出演者からの申し出があれば理由を問わず販売停止とする、というものである。この場合は、出演者が過去に受け取った出演料を返還する必要ない。これは加害・被害の発想をとることなく市場から完全引退する権利を確保するもので、いわば「忘れられる権利」を実装する試みと言えるだろう。

「AV新法」に基づく公表の取消と、「適正AV」ルールに基づく「販売停止」では、それぞれ守備範囲（時期）が異なるので、公表を止めたい当事者は自分でどちらかを選択することになる。

これらのルールが存在する理由は、本人の意思で出演した場合でも、公表後に第三者からの本人特定や画像拡散によってその後の社会生活や家庭生活に支障が生じるといった不利益が生じうるからである。しかしこの種の社会的不利益の問題は、本来は事業者の責めに帰すべき「出演強要被害」の問題とは関係がなく、社会の側の人格権リテラシーの問題と見るべき事柄である。たとえば日本では、性被害を自発的に告発した発言者が興味本位の誹謗中傷や印象操作にさらされるといった問題が起きやすいが、こうした問題は、発言者に発言をやめさせることで解決すべきものではなく、ネット上の情報加害者および これを受け止める社会の側のリテラシーの問題であって、被害を受けた者の救済をより簡便にする法政策をとるのが本来の筋である（たとえば誹謗中傷問題への対応であればプロバイダ責任制限法の改正がその例）。

したがって、「ＡＶ新法」の立法動機の中に、この問題に対処しようという課題関心があったとすると、それ自体は善なる動機であるにせよ、「引き返す権利」を手厚く保障しようとするあまり自発的出演者に長期間の表現活動停止を強制し、事業者側には取消を受ける（実費の損失を受忍する）リスクを従来の自主規制より大幅に加重してしまったことについては、規制目的と規制手段の齟齬、および規制手段の過剰があるのではないか。

こう考えてくると、「ＡＶ新法」ルールを課すのは新人の出演希望者にとどめるのが合理的な方策であり、すでに複数回の出演を果たしそれを継続的に職業としている出演者まで作品ごとに同じルールに服させることについては、憲法違反の疑いがあるのではないか。

おわりに

以上、いわゆる「ＡＶ新法」の憲法問題性について考察した。今後、この「ＡＶ新法」のように、明確な禁止規制や行為強制ではない抑止方法をとる法令が他分野でも増えていくかもしれず、そうした法令の憲法適合性を検討するための憲法理論が必要となっているのかもしれないが、本稿では、実質的に表現活動および経済活動への一時停止や損失リスク負担を負わせる法令は、規制と同じ意味を有するものと考え、考察を試みた。

最後に、この「ＡＶ新法」施行後かなりの時間が経過してから、この「新法」が事業者にかなりの萎縮効果を与えていたことがわかった。その前提として、ＡＶ関連の事業者の大半は、警察の介入には強い警戒と怖れの感情を持ち、自己防衛として法令を遵守していた。そこに罰則付きの「ＡＶ新法」が成立し、経過措置期間なしの翌日施行となったことによって、「ＡＶ新法」を完璧に遵守する体制を整える準備が間に合わず自信の持てない事業者は、とりあえず女優との契約を解除する、作品制作を見合わせる、または打ち切る、といった対応をとってしまったという[13]。その結果、少なくない女優が出演の機会と収入源を失った。この萎縮効果の強さは、「新法」制定当時の筆者自身の予想をはるかに上回るものだった。この問題は、機会を改めて考察課題としたい。

(1) 正式名称は、「性をめぐる個人の尊厳が重んぜられる社会の形成に資するために性行為映像制作物への出演に係る被害の防止を図り及び出演者の救済に資するための出演契約書等に関する特則等に関する法律」。「AV出演被害防止・救済法」とも略されている。

(2)「AV人権倫理機構」ホームページ（https://AVjinken.jp/）に、自主規制の内容や活動歴、「AV新法」についての機構としての考え方などが掲載されている。筆者はこの団体の理事を務めている。この「機構」は、第三者団体として法令に対して中立の立場をとっているため、「AV新法」の憲法問題性については言及していない。本稿の憲法問題性に関する言及は、機構理事としての見解ではなく、筆者の個人（一研究者）としての見解である。

(3) 内閣府で行われた会議については、筆者は「AV人権倫理機構」理事として、三月三一日と五月九日の二回、出席した。

(4) 法令及び平裕介「AV新法と職業の自由」法学セミナー八一六号（二〇二三年一月号）を参照。

(5)「AV新法」論議以前にAV人権倫理機構が社会向けに公表した課題認識と、「AV新法」成立に合わせて内閣府ホームページに掲載された説明をもとに整理したものである。AV人権倫理機構の社会向け活動報告は、前掲注(2) のサイトに掲載されている。

(6) 筆者はこの会議に出席していたため、筆者が書き止めたメモおよび記憶に基づいてこの部分の要諦を記しているが、この会議に公式な議事録はなく、検証可能な出典を示すことができないことをお断りしておく。

(7) 筆者は、この五月九日の内閣府会議と、これに先立つ三月三一日のオンラインで行われた内閣府会議に、「AV

人権倫理機構」代表理事として出席した。この内閣府の三月三一日会合の会議録について付記する。筆者は当該会合の席で内閣府職員から口頭で「業界団体」と誤って紹介されたのを口頭で「業界団体ではなく第三者団体である」と訂正したが、筆者の発言記録の欄外に「今回、適正AV業界としての意見をお伝えする機会をいただき、対策会議の皆様に感謝申し上げます。」との発言があったという誤った記載が残り、これが欄外記載であったために筆者自身が当初これを見落とし、確認と異議申し立ての機を逸したまま相当期間を経過してしまった。筆者は五月九日の会合を含めていくつかの場所でこの認識を修正すべく繰り返し「AV人権倫理機構は第三者団体である」旨を明言したが、この発言は記録に残されていない。本件では、この件が《当事者へのヒアリングが尽くされていたか》という立法プロセスの公正性の問題に直結するため、敢えて付記する。

(8) 平・前掲注(4)同旨。

(9) たとえば売買春については、これを合法化した上で当事者の健康・安全・適切な利益享受を保護するルール化を図る方向を選択しているドイツの登録制のような方式もある。岡久俊彦「売買春の法的規制と根拠づけ」岡久俊彦編著『性風俗と法秩序』(尚学社、二〇一七年)。

(10) 性風俗領域における「人間の尊厳」型の規制論については、玉蟲由樹「性風俗営業と人間の尊厳」岡久俊彦編著『性風俗と法秩序』(尚学社、二〇一七年)を参照。

(11) 中里見博「性差別」愛敬浩二編『講座立憲主義と憲法学 第二巻 人権I』(信山社、二〇二二年)、同『ポルノグラフィと性暴力——新たな法規制を求めて』(明石書店、二〇〇七年)。

(12) 平・前掲注(4)は、「表現の自由」の論点には立ち入らず、憲法22条職業選択の自由およびその遂行の自由に的を絞って考察しているが、適法な活動当事者への負担は実質的な規制の問題として扱うべきとしている。この理解は「表現の自由」の論点にも当てはまると考えられる。さらに平・前掲は、自主規制を遵守している「適正AV」加盟の出演者・事業者に本法が適用されることについては、適用違憲となる可能性を示唆している。

(13) 筆者がAV人権倫理機構理事として直接聞き取った談話による。

特定少年の実名報道における人権と公共性の限界線

渕野貴生
（立命館大学）

一　実名報道を巡る対立軸

二〇二一年改正前の少年法は、少年の身元を特定した犯罪報道が、少年の名誉・プライバシーを侵害することによって、少年の更生意欲を著しく削ぐとともに、報道によって生じる社会的偏見が、少年の更生にとって多大の妨げになることから、六一条において、少年本人の推知報道を禁止していた。これに対して二〇二一年改正少年法は、一八・一九歳を特定少年と位置付けたことに伴い、六八条において、特定少年のとき犯した罪により公判請求された場合には、推知報道の禁止を解除し、実名報道の対象とすると規定した。

犯罪・事件報道における実名／匿名問題は、表現・報道の自由及び知る権利の重要性と報道される側の人格権保障の必要性とが鋭く対立し、長年、議論が積み重ねられてきた。少年被疑者・被告人の実名報道を巡っても、推知報道が一律に禁止されていた改正前少年法の時代から、表現の自由に対する過度の規制であって、一律禁止は許されないとする意見も出されていた(1)。他方で、少年の場合には、成人一般の人格権とは質的に異なる成長発達権という特別に保護すべき人格権が保障されており、その観点から、実名報道に対する一律禁止が求められるとする主張が対置されてきた(2)。

本稿は、本論点を巡るこれまでの理論的蓄積を踏まえ、表現の自由と報道される者の人格権というオーソドックスな対立軸を設定し、改めて特定少年の実名報道の可否について考察することを目的とする。具体的には、第一に、実名報道によって侵害される人格権の重要性が、特定少年の場合、成人一般とは異なる固有の価値を有しているといえるか、第二に、特定少年の実名を報道することによって実現しようとする公共性の内実は何かということをできる限り多面的に明らかにしたい。

二 成長発達権

少年には、憲法一三条、子どもの権利条約五条、六条に基づき、成長発達過程にある人間の尊厳として、今ある自律的人格を尊重されつつ全面的に成長発達する権利が、少年固有の人格権として保障されると考える。

もちろん、少年に限らず人は、日常生活のさまざまな局面で、自己を実現すべく、状況に応じて他者と駆け引きをしつつ、行動を選択し、それを積み重ねることで人格を自由に発展させていく存在で、そのような人格の自由な発展は、少年に限らず保障されるべきである。しかし、少年は、人格的に発展の途上にあるので、他者と対等に駆け引きし、その場その場で望みうる選択ができるためには、まず、その弱さに乗じて他律的な選択を押し付けがちな社会からの不当な干渉を排除する必要があり、さらに、その発達に応じた援助が必要となる。これらの援助なしには、少年はその時々において自律的・主体的な主張や選択をすることができなくなり、自律的な選択の実践を通じて自己を確立することも不可能になってしまう。

このような成長発達権は、非行を犯したとされる少年を扱う手続との関係では、発達の過程にある者にとって社会関係性の切断がその者の人格の発展の機会や生きる力をはく奪することになることを認め、そのような社会関係性の切断から少年を保護することを権利の具体的内容として求めていると解される。一八・一九歳は、成長しつつある段階にあるとはいえ、未だ様々な経験値に乏しく、とくに苦境に陥ったときや強いストレスにさらされたときに、苦境やストレスに適切に立ち向かって解決に導いたり、あるいは適当にいなしてやり過ごしたりする力は不十分であることを否めない(3)。要するに、特定少年は一般的に未だストレス耐性が弱い存在といえる。しかも、非行を繰り返し、刑事手続にのせられるような者は、成功体験も乏しいので、将来に対して悲観的・絶望的な思いを持ちがちになる。

実際、少年院に収容された年長少年の学歴は、五割程度が高校中退、三割弱が中学卒業であり、保護者が実母のみの少年が四割強にわたり、さらに、被虐待体験を持つ年長少年は、男子で五二・七%、女子に至っては七〇・三%に及ぶことが、二〇二一年改正少年法のもととなる答申を行った法制審議会少年法・刑事法(少年年齢・犯罪者処遇関係)部会におけるヒアリングや資料説明でも報告されている(4)。その結果、重大な非行を行った年長少年の場合、虐待被害やいじめ被害のみならず、それらの被害に対する適切な手当てや支援を受けられないという被害が積み重ねられ、しかもその期間が長期に及んでいるがゆえに、少年自身が抱えている被害者性は一層深刻で強いことが指摘されている(5)。

そうだとすれば、これらの特性を持つ者に対して実名で報道することは、その者の将来に対する希望を失わせ、改善更生や社会復帰に向けた意欲を決定的に萎ませる結果となることが容易に予想される。しかも、現代においては、あらゆる情報はデジタルで記録されており、何十年前の出来事でも完全に消去することはほとんど不可能という恐ろしい社会が到来している。今後一八・一九歳を迎える人々はまさにネット社会の申し子である。デジタル記録上でいったん身元を特定されたら、その記録は一生消されることなくネット上に浮遊し、検索によって容易に再生されることを身をもって知っている。そして、そのような検索は、実際にも、就職、結婚、住居の購入・賃貸など、安定した暮らしを左右する節目節目で行われ、その度に、かつて実名報道された者は社会へのインクルージョンを拒絶されることになる。このような社会的な抹殺を一層リアルに予感せざるを得ない状況は、本人の立ち直りや社会復帰への気力を完膚なきまでに叩き潰すことになるだろう。(6)

以上のような弱さを持っている者に対して、その弱さを受け入れ、成長発達段階に応じた取り扱いの差を設けることはきわめて合理的である。逆に、発達段階の相違を無視し、一律に成人並みの取り扱いをすることは不当であるばかりか、受け入れてくれる先は犯罪者集団だけともなりかねず、まっとうな社会復帰の可能性を狭め、かえって犯罪被害を拡大することにもなるから、合目的的でもない。(7)

以上のような議論に対しては、さらに、非行少年一般については、成長発達権保障の重要性や必要性を肯定できるとしても、今回、実名報道が解禁された範囲の特定少年に限って言えば、有罪判決を受ければ相当長期の受刑が予測され、実際に社会復帰するのは遠い将来のことであるから、そのような特定少年については、成長発達の途上で社会に復帰しようとする非行少年と同列に取り扱って、成長発達権を認めることはできないのではないか、という反論があり得るかもしれない。

しかしながら、すでに述べたように、最終的にいつ社会復帰するかにかかわらず、回復不可能なダメージを与えられ、成長発達の機会を奪われるのは、実名報道された少年時である。たとえ無期刑を科されることになっても、少年が少年である以上、成長発達の機会を不可逆的に奪うことを正当化することはできないはずである。ましてや、非行少年においては、成長発達の重要な要素として、自らの被害者性を自覚することによって被害者の立場を心から理解し、更生に向けた意欲と歩みを進めることが含まれているといえるから、報道時に成長発達の機会を奪うことは更生の機会をも失わせてしまうことになることに思いを致すべきであろう(8)。

三 公共性

(一) 自己実現のための知る権利と氏名の公共性

他方で、推知報道については、報道の自由や知る権利の観点から、実名報道の積極的意義が説かれることも少なくない。そこで、次に、被疑者・被告人の身元特定情報が、いかなる意味で表現の自由や知る権利が保障しようとする価値の実現に寄与するといえるのか、突き詰めて考えてみることとする。

表現の自由や知る権利によって保障されるべき価値は、第一に、言いたいことを言い、知りたいことを知ること自体にある。私も、この価値自体の重要性を否定するつもりはない。しかしながら、一方で、この価値それ自体が有する意義は、純粋に自己実現を目的とする個人的な価値であるということも、踏まえておく必要がある。つまり、この価値における表現の自由や知る権利は、公共性を有するとは言えないから、他の市民の基本的人権との間で調整が図られる必要がある。そして、憲法のもとで、公共性が認められない名誉棄損表現は違法であるという調整がされていることからすれば、この側面における表現の自由・知る権利は、憲法一三条に基づく他人の重要な人格権を侵害してまで貫徹されるべきものではない。推知報道は、二で述べたような深刻な人格権侵害を確実に生じさせるから、単に報道したい、知りたいという価値だけで推知報道をする権利を主張することはできない。

しかも、もともと被疑者・被告人を知らない大多数の市民にとっては、実名それ自体は単なる記号に過ぎない。そのような記号を知ることがいかなる意味で自己実現につながるのか、不明である。にもかかわらず、私たちが実名を知りたいのだとすれば、私たちは、実は、単なる記号としての実名ではなく、その先に価値を見出している。それでは、その先の価値とは何か。建前論ではなく、本音をえぐれば、実名を知って、その人を社会的に制裁・排除することに行き着く。言うまでもなく、私刑にしたいという欲求は、正当に要求できる権利主張ではない。しかも、社会的に排除された人を受け入れてくれるコミュニティが、暴力団や振り込め詐欺集団しかないとしたら、実名報道は、犯罪被害の拡大につながりかねないから、政策的にも悪手でしかない。

（二）民主主義的価値実現のための知る権利と氏名の公共性

表現の自由や知る権利には、もう一つ、社会に起こった犯罪をきっかけにして、社会の病理現象を把握して、よりよい社会の発展に向けて社会問題を解決していくための公共的な議論、あるいは刑事司法や少年司法のありようを検証し、適正な手続が行われているか監視し、必要な改善について検討するための公共的議論にとって必要な情報を市民社会全体が共有するという、重要な価値がある。民主主義的価値を実現するための情報を知る権利は、優越的地位を認められるべきであり、他の人の人権を侵害することになっても、情報の流通が保障される必要がある。

しかし、被疑者・被告人の実名が一般的にこの意味の公共性を有するとは言い難い。たとえば、電車内での痴漢行為が問題となり、対処方法として女性専用車両を設けるべきか否かの議論をするためには、どの線区のどの時間帯に行為が行われたか、混雑率はどれくらいだったか、被害の頻度はどれくらいか、といった情報は必要だが、個々の行為者の身元は不要である。Aさんが行為者だったら女性専用車両を設けるべきだが、Bさんが行為者だったら設けるべきではない、などという議論にはならないからである。また、刑事法研究者は、日常的に、判例を検討して、妥当な法解釈あるいは妥当な立法はどうあるべきかを議論しているが、被告人の実名が分からないから、十分な判例研究ができないなどという話は聞いたことがない。

他方で、社会的病理行為を当該人物が行ったという事実こそが公共的な議論をするために必要な場合がある。その典型が政治家である。もう少し敷衍すると、公権力を行使する権限を有しているか、政策決定に直接の影響力を持っている者と一般化することができるだろう。これらの人物の場合は、犯罪行為はもちろん、たとえば、愛人を囲っているという事実も、投票行動やその人が関与し、関与しようとしている政策決定の妥当性を左右する重要な要素になるから、実名で公表しなければ公共的な議論に役立たない（ただし、後述する通り、時間的限界なく、このように言えるかどうかについて、現在では、疑問を持っている）。

二〇歳以上の市民のなかには、以上の意味における公共的人物が確実に存在する。逆に、純粋な一般市民については、二〇歳以上であっても、本来、実名報道が正当化されるわけではない。実際、「公権力者でもない市民が被疑者・刑事被告人である場合、そのような情報を他の市民が把握し、ひいてはネット上などで永く記録・記憶し続けて晒し者にすべき原理的・規範的な必要性は、少なくとも憲法の『個人の尊厳』原理に照らした時、およそ考えられない(9)」という主張には強い共感を覚える。一方で、ある市民が公共的人物に当たるか否かの外延は必ずしも明確ではない。たとえば、高級官僚の身元特定情報に公共性があるとして、どの職位以上を「高級」とみなすかは、意見が分かれ得る。そうすると、公共性のない身元特定情報の公表は違法とする法制度を採用すると、表現する側は、氏名等に公共性があることについてよほどの確信が持てない限り公表できなくなる。その結果、グレーゾーン部分は、法的規制を科されるリスクを恐れて、全て報道されなくなり、公共的情報であるにもかかわらず、我々の知る権利が保障されないエリアが出現してしまう。それゆえ、このような表現の委縮効果を招かないように、公共的人物の範囲を広めに設定し、その範囲で実名を公表することも、表現の自由の重要性に照らして、正当化されるかもしれない。ただし、このように考える場合にも、純粋な一般市民の私的な犯罪の領域まで、実名報道が正当化されることにはならない[10]。

一方、一八・一九歳が政策決定に直接影響力を行使する公共的人物になることはほとんど皆無といってよい。選挙権の行使や契約の締結は、社会や政策に直接影響力を行使する行為としての性質を有しないから、それらの行為主体であることは、実名報道を正当化しない。結局のところ、一八・一九歳の実名が公共性を持ち、優越的表現の自由の保障の対象となることはあり得ないといえるから、この観点からも実名報道を解禁する理由は見いだせないように思われる[11]。

(三) 過去の犯罪歴等の公共性と時間的限界

①成人の場合

ところで、成人の被疑者・被告人について実名報道を全面的に許容し、少年の被告人についても推知報道禁止規定の適用から外す改正を支持する立場においては、実名報道の公共性という概念は、もっと広い射程を持つものとして捉えられているのかもしれない。すなわち、犯罪や非行を行ったときには、その市民は、社会や政策に影響力を有する公共的人物ではないかもしれないが、将来、当該市民が、選挙に立候補したり、審議会の委員になったりしたときに、我々はその適格性を判断しなければならないから、いつか来るべき将来の判断のために、今の時点から、被疑者・被告人あるいは犯罪を行った人の実名を記録しておく必要があるのだ、という意味で、実名報道の公共性が根拠づけられているのかもしれない。この場合、実名報道が有する公共性とは、厳密には、報道すること自体の公共性というより、事後的な検索のために記録しておくという点にあるといえる。

たしかに、いわゆる「逆転」事件判決において判例[12]は、一方で、「その者が有罪判決を受けた後あるいは服役を終えた後においては、一市民として社会に復帰することが期待されるのであるから、その者は、前科等にかかわる事実の公表によって、新しく形成している社会生活の平穏を害されその更生を妨げられない利益を有する」と判示して、時の経過によって、犯罪等の逸脱行為を行った事実も公表されない利益を有するに至るという考えを示す一方で、「その者の社会的活動の性質あるいはこれを通じて社会に及ぼす影響力の程度などのいかんによっては、その社会的活動に対する批判あるいは評価の一資料として、右の前科等にかかわる事実が公表されることを受忍しなければならない場合もあるといわなければならない。さらにまた、その者が選挙によって選出される公職にある者あるいはその候補者など、社会一般の正当な関心の対象となる公的立場にある人物である場合には、その者が公職にあることの適否などの判断の一資料として右の前科等にかかわる事実が公表されたときは、これを違法というべきものではない」とも判示しており、公共的人物の場合には、時の経過に限定なく、犯罪等の逸脱行為と結び付けて実名を公表することに公共性が認められるとの考えを示している[13]。

私自身も、これまでは、政治家等に代表される公共的人物の実名には公共性があるという与件から、当該人物の過去の経歴（いわゆる黒歴史）の全てについて公共性があり、したがって制約なく実名で報道することが許されるという結論をさしたる疑問を持つことなく引き出してきた。しかしながら、改めて考えてみたところ、公共的人物であるという事実から、その経歴にはすべて公共性があるという定式を導くのは、以下の点に鑑みて、単純に過ぎたと自省するに至った。

第一に、人生のなかで一度でも、社会的に非難を浴びるような失敗をしたら、未来永劫、社会や政策に直接影響力を行使する立場には立つべきではないという、過度にキャンセルカルチャー的な観点から実名報道を正当化することは、市民一人ひとりの行動を過度に委縮させ、多様な価値観を政策や社会の発展に反映させることを困難にしてしまうという負の効果を有する。したがって、事後的検索のための記録化という観点から実名報道の公共性が認められる範囲には、一定の限界があると考えるべきであろう。具体的には、犯罪類型で縛りをかけ、さらに、いったん実名報道が正当化されても、一定の時間の経過後は記録を抹消するというようなきめ細かな対応が求められよう。

第二に、そもそも一定期間以上以前に当該人物が行った非違行為は、現在のその人の資質を判断することに役立つ公共的な情報といえるのだろうか。例えば、一〇年前あるいは二〇年前に犯罪を行ったという事実は、裏返せば、その後現在に至るまでの一〇年間あるいは二〇年間、新しい社会生活を平穏に構築し、更生を遂げているという事実でもある。現在の資質評価にとって有益であるのは、直近一〇年間ないし二〇年間の社会的実績のほうではないだろうか。これに対しては、非違行為を行ったのが数十年前のことであるという事実も含めて、市民に情報を提供したうえで、市民の理性的な評価に委ねればよい、という意見もあるかもしれない。[14] しかし、それでは問題が解決しないからこそ、近時、忘れられる権利の必要性やキャンセルカルチャーに対する法的な対応の在り方が議論されるようになったのではないだろうか。[15]

②少年の場合

そして、以上に指摘した過去の黒歴史を永遠に公共的事実と位置付けることの問題性は、成長発達の途上にあり、未だ成熟した大人にはなり切れていない二〇歳未満の市民に対しては、いっそう強く当てはまると言えよう。少なくとも、二〇歳未満の市民に対しては、将来の情報利用に備えた記録目的で、実名報道を正当化することはおよそ許されない。

すでに述べたように、一八・一九歳は、苦境に陥ったときや強いストレスにさらされたときに、苦境やストレスに適切に立ち向かって解決に導いたり、あるいは適当にいなしてやり過ごしたりする力は不十分である。犯罪的行動を選択するかどうかを迫られる局面というのは、緊張状態の最たる場面であり、特定少年自身が精神的に極度に追い詰められ、それゆえ、自分でも説明できないような短絡的かつ刹那的な行動をとってしまいがちである。

しかし、それらの特定少年も、その後に年齢を重ね、経験を蓄積していくことにより、成長発達を遂げる。そして、かつての特定少年が、社会や政策に影響力を有するような判断をすることになるのは、成長発達を遂げて、成熟した大人としての判断ができるようになったあとのことである。つまり、特定少年のときに行った不合理な判断プロセスとは完全に異なる判断プロセスを行う主体になっているのであり、判断すべき事項も、合理的な意思決定が可能な事柄である。つまり、特定少年のときに不合理で短絡的な判断を行ったという事実は、成熟した大人となった彼／彼女の適格性を評価するために役に立たないといえる。

逆に、特定少年時代の自らも説明できないような不合理な行動選択を理由に、未来永劫、公共的職務に付けないとしたら、多様な価値観を政策や社会の発展に反映させることを阻害し、社会の発展にとってもマイナスである。

このように考えてくると、非行を行った特定少年の実名が、事後的検索用途のための公共性を有することは皆無であるといえる。したがって、この観点からも、特定少年の実名報道を正当化することはできないのである。

四　前提とすべき市民像

最後に、本稿において私が前提としている市民像の妥当性について触れておきたい。私が前提としている市民像は、逮捕歴のツイート削除を認めた最判令和四年六月二四日における草野耕一裁判官補足意見と基本的認識を同じくする。草野意見に対しては、一般国民が被疑者・被告人の実名を知ると、嗜虐的快楽に溺れてしまい、不寛容で不公正な社会に堕落してしまうというのは、国民を馬鹿にした愚民思想ではないか、という批判もなされている。[16]

犯罪や非行を犯した者の実名を知っても、寛容に社会へのインクルージョンを支援し、その人の人柄だけで結婚を決め、その人の能力だけに基づいて採用するという社会は、もちろん理想として目指すべきではある。しかし、目の前の法制度を考えるにあたっては、第一に、現実の実態を踏まえる必要がある。要するに、寛容な社会という事実は現に存在するのか、という点を問う必要がある。第二に、寛容な社会を目指すべきであるとは言っても、私たちは、そのような社会を実現する即効的な処方箋を持っているだろうか。率直に言って、遠い将来においてさえ、確たる処方箋を描くことは難しいといわざるを得ないように思われる。そうだとすれば、犯罪が起こりうることを前提に刑法を作っておくのと同じように、犯罪や非行をした者を社会から排除したいという欲望を完全には抑えきれないことを前提にして、そのような欲望を露骨に発露させないで済むような法的仕組みを備えておくことは、必要なことであるように思われる。

［付記］本稿は、JSPS 科研費（21K01207）の助成による研究成果の一部である。

（1）伝統的な推知報道肯定説として、松井茂記『少年事件の実名報道は許されないのか』（日本評論社、二〇〇〇年）、田島泰彦「少年事件と表現の自由」田島泰彦＝新倉修編『少年事件報道と法―表現の自由と少年の人権』（日本評論社、一九九九年）八頁以下。

（2）本庄武「成長発達権の内実と少年法六一条における推知報道規制の射程」一橋法学一〇巻三号（二〇一一年）八四七頁以下、山口直也「子どもの成長発達権と少年法六一条の意義」山梨学院大学法学論集四八号（二〇〇一年）一〇〇頁以下、渕野貴生「少年事件における本人特定報道禁止の意義」法政研究（静岡大学）五巻三＝四号（二〇〇一年）三一五頁以下など。

（3）山口直也編『脳科学と少年司法』（現代人文社、二〇一九年）。

（4）法制審議会少年法・刑事法（少年年齢・犯罪者処遇関係）部会・第二回ヒアリング資料「少年院における業務の概要」（柿崎伸二多摩少年院長）参照。同様の指摘をする者として、定本ゆきこ「非行少年はどのような人達で、なぜ少年法が必要なのか―児童精神医学の立場から」葛野尋之＝武内謙治＝本庄武編『少年法適用年齢引下げ・総批判』（現代人文社、二〇二〇年）一六二頁以下。

（5）岡田行雄「特定少年の位置づけとその帰結―少年法第五次『改正』の前提を問う」熊本法学一五四号（二〇二二年）五七頁以下。

（6）渕野貴生「特定少年に対する『少年の刑事事件』規定の適用除外および推知報道の問題点」判例時報二四七八号（二〇二一年）一六一頁以下。同様の指摘をするものとして、武内謙治「『少年法改正案』の全体像とその批判的検討」季刊刑事弁護一〇六号（二〇二一年）四四頁以下。また、犯罪報道における実名報道一般について同様の問題点を指摘するものとして、長峯信彦「表現の自由と個人の尊厳―実名犯罪報道と『忘れられる権利』」樋口陽一＝中島徹＝長谷部恭男編『憲法の尊厳―奥平憲法学の継承と展開』（日本評論社、二〇一七年）二四四頁以下。

（7）特定少年が抱える強い被害者性を顧慮せずに厳罰化することに対して、同様の懸念を表明するものとして、参照、岡田行雄・前掲注5・六六頁以下。

（8）後藤弘子「実名報道と少年法改正」論究ジュリスト三七号（二〇二一年）一一八頁以下も参照。

（9）長峯信彦・前掲注6・二四一頁。

（10）この点について詳細は、渕野貴生「マスメディアと刑事法」内田博文＝佐々木光明編『「市民」と刑事法〔第五版〕――わたしとあなたのための生きた刑事法入門』（日本評論社、二〇二二年）二六頁以下。

（11）渕野貴生・前掲注6・一六二頁。表現の自由や知る権利の保障範囲を論じる際に、氏名の公共性と事件の公共性とを区別する議論枠組みは、かなりの程度共有されていると言えよう。例えば、参照、奥平康弘＝鈴木みどり＝浜田純一＝平川宗信「〔座談会〕犯罪報道とプライバシー・名誉・その他の人格的利益をめぐって」ジュリスト一一三六号（一九九八年）二三頁〔平川〕、葛野尋之『少年司法の再構築』（日本評論社、二〇〇三年）五二七頁以下、長峯信彦「表現の自由の原理と実名犯罪報道―憲法とマスメディアをめぐる原点と現点」飯島滋明編『憲法から考える実名犯罪報道』（現代人文社、二〇一三年）一六五頁、武内謙治『少年法講義』（日本評論社、二〇一五年）四九三頁以下。

（12）最判平成六年二月八日民集四八巻二号一四九頁

（13）前科に関するツイートの削除を認めた最判令和四年六月二四日民集七六巻五号一一七〇頁においても、同じ判断枠組みが踏襲されている。

（14）長峯信彦・前掲注6・二四二頁以下。

（15）成原慧「キャンセルカルチャーと表現の自由」法政研究（九州大学）八九巻三号（二〇二二年）一六七頁以下。

（16）民集七六巻五号一一七〇頁。

一八歳成人と「子どもの人権」

堀口悟郎
（岡山大学）

はじめに

二〇一八年六月一三日に成立した「民法の一部を改正する法律」（平成三〇年法律第五九号）が二〇二二年四月一日に施行され、同日より民法上の成年年齢が二〇歳から一八歳へと引き下げられた。

当該民法改正の趣旨について、法務省のパンフレット[1]では、「成年年齢を一八歳に引き下げることは、十八歳、一九歳の方の自己決定権を尊重するものであり、その積極的な社会参加を促すことになると期待されます」と説明されている。また、成年年齢引下げは、法制審議会が二〇〇九年に取りまとめた最終報告書[2]を受けて決定されたものであるところ、当該報告書では、「民法の成年年齢を二〇歳から一八歳に引き下げることは、①民法上、契約年齢及び親権の対象となる年齢を一八歳に引き下げることを意味すると同時に、②一般国民の意識の上でも、二〇歳までを子どもとしてきた現在の扱いを変え、一八歳をもって『大人』として扱うことを意味する」とされている。

以上のような成年年齢の引下げによる「一八歳成人」の実現は、これまで「子ども」とされてきた一八歳・一九歳が、自身の成長ではなく法律の改正によって「大人」へと変化した、ということを意味する。本稿では、こうした「一八歳成人」を素材にして、子どもの人権、ひいては人権一般について再考してみたい。具体的には、子どもの人権に関する鍵概念である「自律」と「保護」について順に検討したうえで、自律と保護の両立可能性という難問[3]について、新たなアプローチを試みたい。

一　子どもの自律

(一)「子どもの人権」と成年年齢

日本憲法学では、いわゆる「人格的自律権」を中核とした人権体系[4]が支持されているが、成長の途上にある「子ども」は一般に未熟であり、判断能力を十分に有していないため、子どもに自律的決定を行わせると、本人に不利益が生じるおそれがある。そこで通説は、子どもの人権(特に「自己決定」ないし「選択」の要素を含む人権)については、例外的に本人の「保護」を目的とするパターナリスティックな人権制約がある程度認められると説いてきた[5]。

また、判例においても、岐阜県青少年保護育成条例事件判決(最判平成元年九月一九日刑集四三巻八号七八五頁)の伊藤正己補足意見が同様の見解を示している。曰く、「知る自由の保障は、提供される知識や情報を自ら選別してそのうちから自らの人格形成に資するものを取得していく能力が前提とされている」ところ、「青少年は、一般的にみて、精神的に未熟であって、右の選別能力を十全には有しておらず、その受ける知識や情報の影響をうけることが大きいとみられるから、成人と同等の知る自由を保障される前提を欠くものであり、したがって青少年のもつ自由は一定の制約をうけ、その制約を通じて青少年の精神的未熟さに由来する害悪から保護される必要があるといわねばならない」と。

では、民法上の成年年齢の引下げは、こうした子どもの人権に何らかの影響を与えるのだろうか。仮に、憲法上の「子どもの人権」における「子ども」が、民法上の「未成年者」を意味するのだとすれば、民法上の成年年齢の引下げは、保護を理由とする人権制約を受ける「子ども」の範囲を狭めることになる。しかし、このように憲法上の「子ども」を民法上の「未成年者」と同視することは、合理的ではない。その理由は、憲法上の概念の範囲が民法という下位法によって決せられてしまうから、だけではない。より重要な理由は、憲法上の「子ども」が民法上の「未成年者」と同一であるとすれば、民法上の成年年齢規定は、その年齢未満の個人の人権を制約すると同時に、その個人に「子ども」という属性を与えることによって、当該人権制約を正当化する機能をも同時に果たしてしまうからである。

しかし、それでも民法上の成年年齢の引下げは、憲法上の「子どもの人権」に小さからぬ影響をもたらすものと考えられる。次節では、「校則裁判」を例にとって、この点を論じたい。

（二）一八歳成人と校則

いわゆる「ブラック校則」が社会問題として注目される契機となった「大阪黒染め訴訟」において、一審判決（大阪地判令和三年二月一六日判時二四九四号五一頁）は、「染髪等を禁じ、違反者に対する頭髪指導を行うことを定める本件校則の頭髪規制は、学校教育に係る正当な目的のために定められたものであって、その内容も社会通念に照らして合理的なものであるといえるから、本件校則それ自体が、本件高校の有する、学校教育を行うに際して生徒を規律する包括的権能に基づく裁量の範囲を逸脱した違法なものということはできない」として、当該校則を適法と判断した。この判断は、二審判決（大阪高判令和三年一〇月二八日判時二五二四＝二五二五号三二八頁）によっても是認され、最高裁（最決令和四年六月一五日判例集未登載）が原告側の上告を棄却したことで、確定している。

学説上、この裁判例に対しては、校則の合理性に関して子どもの権利が十分に考慮されていないという批判が強い。(6) けれども、周知のとおり、このような司法判断は本訴訟が初めてではない。むしろ、従前から判例は、学校側に校則制定の広範な裁量権を認め、よほど不合理なものでない限りは校則を適法としており、その結果として、校則を違法と判断する例は皆無であった。(7) その意味で、大阪黒染め訴訟は「相場どおり」の裁判例であるともいえる。

はたして、成年年齢の引下げは、こうした校則裁判の現状に変化をもたらすのだろうか。

大阪黒染め訴訟を含む校則裁判で一般に用いられている、校則の目的が教育に関するものか否か、および、その内容が社会通念に照らして合理的か否かを審査するという判断枠組みは、元々は昭和女子大事件判決（最判昭和四九年七月一九日民集二八巻五号七九〇頁）によって示されたものである。そして、同判決は、当時の成年年齢である二〇歳以上の者も多い「大学生」との関係でも、大学側に対して、「在学関係設定の目的と関連し、かつ、その内容が社会通念に照らして合理的と認められる範囲」において、学則等の制定により学生を規律する「包括的権能」を認めている。この点に着目すると、成年年齢が引き下げられ、高校生のなかに成人が含まれるようになっても、校則裁判の判断に変化は生じないのではないか、とも思われる。しかしながら、両判決の異同についてより踏み込んで考察すると、成年年齢の引下げが校則裁判のあり方に大きな影響を与える可能性が見いだされる。

昭和女子大事件の舞台は、自治が広く認められる「大学」、それもいわゆる「私学の自由」が保障される「私立大学」であった。実際、昭和女子大事件判決も、大学の「包括的権能」に関して、「大学」が「学生の教育と学術の研究を目的とする公共的な施設」であることや、「特に私立学校においては、建学の精神に基づく独自の伝統ないし校風と教育方針とによって社会的存在意義が認められ、学生もそのような伝統ないし校風と教育方針のもとで教育を受けることを希望して当該大学に入学するものと考えられる」ことを指摘していた。それに対して、大阪黒染め訴訟の舞台となった「公立高校」は、いわゆる「学校自治」が認められうるものの、その範囲は大学に比して相当に狭いものと解される。また、公立高校に進学する者が志望校選択において重視する要素は、当該学校の教育方針よりも合格の可能性(自身の学力に見合うレベルか否か)であることが少なくないように思われる。そうだとすると、生徒が自主的に入学したことをもって、当該高校の校則に合意したものとみなすことにも限界がある。

このように、私立大学と公立高校では、認められうる自治の範囲に大きな差がある。にもかかわらず、公立高校の校則の適法性についても昭和女子大事件判決と同様に緩やかな審査を行うことができたのは、そうした「自治の論理」の不足を「子どもの論理」によって埋め合わせたからであろう。すなわち、大学の学生に比して「子ども」である高校生は、保護の必要性が高く、それゆえ校則による自己決定の制限が広く認められる、と解したのだと考えられる。

従来の校則裁判が、「自治の論理」と「子どもの論理」の合わせ技によって緩やかな適法性判断を成り立たせてきたのだとすれば、成年年齢が引き下げられ、高校生のなかに成人が含まれるようになることは、その判断に大きな影響を与えるはずである。具体的には、成人を含む高校生に対しては、「子どもの論理」を前面に出すことができなくなり、大学に比して狭い範囲でのみ認められうる「自治の論理」にしか頼れなくなる結果、校則の適法性はより踏み込んで審査されるようになると考えられる。

なお、このような見解は、憲法上の「子ども」を民法上の「未成年者」と区別するという前述の考え方と矛盾するものではない。というのも、「社会通念に照らして合理的か否か」を審査する際に問題となるのは、憲法上の「子ども」概念そのものではなく、子どもに関する「社会通念」だからである。この点、法制審議会の最終報告書にも記されているように、成年年齢の引下げは、「一般国民の意識の上でも、……一八歳をもって『大人』として扱うことを意味する」ものといえる。そうだとすれば、今後は、高校生を「子ども扱い」するような校則は、社会通念に照らして不合理であると判断されやすくなるはずである。

二 子どもの保護

(一)「保護」の位置づけ

人格的自律権を中核とする人権体系を前提にした場合、自律(自己決定)こそが人権の本質的要素であると解される。そのため、子どもの自己決定を制限する法制度は、基本的に子どもの人権を制約するものと捉えられ、その制約が子どもに対する「保護」の要請からどこまで許容されるかが問われる。ここで、子どもの「保護」は、子どもの「自律=人権」に対する制約の根拠として位置づけられている。

しかし、人格的自律の主体へと成長する途上にあり、いまだ判断能力が未熟な子どもは、ただ自己決定を妨げられないというだけでは、人格的自律を実現しがたい。そこで、子どもには自律のみならず「保護」をも人権として保障すべきではないか、ということが問題となる。

この点に関して、奥平康弘は、人権の主体として想定されているのは「理性的な判断能力」を備えた「一人前の人間」であり、一人前でない子どもは、「平均的権利としての、あるいは平均的人権でしかないところの『人権』以外の、あるいはそれ以上の権利を必要としているはず」だと説き[8]、子どもには「平均人の『人権』をではなくて、立法によって特別な権利を付与し、制度の適切な運用をはかることが、より大事である、といえる面があるように思う」と主張した[9]。ここで「保護」を内容とする子どもの権利が「子どもの人権」から区別されたのは、「保護」が「自律」とは相容れない概念であると考えられたからであろう。しかし、本当に両者は相容れないのか。それを「否」と解したのが、ほかならぬ人格的自律権説の主唱者・佐藤幸治である。

佐藤は、「人格的自律の具体的展開」に着目して、「自律」のためにこそ「保護」が必要であると説き、子どもに対する保護を「子どもの人権」の保障内容に組み入れた。すなわち、「人間は成年に達すると突如として自律的人格性を獲得するというものではなく、未成年期から継続的に形成されていくものである[10]」という視点から、「自律への能力の現実化の過程にある子どもについては、国は、①その過程を妨げるような環境を除去することを求められる……とともに、②その過程に必要な条件を積極的に充足し……、さらに③その過程にとって障害となると考えられる場合にその過程そのものに介入することが求められる[11]」と解した。

佐藤ほど人格的自律を強調するかどうかは措くとしても、このように子どもに対する保護を「子どもの人権」の保障内容に含めることは合理的であろう。奥平が問題にした道徳哲学上の権利としての「人権」概念はともかく、憲法上の権利を定めた日本国憲法第三章には、「保護する子女」に「普通教育を受けさせる義務」を定めた憲法二六条二項や、「児童」を「酷使してはならない」と定めた憲法二七条三項など、子どもの保護を内容とする人権規定が、現に存在している。

（二）一八歳成人に対する保護

現在、成年年齢の引下げに関して最大の論点となっているのは、新たに成人とされた一八歳・一九歳に対する「保護」のあり方である。法制審議会の最終報告書においても、「成年年齢を引き下げた場合の問題点」として、一八歳・一九歳が未成年者取消権を失うことで「消費者被害」に遭うリスク、自律に困難を抱える一八歳・一九歳が親権の対象外となることで困窮を深める危険性、そして高校において一八歳となった生徒に対して親権者を介した生徒指導が困難となるおそれなどが指摘されていた。

これらの一八歳・一九歳に対する保護は、人権保障というよりも、保護を理由とした人権制約という文脈で議論される傾向があるように思われる。すなわち、一八歳・一九歳は民法上「成人」になったにもかかわらず、「保護」を理由として、その自己決定を制限してよいのか、という問題設定である。

これに対して、先に示した考え方からすれば、一八歳・一九歳に対する保護も「子どもの人権」の射程に含まれうることになる。というのも、「子どもの人権」にいう「子ども」は、民法上の未成年者と一致するものではなく、成長発達の途上にあり、判断能力が未熟で保護を必要としている者であれば「子ども」に含まれうるし、[12]「子どもの人権」にいう「人権」は、自律のみならず「保護」も要請しているものと解されるからである。一八歳・一九歳の保護に関する政策は、「子どもの人権」ないし「若年者の人権」という人権論の観点から、憲法上の統制を及ぼすべき領域であると考えられる。

三　自律と保護

（一）責任をめぐる自律と保護の綱引き

本稿では、「子どもの人権」によって、「自律」のみならず「保護」も要請されると論じてきた。しかし、この自律と保護は容易に両立しうるものではない。というのも、一般的な理解によれば、「保護」は子どもが自己決定の結果に責任を負うことで不利益を被ることを防ぐものであるのに対して、「自律」は子ども自身に自己決定とそれに伴う責任を負わせるものだからである。

ここで自律と保護は、いわば「責任」をめぐる綱引きをしている。すなわち、子ども自身が責任を負えるのであれば、自己決定という「自律」が認められ、子どもに責任を負わせるべきでないのであれば、自律の代わりに「保護」が与えられる、という二者択一の関係に立っている。前述のとおり、佐藤幸治は、自律のためにこそ保護が必要であると指摘し、両者を架橋しようとしたが、それでも自律と保護の対立関係は前提とされており、子どもが自律の能力を養う過程にとって障害となると考えられる場合には、国家がその過程そのものに介入することが求められる、と説いていた。

このような、自己責任を負えない者には自己決定を認めるべきではないという考え方は、憲法が想定する「個人像」にも関わる。たとえば樋口陽一は、近代憲法が「個人の自立と自律を前提とし、自己決定の結果に責任を負いつつ公共社会をとりむすぶ、という人間像」を前提にしていると解した[13]。そして、生身の人間が「弱い」存在であることを認めながらも、「弱者が弱者のままでは、それによって担われる『権利』は、恩恵的、慈恵的な性格にとどまる」と指摘し、「『権利のための闘争』を担おうとする弱者、その意味で、『強者であろうとする弱者』、という擬制のうえにはじめて、『人』権主体は成り立つのである」と主張した[14]。

この見解は、たしかに、憲法が「弱い個人」を想定していると解する場合よりも、個人の自己決定を尊重しうる面がある。というのも、仮に憲法が「弱い個人」、すなわち自己決定と自己責任を担えない個人を想定しているのだとすれば、国家が個人の自己決定を尊重する必要はなく、むしろ、国家が本人に代わって決定してあげるべきだという結論にもなりかねないからである。

もっとも、このような自己決定と自己責任を担う「強い個人」という「個人像」は、自己責任を負わすべきではない、その意味で「保護」されるべき「弱い個人」に対しては、自己決定を認めない方向に作用するものと考えられる。そこに、「保護」を理由とした人権制約の問題が生じる。これは、「子どもの人権」に限った問題ではなく、認知症の高齢者や知的障害・精神障害のある者など、判断能力が十分でない「弱い個人」一般にあてはまる。たとえば、旧優生保護法は、障害者および障害者を親として生まれてくる子どもの保護という観点から、子どもをつくるという自己決定を制限した。同法が障害者のリプロダクティブライツを侵害して違憲であることは、いまや学説上も裁判例上もほぼ異論がない[15]。しかしながら、棟居快行が指摘するように、自己責任を負える者に自己決定権を与えるという憲法学の通説的見解を前提にすると、この旧優生保護法が孕む「弱い個人の自己決定権」という問題は見えづらくなるように思われる[16]。

(二) 自律を支える保護

では、どうすれば「弱い個人」の自己決定権を尊重することができるのか。

最も単純な解決策は、子どもや障害者を含むすべての人間について、自己責任を負える「強い個人」とみなすことだろう。しかし、そのようにして「保護」を放棄し、ただ「自律」のみを認めることが、弱い個人に対して十分に人権を保障したことにならないことは、これまで論じてきたとおりである。たとえば、旧優生保護法が障害者のリプロダクティブライツを侵害して違憲だと判断されても、子どもをつくった障害者に対して、「自分で子どもをつくると決定したのだから、その責任はすべて自分で負え」と突き放すのでは、障害者のリプロダクティブライツが実現したとはいえないだろう。

それならば、どうすべきか。前述のとおり、自律と保護が対立関係に立つのは、両者が「責任」をめぐって綱引きをしているからである。とすれば、その綱引きをやめさせたら、どうだろうか。以下では、このような発想から、「自己決定と自己責任を切り離す」という試論を提示してみたい。

一般に、自律という概念は、自己決定と自己責任を要素とするものと理解されている。しかし、このうち「自己責任」は、権利ではなく義務に属するものであるから、権利論の観点からすれば、自律の本来的要素は「自己決定」であるといえる。他方、保護にとって重要なことは、自己決定をさせないことそれ自体ではなく、自己決定に伴って生じる責任ないし不利益を負わせないことであると考えられる。こうして自律を「自己決定」に純化させ、保護を「自己責任」の免除に純化させた場合、責任をめぐる自律と保護の綱引きはおわり、自律と保護の対立関係も解消する。

そして、このように自己決定と自己責任を切り離した場合、国家が自己決定に伴う責任をカバーする「保護」の制度を整えることで、自己責任を負えない「弱い個人」の自己決定を尊重する、という途が拓かれる。これは、すべての人間は多かれ少なかれ vulnerable（脆弱）であるという認識のもと、国家には vulnerable な状態にある者の autonomy を確保するために「保護の手を差し伸べる」義務があるとする、山元一の「vulnerability 論[17]」にも通じる発想であろう。

仮にこうした見解を前提にするならば、一八歳成人に対しても、自己決定を制限する保護より、自己決定を支える保護を優先すべきだと考えられる。具体例を挙げれば、一八歳になった高校生は、保護者の同意なく自らの判断で退学を決定することができるが、退学という自己決定は将来に大きな不利益を生じさせるおそれがある。しかし、だからといって、一八歳の高校生が保護者の同意なく退学することを禁止したのでは、自己決定を尊重することにならない（＝自己決定を制限する保護）。それに対して、一度退学しても後で復学ないし再入学することができる制度を設ければ、自己決定を損なうことなく、退学という自己決定に伴う責任を軽減することができる（＝自己決定を支える保護）。

もっとも、このように自己決定から自己責任を切り離すという試論的見解は、様々な課題を抱えている。そもそも自己決定と自己責任を切り離すことが現実的に不可能な場合もある（たとえば、自ら死を選んだことにより命を落とすという結果については、決定者本人が引き受けるほかない）が、そうした実際上の問題を措くとしても、この見解には少なくとも二つの理論的課題を指摘することができる。

第一に、国家に自己決定を支える義務を課すということは、自己決定を要素とする自由権の領域にまで国家が入り込んでくることを帰結する。そのことは、国家が「保護」という名目で個人の自己決定権を側面から侵食するリスクを孕んでいる。また、自己決定の前提に保護を置くとすると、自己決定が認められるか否かが、国家による保護制度の創設に依存するになりかねず、ひいては、自由権の違憲審査にも立法裁量や行政裁量が入り込んでくるかもしれない。これらのリスクを避ける観点からすれば、保護をあくまでも社会権の領域に押しとどめ、自己決定ないし自由権の領域に持ち込まない、という従来の通説にも理由があるように思われる。

第二に、自己責任から切り離された自己決定に、自己責任を伴う自己決定と同等の人格的価値が認められるか、という問題がある。蟻川恒正が「責任を負担する自由」や「義務としての自由」という概念を用いて示唆するように、責任ないし義務が個人の「尊厳」を支えているのだとすれば(18)、自己決定と自己責任を切り離すことは、個人の尊厳を傷つける危険性を内包することになるだろう。

おわりに

本稿では、成年年齢の引下げによる一八歳成人の実現を素材にして、子どもの人権における「自律」および「保護」について検討したうえで、自律と保護を両立させるために「自己決定と自己責任を切り離す」という試論的見解と、その見解が抱えている理論的課題を示した。これらの課題を乗り越えることができるか否かについては、今後の検討課題としたい。

（1）https://www.moj.go.jp/content/001300586.pdf（最終閲覧二〇二三年六月三日）。
（2）法制審議会（民法成年年齢部会）「民法の成年年齢の引下げについての最終報告書」（二〇〇九年七月）。
（3）自律と保護の両立は、子どもの人権論の中心的課題であり続けてきた。伊藤健治「子どもの権利研究の展開と課題」北海道大学大学院教育学研究紀要一一七号（二〇一二年）三三頁以下など参照。なお、近年は自律と保護の対立を「関係的権利論」によって克服するという立場が有力化しているが、本稿では立ち入らない。
（4）代表例として、佐藤幸治『日本国憲法論〔第二版〕』（成文堂、二〇二〇年）参照。
（5）米沢広一『憲法と教育一五講〔第四版〕』（北樹出版、二〇一六年）第二章など参照。
（6）大島佳代子「黒染め訴訟からみた校則の合理性」季刊教育法二一一号（二〇二一年）六頁以下など。
（7）堀口悟郎「子どもの人権」横大道聡編『憲法判例の射程〔第二版〕』（弘文堂、二〇二〇年）四一頁以下参照。
（8）奥平康弘「〝ヒューマン・ライツ〟考」和田英夫教授古稀記念論集刊行会編『戦後憲法学の展開』（日本評論社、一九八八年）一三七‐一三九頁。
（9）奥平・前掲注8）一四四頁。
（10）佐藤幸治『現代国家と人権』（有斐閣、二〇〇八年）二二九頁。
（11）佐藤・前掲注10）二〇四頁。
（12）なお、二〇二二年六月に成立した「こども基本法」も、「こども」を一八歳未満の者に限定せず、「心身の発達の過程にある者」と定義している（二条一項）。
（13）樋口陽一『国法学〔補訂版〕』（有斐閣、二〇〇七年）五四頁。
（14）樋口・前掲注13）六八‐六九頁。
（15）堀口悟郎「旧優生保護法訴訟大阪高裁判決」新・判例解説Watch三一号（二〇二二年）三一頁以下参照。
（16）棟居快行「優生保護法と憲法学者の自問」法律時報九〇巻九号（二〇一八年）一頁以下参照。
（17）山元一「現代における人間の条件と人権論の課題」憲法問題二三号（二〇一二年）一五‐一七頁。
（18）蟻川恒正『尊厳と身分』（岩波書店、二〇一六年）参照。

書評

山本真敬『立法裁量と過程の統制』（尚学社、二〇二二年）

栗島智明
（埼玉大学・アウクスブルク大学）

本書は、山本真敬氏（以下、「著者」とする）が早稲田大学に提出した博士学位請求論文に加除修正を加えて出版した、最初の単著である。本書の主たるテーマは、立法裁量の「判断過程統制」の分析とその批判的考察にある。以下、本書の内容を概観したうえで（一）、評者の所感を述べることにする（二）。

一

本書は全体が三部で構成されており、計八章から成っている。

第一部ではまず、日本における立法裁量の「判断過程統制」がどのようなものとして誕生し、展開してきたかが検討される。

立法裁量の「判断過程統制」に関する本格的な議論が、参院定数不均衡に関する最大判平成一六・一・一四民集五八巻一号五六頁に付された「補足意見二」に始まることは、よく知られる。本書の第一章では、同補足意見の分析から始まり、藤田宙靖裁判官の「判断過程統制」論が批判的に検討される。著者によれば、立法裁量の「判断過程統制」は、

【審査①】考慮要素の取扱いに着目した審査（考慮要素審査）
【審査②】立法者の「真摯な努力」の有無に着目する審査（「真摯な努力」論／時宜適合判断審査）

の二つに分けることができる。そして、藤田のいう「判断過程統制」は、行政裁量におけるそれに一見するとよく似た判示であるにもかかわらず、実はその核心的内容において、立法者の「真摯な努力」の有無に着目するという「一元的」なものである（＝【審査②】への集約）。そして、この手法については、(i)「真摯な努力」の有無を判断する基準が不明確である、(ii)「結果」としての法律それ自体の評価が相対化される、といった課題のあること指摘される。

次の第二章では、藤田が退官した後の最高裁における「判断過程統制」の展開が検討される。そこでは、藤田の「一元的」な理解とは異なり、その後の最高裁において、同統制手法が、まず、㋐違憲状態の有無を判断したうえ、（それに加えて）㋑いわゆる「合理的期間論」のかたちで、「真摯な努力」がみられない場合には法律を違憲とするという「二元的」な議論として継受されたことが論証される。

続く第三章では、このテーマに関連する日本の様々な学説が網羅的に整理され、検討される。著者によれば、学説は大きく、(A) 上記の【審査①】（考慮要素審査）の部分をもって「判断過程統制」と観念するものと、(B) 上記の【審査②】（「真摯な努力」論／時宜適合判断審査）を強調するものの二種類に区別される。そして、このB説を検討するなかで、【審査②】が〈立法者の「真摯な努力」の有無＝立法者の非難可能性の有無によって法律の合憲性を決する〉という意味で、「違憲の主観化」という問題につながることが論じられる。

さらに補章では、一連の「一票の較差」訴訟で最高裁によって用いられている立法者の「努力」の評価に関する検討が行われる。そこでは、必ずしも藤田裁判官の「判断過程統制」の枠組みと同じではないが、「真摯な努力」論と同様の検討が行われていると同時に、批判的なものも含めて多様な見解が出てきていることが示される。

第二部では、ドイツ連邦憲法裁判所の「主張可能性の統制（Vertretbarkeitskontrolle）」が検討される。これは、著者によれば、日本の立法裁量の「判断過程統制」との類似性がしばしば指摘されてきたにもかかわらず、十分に検討されてこなかった課題であった。

同裁判所が「主張可能性の統制」を定式化したのは、一九七九年の有名な「共同決定法判決」（BVerfGE 50, 290）である。これまで、同判決は〈㋐厳格な内容統制―㋑主張可能性の統制―㋒明白性の統制〉という三つの統制尺度を示した部分に注目が集まっており、実際、そこで用いられた「主張可能性の統制」㋑がいかなる審査手法であったかは、十分に検討されてこなかった。

著者は、このような学説における不備を埋めるべく、「主張可能性の統制」が用いられた同裁判所の先例について、古く一九六〇年代のものから近時に至るまで、極めて丁寧に紹介・検討を加えている（第四章・第五章）。とりわけ第五章では、立法者の予測に対する審査、実体的審査との関係、「不確定憲法概念」の解釈等の観点を区別しながら、「主張可能性の統制」について、精密な類型化がなされている点が注目される。著者がいうように、これはドイツにおいても研究の蓄積が少ない分野であって、本書でなされた網羅的な判例検討とその類型化は重要な業績と評しうる。

そのうえで、第六章では「主張可能性の統制」について総括的な検討が行われる。著者は、その構造や意義が必ずしも決まっておらず、判例が一貫していないことを認めつつも、とりわけ同統制のなかの「手続の要請」について、「違憲の主観化」という観点から検討を加える。この作業を通じて、著者は「主張可能性の統制」の特徴を明らかにすると同時に、日本でいう立法裁量の「判断過程統制」との類比可能性を明らかにしている。

第三部では、以上の分析に基づいて、立法裁量の「判断過程統制」に関する総括的な検討が行われる。まず、第七章では、上述の【審査②】(「真摯な努力」論／時宜適合審査)の課題が詳細に論じられる。著者は、法律の合憲性が争われる訴訟で立法者の「努力」が問題となる次元を基準とした類型化を行ったうえ、【審査②】のなかでも「違憲の主観化」を生じさせるものと、そうでないものがあることを論じる。著者の立場では、「違憲の主観化」は、立法者に対する過度な配慮がなされる結果、憲法の実体的規範内容それ自体が相対化される危険性があるため、基本的には認められないが、憲法の規範内容それ自体が立法者の「努力」の評価を要請／許容するものである場合には、そのような評価をすることが、例外的に認められる。ただし、その場合であっても、「努力」の有無を判断する基準が不明確である問題は残るという。そして本章の最後には、「真摯な努力」の議論が、憲法不適合宣言やアピール判決といった「判決類型」の問題へと再構成されるべきことが示唆される。

第八章では、上述の【審査①】(考慮要素審査)が取り扱われる。これが行政裁量における議論を立法裁量の分野に「応用」する試みとして評価されている事実を手掛かりに、著者はまず、行政法学の議論を丹念に追ったうえ、両者の異同とともに、「応用」の可否を明らかにする。結論として、法律に関しては、判断の「過程の全体」に焦点を当てて裁判所が審査することには限界があり、さらに、「結果」と「過程」の区別は相対的であるため、そのままの「応用」は困難であることが論じられる。

二　さて、以上が本書の概要であるが、以下、評者の所感を述べる。

上述の平成一六年最大判が出されて以降、立法裁量の「判断過程統制」に関する議論が大きく盛り上がりを見せたことは、誰もが知るところである。それにもかかわらず、このテーマについて網羅的な研究を行った単著はこれまで存在しておらず、その意味で、本書の出版は研究の画期をなすものといえよう。

なお、改めて述べるまでもないが、本書は決して、立法裁量の「判断過程統制」という手法を賛美する作品ではない。むしろ、それを批判的に検討するものである。

しかし、これは決して容易な試みではない。本書が明らかにするように、立法裁量の「判断過程統制」と呼称される手法については、驚くほど様々な理解が可能であり、実際、論者によって言葉の用法の「振れ幅」が相当に大きい。したがって、この問題を論じるためには、まず、関連する判例および学説を丁寧に収集、分析をしたうえで、その異同を明らかにする必要がある。また、「違憲の主観化」の問題に関しては、ドイツの判例・学説にも目を配る必要が生じてくるし、さらに、「判断過程統制」の出自からすれば、行政法学の議論をも参照しなければならない。

以上の作業全体に通じる精密さ、とりわけ、判例および学説の収集の網羅性と分析の緻密さという点において、本書が卓越していることは、疑いえない。これほどに広く論じられているテーマであるにもかかわらず、関連する文献がほぼすべて網羅されているという事実は、それだけでも感嘆に値するが、さらに、その一つひとつについて丁寧に位置付け、整理、評価までするその仕事ぶりには、脱帽せざるを得ない。一つのテーマにこだわって突き詰めて研究しようとする著者の飽くなき探究心と、学問への誠実な姿勢の表れであろう。

そして、このように緻密な分析に基づいてなされた批判の数々は、どれも正鵠を突くものである。紙幅の都合から多くを論じられないのが残念であるが、立法府の「真摯な努力」を問題にすることで過度な政治的配慮をすることが、かえって実体的な違憲の問題をあいまいにさせ、ひいては違憲判断を形骸化させる、という著者の批判は、とりわけ重要なものであろう。また、「判決類型論」への着目も著者の鋭い洞察力をうかがわせるものであり、この問題については、今後のさらなる理論展開が期待される。

なお、修士課程時代に著者の指導教員を務めた今関源成氏は、二〇一七年九月に六〇歳の若さで惜しくも鬼籍に入り、誠に残念なことに、本書の刊行を見ることがなかった。しかし、この今関氏こそは、（著者が「あとがき」で明らかにしているように）自身の論文で、本書の出発点となった平成一六年最大判の「判断過程統制」を厳しく批判していた。本書はその批判を発展させたものとして理解しうる。このように、体系的学術書の刊行によって恩師の霊に報いた著者の姿勢は、研究者のあるべき姿を示しているように思われる。

奥村公輔『政府の憲法解釈の諸相』（日本評論社、二〇二三年）

徳　永　貴　志
（和光大学）

二〇一四年に、長年維持されてきた集団的自衛権に関する政府の憲法解釈が変更されたことをきっかけに、「政府の憲法解釈」という論点が注目を集めたことは記憶に新しい。それ以前も、憲法九条及び日本国憲法の掲げる平和主義に関する政府の憲法解釈の分析は少なからずなされてきたが、政府の憲法解釈一般についての研究の蓄積は決して多くない。この論点については、「政府に憲法解釈権は認められるのか」という規範レベルの問題と、「政府の憲法解釈はどのように生成されるのか」という記述レベルの問題とがあり、本書はその両面を明らかにすることを目的として、日本、フランス、イタリア、オランダ、ベルギーの関係機関を詳細に分析する。そして、各国の制度や運用を比較・検証したうえで、日本における政府の憲法解釈のあるべき姿を組織法的観点から具体的に示そうとするものである。以下、その概要を紹介し最後に若干のコメントを付す。

日本の内閣法制局が、フランス第三共和制期の国務院（コンセイユ・デタ）をモデルとして一八八一年に設置された参事院に起源をもつことは知られている。参事院には、フランスの国務院と同様に法制諮問的機能と行政裁判所的機能がともに備わっていたが、その後継機関として一八八五年に設置された（内閣）法制局には法制諮問機能のみが残された。他方、同じくフランスの影響を受けて国務院が設置されたイタリア、オランダ、ベルギーでは、現在でもフランスと同様に二つの機能が維持されている。このように淵源を共有する日本の内閣法制局と欧州四か国の国務院における法制諮問機能の異同を明らかにすることにはどのような意義があるのか。本書はそれを明快に説いていく。

日本国憲法上、行政権の担い手たる内閣は、行政機関全体を管理する行政管理機能を有しており、かかる行政管理の一つである法制管理の一環として、法律案の提出、政令の制定、そして法律の執行の場面において、自ら憲法解釈を行うことができる。すなわち、内閣は、法制管理機関として憲法上自ら憲法解釈を行うことが認められると著者は述べる。日本に限らず内閣が行政全体の法制管理を行うためには、それを補佐する機関が必要であり、フランスにおいてはその中心的役割を内閣事務総局が担っている。実際、内閣事務総局は優秀な法制官僚を備えることでその役割を果たしている。さらに、フランスではこのような政府の法制管理補佐機関とは別に政府の法制諮問機関として国務院行政部が置かれ、国務院行政部は、法律の憲法適合性審査を担う憲法院や行政裁判を担う国務院訴訟部に蓄積された（憲）法解釈に依拠しながら、政府に対して法的に独立した立場で、政府からの諮問に応答する形で自らの意見を述べる。政府は国務院行政部の意見（憲法解釈）に法的には拘束されないが、政府の憲法解釈に与えるその影響力は大きい。本書では、フランスにおいて政府と国務院行政部との相互のやり取りを通じて最終的な政府の憲法解釈が形成されていく様が具体的な事例とともに描かれている。加えて、フランス型国務院を有するイタリア、オランダ、ベルギーでも、フランスと同様に、法制管理機関たる内閣、それに従属する法制管理補佐機関、そして独立性を有する法制諮問機関という三者の相互関係のなかで、最終的な政府の憲法解釈が決定されていくことが指摘されている。

翻って、日本の内閣法制局は、モデルとされるフランス国務院（行政部）の位置づけとは異なり、政府に対する独立性・中立性が法的に確保された法制諮問機関ではない。二〇一三年に安倍内閣がそれまでの慣例を覆して内閣法制局長官人事に介入した後、集団的自衛権の解釈変更を行ったことが多くの批判を呼んだが、内閣法制局が組織法上内閣に従属する法制管理補佐機関である以上、かような運用を防ぐ論理は見出しにくい。たとえ内閣法制局が法的論理性・整合性を備えた憲法解釈を行いうるとしても、法制管理機関としての内閣が特定の憲法解釈を選択した場合には、最終的に内閣法制局はその選択をサポートしなければならないということになる。集団的自衛権の解釈変更が行われるまで、内閣法制局が自身の法的専門知に支えられて内閣から独立して諮問的機能を発揮してきた事実を軽視するべきではないが、著者によれば、そのような運用に組織法的な裏付けはない。法制管理補佐機能と法制諮問機能とは時として緊張関係に立つものでもあるから、内閣法制局という一つの機関のなかに事実上両機能が併存していることに無理があるということもできよう。したがって、政府の憲法解釈をより憲法適合的なものにするには、両機能を分離して別々の機関に付与する必要があるというのが著者の主張である（一案として、例えば、法制管理補佐機能を内閣官房に、法制諮問機能を内閣法制局にそれぞれ付与することが示されている）。

ただし、両機能を分離する際に留意しなければならないことがあるという。それは、組織法上法制諮問機能を付与された機関の人事に関する問題である。本書では、法制諮問機能と行政裁判機能という二つの機能が併存するフランス型国務院がその内部の人的配置次第で、「独立の公平な裁判所による裁判を受ける権利」を保障する欧州人権条約六条一項に反する可能性があることも分析されている。例えば、欧州人権裁判所は、ルクセンブルグ国務院において特定の命令について法制諮問機関の構成員として意見を述べた者が当該命令の適法性の裁定にも参加していたことを条約違反とし、結果としてルクセンブルグは憲法を改正して行政裁判機能を国務院から分離したのである。諮問と裁判という二重の機能を有する欧州の国務院が抱えるこのような問題は、日本において政府に意見を述べる独立した法制諮問機関の設置構想にも示唆を与えてくれる。すなわち、法制諮問機関に独立性を付与したとしても、判検交流の慣行がある法務省のキャリア出向者が従前と変わらずそこに就任し一定の期間を経て検察官や裁判官に復職するならば、法令の制定に際して法制諮問機関の一員として憲法解釈の形成に参画した者がその違憲性の裁定にも携わることとなり、裁判所による違憲審査の独立性や公平性を損なうことになりかねない。政府の法制諮問機関の担い手の確保や異動のあり方といった各国共通の課題に注意を促すことを著者は忘れていない。

このように本書は、日本における政府の憲法解釈をより憲法適合的なものにするべく、比較法から得た知見をふんだんに活用しながら、内閣から独立した真の法制諮問機関の創設を提案している。評者は著者の提案に異議はないが、将来、内閣法制局を組織法上の独立性と中立性を備えたフランス型の法制諮問機関にする場合、内閣はその憲法解釈に名実ともに拘束されなくなるため、内閣の憲法解釈の質がかえって低下する可能性はないのか気がかりなところではある。恐らく、それは内閣の新たな法制管理補佐機関の能力次第ということになるのかもしれない。著者が提案する日本の新たな内閣の法制管理補佐機関がフランスの内閣事務総局と同じように高い法的専門性を備えた行政官として内閣の憲法解釈を支え、独立性を確保された新たな内閣法制局による憲法解釈に従わないことのリスクを正しく評価してそれを内閣に適切に伝えることができるならば、政府の憲法解釈の憲法適合性は高まることが期待できるだろう。

本書の内容は第二版の刊行を目指してアップデートしていくとのことであるから、著者による更なる研究の深化を読者の一人として楽しみにしている。

憲法理論研究会活動記録

（二〇二二年六月〜二〇二三年五月）

一　研究活動

⑴　概観

二〇二二年六月からの年間テーマを、「憲法と市民社会」として研究活動を行った。引き続き、コロナ禍のため、夏季合宿研究会は中止としたが、Zoomを使用したオンラインでの総会、月例会及びミニ・シンポジウムの開催により、研究活動と会員間の交流を促進することができた。

一一月からは、対面での参加者を限定したハイブリッド開催を試験的に行い、少しずつではあるが元の研究会の形態に戻れるように努めている。

もっとも、オンライン開催により、遠方の会員の参加が可能になり、また、月例会の出席者が増加したことを考慮して、当面、ハイブリッド形式での開催を行っていく方針を採ることにした。

⑵　七月ミニ・シンポジウム『「大人」と『子ども』の境界と人権」（二〇二二年七月一六日、Zoomによるオンライン開催）

【報告者】堀口悟郎会員（岡山大学）「『一八歳成人』と子どもの人権」／渕野貴生氏（ゲストスピーカー・立命館大学）「一八・一九歳（特定少年）の実名報道について」／志田陽子会員（武蔵野美術大学）「一八・一九歳のAV出演規制—憲法理論と政策課題のジレンマ」／大澤彩氏（ゲストスピーカー・法政大学）「成年年齢引下げと消費者法—『おとな』と『こども』の間」

【司会】安原陽平会員（獨協大学）

⑶　月例研究会

二〇二二年

《一〇月例会》（一〇月一五日、Zoomによるオンライン開催）

【報告者】辛嶋了憲会員（広島大学）「日本平等審査におけるドイツ平等審査論」／吉原裕樹会員（大阪経済法科大学）「民事裁判手続における裁判を受ける権利」

《一一月例会》（一一月一九日、Zoomによるオンライン開催、配信拠点・獨協大学）

【報告者】新井貴大会員（新潟県立大学）「職業の自由と職業像」／高橋雅人会員（九州大学）「『専門家支配』の憲法問題」

《一二月例会》（一二月一七日、Zoomによるオンライン開催、配信拠点・専修大学）

【報告者】石村修氏（ゲストスピーカー、専修大学名誉教授）「憲法保障とそのドグマ」／高木康一会員（中央学院大学）「カナダから見たオーストラリア憲法解釈」

二〇二三年

《三月例会》（三月一八日、獨協大学（ハイブリッド開催））

【報告者】今枝昌浩会員（慶應義塾大学）「政党の内部秩序への視座―ドイツにおける政党内民主主義の制度と議論を中心に」／松本有平氏（早稲田大学・院）「アメリカにおける『財産権』の歴史と現在」

《四月例会》（四月一五日、獨協大学（ハイブリッド開催））

【報告者】陳韋佑会員（早稲田大学・院）「立憲主義と軍事的公共性のせめぎあい――司法権と軍事裁判権に関する台湾大法官解釈を素材として」／浦川源二郎会員（京都先端科学技術大学）「恩赦／amnesty の基礎についての一考察」

(4)　春季研究総会「文化戦争とリベラル憲法理論のゆくえ」（五月一四日、名古屋学院大学名古屋キャンパスしろとり（ハイブリッド開催））

【報告者】茂木洋平会員（桐蔭横浜大学）「人種的分断の防止の視点からの Affirmative Action の意味の再検討」／徳永達哉会員（熊本大学）「特定の価値観を正統と位置づける権威とシンボリック・スピーチのゆくえ」／上田宏和会員（創価大学）「中絶規制の判断枠組みに関する合衆国最高裁判所の迷走―Dobbs 判決に対する反駁」

【コメンテーター】南川文里氏（ゲストスピーカー・同志社大学）／松尾陽氏（ゲストスピーカー・名古屋大学）

【司会】関沢修子会員（二松学舎大学）／栗田佳泰会員（新潟大学）

(5)　憲法理論叢書三〇号『次世代の課題と憲法学』が二〇二二年一一月敬文堂より出版された。本号には、二〇二一年六月から二〇二二年五月までの研究報告と活動の記録などが収められている。

二　事務運営

(1)　概観

二〇二二年六月から一〇月までの事務運営は、二〇二〇年一〇月に発足した運営委員会、内藤光博運営委員長（専修大学）及び髙佐智美事務局長（青山学院大学）によって行われた。

二〇二二年六月に郵送により運営委員会選挙が行われた。一〇月に開催された運営委員会において、運営委員の互選により志田陽子会員（武蔵野美術大学）が新運営委員長に選出され、同日の臨時事務総会において、岡田順太会員（獨協大学）が新事務局長に選出された。二〇二二年一一月から二〇二三年五月までの事務運営は、この体制で行われた。

(2) 事務総会

a 臨時事務総会（二〇二二年一〇月一五日月例会時、Zoomによるオンライン開催）

運営委員会での審議に基づいて、任期満了により内藤光博運営委員長が退任し、運営委員の互選により志田陽子会員（武蔵野美術大学）が次期運営委員長に選出された。

また、任期満了により髙佐智美事務局長が退任したことに伴い、岡田順太会員（獨協大学）が次期事務局長として選出され、事務局所在地変更に伴う規約改正、三名の入会申込が承認された。

さらに一名の退会者、事務局員の交代（二〇二二年一〇月に小林宇宙会員（一橋大学・院）が退任し、極山大樹会員（一橋大学・院）が就任）、憲法理論叢書編集委員会の交代（編集委員長が大津浩会員（明治大学）から江藤英樹会員（明治大学）へ、編集委員が斎藤一久会員（名古屋大学）、實原隆志会員（福岡大学）、土屋仁美会員（金沢星稜大学）から徳永貴志会員（和光大学）、髙佐智美会員（青山学院大学）、山本健人会員（北九州市立大学）へ）、憲法理論叢書三〇号について報告された。

b 通常事務総会（二〇二三年五月一四日研究総会時、名古屋学院大学名古屋キャンパスしろとり（ハイブリッド開催））

四名の入会申込、二〇二二年度決算及び二〇二三年度予算案について承認された。

また、七名の退会者、事務局員の交代（橋爪英輔会員（常磐大学）から新井貴大会員（新潟県立大学）へ）、査読制度の新設について報告された。

(3) 運営委員会

a 構成

この期の運営委員会は、前期に引き続き二〇二二年一〇月に発足した以下の運営委員によって構成されていた。

愛敬浩二（早稲田大学）、青井未帆（学習院大学）、新井誠（広島大学）、植松健一（立命館大学）、江原勝行（早稲田大学）、江島晶子（明治大学）、大河内美紀

（名古屋大学）、岡田順太（獨協大学）、小沢隆一（東京慈恵会医科大学）、川口かしみ（宮城学院女子大学）、木下智史（関西大学）、斎藤一久（名古屋大学）、齊藤正彰（北海道大学）、佐々木弘通（東北大学）、宍戸常寿（東京大学）、志田陽子（武蔵野美術大学）、髙佐智美（青山学院大学）、高橋雅人（九州大学）、只野雅人（一橋大学）、建石真公子（法政大学）、内藤光博（専修大学）、巻美矢紀（上智大学）、毛利透（京都大学）、本秀紀（名古屋大学）、山元一（慶應義塾大学）〔なお、任期は、二〇二四年一〇月まで。この運営委員会は、二〇二二年六月一七日の選挙で選ばれた委員及び七月一六日の推薦運営委員候補者選考会議で選考された委員で構成されている。〕

b　二〇二二年度第二回運営委員会（二〇二二年一〇月一五日月例会時、Zoomによるオンライン開催）

次期運営委員長の選出、次期事務局長推薦者の選任、今後の研究計画（二〇二二年一一月・一二月例会）、三名の入会申込、事務局員の交代、憲法理論叢書編集委員会の交代について承認された。

また、一名の退会者、憲法理論叢書三〇号の刊行について報告された。

c　二〇二二年度第三回運営委員会（二〇二二年一二月一七日、Zoomによるオンライン開催）

一名の入会申込、日本学術会議会員・連携会員の選考対象者に関する情報提供に関する件、今後の研究計画（二〇二三年三月・四月例会、二〇二三年五月研究総会）について承認された。

また、今後の研究計画（二〇二三年六月以降）の構想、事務局体制について報告された。

d　二〇二三年度第一回運営委員会（二〇二三年五月一四日研究総会時、名古屋学院大学名古屋キャンパスしろとり（ハイブリッド開催））

三名の入会申込、査読規程案及び査読制度に関する件、二〇二二年度決算、二〇二三年度予算案、今後の研究計画（二〇二三年七月ミニシンポ、八月夏季合宿研究会（松山大学）、九月ツアー・月例会、一一月例会）、一〇月例会の不開催、憲法理論叢書三〇号の刊行、事務局員の交代について承認された。

また、八名の退会者（うち一名は二〇二三年度限り）について報告された。

(4)　運営委員選挙管理委員会

二〇二一年度第三回運営委員会において選出された選挙管理委員は、松田浩会員（成城大学）、國分典子会員（法政大学）、馬場里美会員（立正大学）の三名であるが、互選により、國分会員が選挙管理委員長に就任した。

二〇二二年四月に持ち回りで、運営委員選挙の関係書式の確認を行い、投票期間を二〇二二年五月二日から五月二三日（消印有効）までとする選挙公示がなされ、被選挙人名簿、投票用紙が発送された。

二〇二二年六月四日に開票が行われ、運営委員選挙については得票数の順位が確定し、同月九日に運営委員長宛に選挙結果が報告された。

(5) 憲法理論叢書編集委員会

憲法理論叢書三〇号の編集は、大津浩会員（編集委員長・明治大学）、斎藤一久会員（名古屋大学）、實原隆志会員（福岡大学）、土屋仁美会員（金沢星稜大学）の四名によって行われた。その後、編集委員長が江藤英樹会員（明治大学）に、編集委員が徳永貴志会員（和光大学）、髙佐智美会員（青山学院大学）、山本健人会員（北九州市立大学）に交代した（任期は二〇二二年一〇月～二〇二四年一〇月まで）。

現在、三一号の編集はこの四名によって行われており、持ち回りで編集委員会が開催され、タイトル『多様化する社会と憲法学』、構成案、執筆要項及び締切が決定された。

(6) 執行部及び事務局の構成

二〇二三年五月現在の執行部は、志田陽子運営委員長と岡田順太事務局長により構成され、事務局は岡田順太事務局長、事務局員として、秋山肇（筑波大学）、新井貴大（新潟県立大学）、極山大樹（一橋大学・院）、山本和弘（早稲田大学・院）からなる。

三　会員異動

(1) 新入会員（七名）

極山大樹（一橋大学・院）、遠藤理恵（名城大学・院）、古木凌（明治大学・院）、松本有平（早稲田大学・院）、檜垣宏太（広島大学・院）、石村修（専修大学名誉教授）、樋口惟月（慶應義塾大学・院）（申込順、二〇二二年一〇月及び二〇二三年五月開催の事務総会により承認）

(2) 退会者（八名）

川岸令和（ご逝去）、畑尻剛（ご逝去）、長岡徹、松田侑奈、光田督良、猪股弘貴、成嶋隆、澤野義一（申出順）

※長年にわたる本会へのご協力に心より感謝申し上げます。

〔氏名の後の所属は原則として当時のものを使用しています。助教、助手又は研究員などについては、実態が多様なため所属大学名のみを使用し、非常勤先の場合も大学名のみを記載しております。敬称略の点を含めて、どうかご了解ください。〕

憲法理論研究会規約

（一九九二年七月二〇日決定
一九九二年八月二〇日施行
一九九七年五月一一日改正
二〇一〇年五月 九 日改正
二〇一八年五月一三日改正
二〇二二年五月一五日改正
二〇二二年一〇月一五日改正）

（名称）
第一条　本会は、憲法理論研究会（Association for Studies of Constitutional Theory）と称する。

（所在地）
第二条　本会の事務所は、事務局長の研究室に置く。

（目的）
第三条　本会は、次のことを目的とする。
一　日本国憲法の基本理念の擁護
二　総合的で科学的な憲法理論の創造
三　会員間の、世代を超えた自由で学問的な交流と協力の促進

（事業）
第四条　本会は、前条の目的を達成するため、次の各号に定める事業を行う。
一　学術研究総会の開催
二　研究会の定期的開催
三　研究成果の公表
四　前条第一号及び第二号に掲げる目的を共有する内外の学術機関・団体との交流の促進
五　その他必要と認められる事業

（会員）
第五条　次に掲げる者は、会員二名の推薦に基づき、事務総会の承認により、本会の会員となることができる。
一　憲法を研究する者であって、本会の目的に賛同する者
二　本会の目的に賛同し、本会の事業に協力する者

（会費）
第六条　会員は、別に定めるところにより、会費を納入しなければならない。

（退会）
第七条　会員は、事務局に退会の意思を通知することにより、いつでも退会することができる。退会については、事務局長が運営委員会で報告する。
2　会員が、死亡又は失踪宣告を受けたときは、退会したものとみなす。

（会員登録の抹消）

第八条　会員が次の各号のいずれかに該当するときは、運営委員会の議決を経て、本会会員としての登録を抹消することができる。この場合には、あらかじめ本人に通知するとともに、弁明の機会を与えるものとする。

一　督促にもかかわらず、三年以上会費を滞納したとき

二　本会又は他の会員の名誉を傷つける行為があったとき

三　その他、学術研究会の会員としてふさわしくないと認められる事実があったとき

（休会）

第九条　会員は、休会しようとするときは、その旨を事務局に書面をもって申し出るものとする。

2　休会については、運営委員会がこれを承認する。

3　会員は、次の理由により休会することができる。

一　国外への留学

二　妊娠、出産、育児、介護、病気療養その他休業を要する事情

三　その他、一定期間国内における研究活動ができない事情として運営委員会が承認するもの

4　休会期間は一年間とし、運営委員会において休会が承認された日の次の四月一日から翌年の三月三一日までとする。ただし、運営委員会の承認により、休会期間を延長することができる。

5　休会する会員は、学会誌を受け取る権利を有しないほか、運営委員の選挙など、学会の運営に関する事項に関わることができない。

（事務総会）

第一〇条　本会の運営に関する基本方針を決定する機関として、事務総会をおく。

2　事務総会は、原則として毎年一回、運営委員会委員長（以下「委員長」という。）が招集する。ただし、必要と認められる場合は、随時開催する。

（運営委員会）

第一一条　本会に運営委員会をおく。

2　運営委員会は、事務総会の決定を受け、本会の運営に関する事項を審議する。

3　運営委員の定数及び選出方法は、別に定める。

4　運営委員の任期は二年とし、再任を妨げない。

5　運営委員会に委員長をおく。委員長は、運営委員の互選による。

6　委員長は、運営委員会を招集し、その議長となる。

7　委員長は、本会を代表する。

（事務局）

第一二条　本会の事務を処理するため、事務局をおく。
2　事務局は、事務局長及び事務局員をもって構成する。
3　事務局長は、運営委員会の推薦に基づき、事務総会で選出する。
4　事務局員は、会員のなかから、事務局長が委嘱する。委嘱に際しては、運営委員会の承認を必要とする。
（編集委員会）
第一三条　本会の研究成果を公表するために、編集委員会をおく。
2　編集委員会は、編集委員長及び編集委員をもって構成する。
3　編集委員長及び編集委員は、委員長の推薦に基づいて、運営委員会で選出する。
（会計年度）
第一四条　本会の会計年度は、毎年四月一日から翌年三月三一日までとする。
（会計の承認）
第一五条　会計については、運営委員会の審議を経た上で、事務総会の承認を得なければならない。
（会計監査）
第一六条　本会の会計につき監査を行うため、会計監査をおく。
2　会計監査は、委員長の推薦に基づき、事務総会において選出する。
3　会計監査の任期は二年とし、再任を妨げない。
4　会計監査は、毎会計年度末に監査を行い、その結果を事務総会に報告するものとする。
（改正）
第一七条　本規約は、事務総会において、出席会員の過半数の賛成により改正することができる。

附　則

本規約は、一九九二年八月二〇日より施行する。

附　則（一九九七年五月一一日改正）

本規約は、一九九七年五月一一日より施行する。

附　則（二〇一〇年五月九日改正）

本規約は、二〇一〇年五月九日より施行する。

附　則（二〇一八年五月一三日改正）

本規約は、二〇一八年五月一三日より施行する。

附　則（二〇二二年五月一五日改正）

1　本規約は、二〇二二年五月一五日より施行する。ただし、八条の規定は、二〇二三年四月一日より施行する。
2　第二条にいう事務局長の研究室は「東京都渋谷区渋谷四—四—二五　青山学院大学　法学部　髙佐智美研

究室」とする。

附　則（二〇二二年一〇月一五日改正）

1　本規約は、二〇二二年一〇月一五日より施行する。

2　第二条にいう事務局長の研究室は「埼玉県草加市学園町一―一　獨協大学法学部　岡田順太研究室」とする。

憲法理論叢書査読規程

二〇二三年度第一回運営委員会決定

（目　的）

第一条　憲法理論研究会は、会員の研究水準の向上を支援し、及び、各種の便宜を図るため、憲法理論叢書において査読制度を設ける。

（申請手続）

第二条　本会の主催する研究会において報告を行った会員（招待による報告者を除く。）は、当該報告内容を基に執筆した論文について、本規程に基づく査読を受けることができる。

2　査読を希望する者は、研究会における報告に先立ち、事務局を通じて編集委員会に査読を申請しなければならない。

3　前項の申請手続については、別に編集委員会で定める。

4　編集委員会の定める期日までに査読申請者から論文の提出がない場合、当該査読申請は取り下げられたものとみなす。

（査読委員）

第三条　編集委員長は、編集委員会の議を経て、査読申請者の執筆する論文の内容を勘案し、会員の中から査読委員を二名委嘱する。ただし、査読委員のうち一名は、会員外の学識を有する者に委嘱することができる。

2　当該査読申請者と研究上の指導関係にある者（過去に指導関係にあった者を含む。）、又は、当該査読申請者の論文執筆について密接な協力関係を有する者は、当該申請における査読委員になることができない。

3　査読委員の氏名は非公表とする。

4　会員外の査読委員に対しては、事務局の定めるところにより、謝金を支出することができる。

（評　価）

第四条　査読委員は、編集委員会の定める期日までに査読を完了し、編集委員長に評価を通知する。

2　査読の評価は、A、B、Cの三段階とする。

3　査読委員は、評価に際し、意見を付すことができる。ただし、A以外の評価を行う際には、必ず意見を付さなければならない。

4　編集委員長は、前項の意見とともに、評価結果を査読申請者に通知する。

（再評価申請）

第五条　査読申請者は、前条の査読の評価に意見が付されている場合、一回に限り、当該論文に必要最小限度の加筆及び修正を行った上で、編集委員会が定める所定の期日までに論文を提出し、再評価を求めることができる。ただし、査読委員がともにCの評価を行った場合は、この限りでない。

2　前項の申請がなされた場合、編集委員長は、当該修正後の論文を同一の査読委員に再送付し、査読を求めるものとする。

3　第一項の申請に対する査読については、前条の規定を準用する。ただし、初回の評価と同一の意見である場合など、特に意見を付す必要がないと思料されるときは、評価のみを通知することができる。

4　査読委員は、特別の事情がない限り、査読申請者の不利益に前条の評価を変更することができない。

（査読論文の扱い）

第六条　編集委員長は、査読委員の評価（前条の再評価を含む。）がともにAである論文について、査読を経た論文として憲法理論叢書に掲載する。

2　前項の規定は、編集委員会が、独自の判断に基づき、憲法理論叢書に相応しくないものとして論文の掲載を拒否することを妨げない。

3　編集委員長は、憲法理論叢書に本規程による査読を経た論文が掲載された場合、当該叢書中に該当する論文名を明記するものとする。

（報　告）

第七条　編集委員長は、少なくとも年一回、運営委員会に対し、本規程に基づく査読制度の実施状況について報告しなければならない。

2　運営委員会は、前項の報告に基づき、事務局又は特に設置する機関に対し、査読制度の見直しを求めることができる。

3　編集委員長は、第一条の報告内容を憲法理論叢書に掲載するものとする。

（改　正）

第八条　本規程の改正は、運営委員会の議決により行う。

Constitutional Theory Review

No.31 October 2023

Diverse society and constitutional law

Contents

Association for Studies of Constitutional Theory

編集後記

本号は、憲法理論研究会の二〇二二年六月から二〇二三年五月までの研究成果をまとめたものである。二〇二三年五月の研究総会は、ハイブリッド型ではあるが三年ぶりに対面開催となった。新型コロナ感染症によってもたらされた不自由な生活から少しずつ解放されつつあることを実感している。しかしながら、コロナ禍からの解放を喜ぶばかりではいられない。社会は混迷の度合いを増しているように思われる。いつどのように終わるのか想像することすらできない戦争などの暴力による現状変更の試み、相対立する価値観に基づいた弱者・少数者への無配慮、権力者たちによる立憲主義をないがしろにする行動をはじめ、ここに列挙しきれない人為的なものに加え、制御することが困難な自然災害などが我々の日常生活を脅かし続けている。人類はどこへ向かい、何をしようとしているのだろうか。

このような現状に対し、憲法学としてどのように取り組むことができるのか、憲法理論研究会の中堅・若手を中心に、さらにゲストスピーカーやコメンテーター方々の協力なども得ながら、それぞれの研究成果を結集したのが本号である。「多様化する社会」に対し、いずれの論考も地道な研究活動に基づいた的確な指摘が展開されている。

本号の編集にあたっては、髙佐智美（青山学院大学）、徳永貴志（和光大学）、山本健人（北九州市立大学）各会員と、江藤（明治大学）が作業を行った。不慣れなことが多く、周囲に迷惑をかけたように思う。次号では万全を期したい。また末筆ながら、昨今の出版状況が苦しい中、本書の刊行を続けてくださる（株）敬文堂の竹内基雄社長に心よりの感謝を申し上げたい

（文責　江藤英樹）

多様化する社会と憲法学〈憲法理論叢書31〉

2023年10月15日　初版発行　　定価は
カバーに表示してあります

編　著　憲 法 理 論 研 究 会
発行者　竹　　内　　基　　雄
発行所　㈱　　敬　　文　　堂
東京都新宿区早稲田鶴巻町538
電話（03）3203-6161㈹
FAX（03）3204-0161
振替 00130-0-23737
http://www.keibundo.com

印刷・製本／信毎書籍印刷株式会社
ISBN 978-4-7670-0257-6　C3332

憲法理論叢書①

議会制民主主義と政治改革

本体二七一八円

憲法理論叢書発刊にあたって吉田善明／「代表」の再発見？樋口陽一／議会制民主主義の憲法問題杉原泰雄／議員立法のあり方中村睦男／議会制民主主義論と「責任」の概念吉田栄司／「国民内閣制」の理念と運用高橋和之／「政治改革」と財界・労働組合・自民党塚本俊之／小選挙区制と憲法第九条大宮武郎／日本における政治倫理制度の現状と問題点清水英夫／「政治改革」と小選挙区制導入問題隅野隆徳／フランス第五共和制と政党永山茂樹／イギリスにおける選挙区制改革論議の歴史と現段階小松浩／アメリカ憲法における政党越路正巳／ドイツにおける政党への公的助成加藤一彦／選挙制度と代表制只野雅人／アメリカ合衆国の予算制度の特質とその変動佐藤信行／サッチャーリズムと地方制度改革妹尾克敏／ドイツ連邦議会防衛監察委員水島朝穂／ロシアの法文化と議会制民主主義竹森正孝／書評・岩間昭道／藤野美都子

憲法理論叢書②

人権理論の新展開

本体二七一八円

人権類型論の再検討のために北川善英／人権主体としての個人樋口陽一／権力と人権笹沼弘志／「外国人の参政権」再論浦部法穂／外国人の人権樋口和彦／女性と人権武田万里子／子どもの人権丹羽徹／最近のドイツの基本権論について栗城壽夫／イギリスにおける「市民的自由」の保障と「国会主権」倉持孝司／「アジア型」人権論の試み安田信之／中国型人権の深層構造針生誠吉／ユーゴスラヴィア憲法と人権工藤繁裕／人権の国際的保障をめぐる理論問題横田耕一／国際人権保障の観点からみた国際人権条約と憲法の関係江島晶子／ＥＵの超国家的性質とフランスにおける欧州市民権の位置づけについて大藤紀子／人権は一つ？　それとも二つ？萩原重夫／書評・市川正人／浦田一郎／岡田信弘

憲法理論叢書③

人権保障と現代国家

本体三〇〇〇円

現代人権保障における国家の関与大須賀明／法人と「人権」芹沢斉／それでも基準は二重である！長谷部恭男／国の「基本権保護義務」小山剛／反啓蒙思想あるいはもう一つの啓蒙思想の憲法学に向けて阪本昌成／人権の基本原理としての「個人の尊厳」根森健／ドイツにおける胎児の生命権と妊娠中絶判決嶋崎健太郎／教育情報の開示とプライバシーの権利内藤光博／現代国家と自由右崎正博／表現の自由の守備範囲内野正幸／青少年保護（健全）育成条例における「有害図書類」規制と表現の自由清水睦／教育人権の権利性永井憲一／教育と宗教に対する国家の関与小泉洋一／大学審議会と大学の自治青木宏治／現代の平和と人権太田一男／沖縄における憲法訴訟金城睦／アメリカ支配下の自治権と人権保障井端正幸／那覇市米軍用地違憲訴訟と平和主義・地方自治永山茂樹／書評・長岡徹／久保健助／野中俊彦／畑尻剛

憲法理論叢書④

戦後政治の展開と憲法

本体二七一八円

議会制民主主義と政権交代吉田善明／議会と民意岩間昭道／議会制の原点と現点糠塚康江／「多数派」民主主義の再検討近藤敦／戦後における政党と憲法上脇博之／財政議会主義の五〇年小沢隆一／宗教法人法と課税問題笹川紀勝／地方分権と沖縄基地問題仲地博／戦後五〇年と地方自治緒方章宏／憲法改正手続と司法審査久保健助／アジア太平洋地域の人権憲章構想稲正樹／「人権」と「市民的自由」の間植村勝慶／ドイツにおける国家目的論の再考石村修／「法治国家」論から「立憲主義的民主主義」論へ山元一／書評・元山健／吉田栄司／小野善康／長谷川憲／福岡英明

憲法理論叢書⑤

憲法五〇年の人権と憲法裁判

本体二八〇〇円

わが国違憲審査の五〇年—総論的概観小林武／憲法裁判の五〇年植野妙実子／憲法裁判所案の系譜と問題点畑尻剛／憲法訴訟論の問題と課題戸松秀典／最高裁判決における憲法訴訟要件論の問題点渋谷秀樹／憲法訴訟論の展開と裁判実践諸根貞夫／外国人の参政権と国籍条項後藤光男／〈社会権〉の保障と個人の自律西原博史／教育裁判における教育人権論の展開成嶋隆／平等権論の問題点と課題安西文雄／アメリカ司法審査制の連邦的特質森山弘二／討議理論による人権の基礎づけについて渡辺康行／九〇年代のフランス憲法院今関源成／朝鮮開化期における人権思想の継受國分典子／書評・岡田俊幸／横坂健治／矢口俊昭

憲法理論叢書⑥

国際化のなかの分権と統合

本体二八〇〇円

地方自治の五〇年について思うこと杉原泰雄／統合と分権のなかの公共性鳥居喜代和／グローバリズム立憲主義下の地方自治権論の課題大津浩／地方分権推進委員会の勧告と市町村合併小林博志／統合の手段としての日本のODAと憲法の平和主義清水雅彦／リゾート法満一〇年藤原信／イギリスにおける「地方分権」松井幸夫／フランスにおける地方分権と住民投票福岡英明／ベルギーの連邦化武居一正／ヨーロッパ地方自治憲章の一〇年廣田全男／欧州統合とドイツ憲法岡田俊幸／欧州統合とフランス憲法学南野森／「ヨーロッパ人権基準」の確立における主権と人権建石真公子／阪神・淡路大震災と憲法論の課題浦部法穂／『こだわり』から『かかわり』へ孝忠延夫／ボランティアと日本国憲法近藤真／学問の自由・大学の自治の保障からみた大学教員の任期制根森健／書評・鴨野幸雄／緒方章宏／柳井健一

憲法理論叢書⑩

法の支配の現代的課題

本体二八〇〇円

現代イギリスにおける「法の支配」論**植村勝慶**／違憲審査制の活性化**市川正人**／変容する法の「支配」**大藤紀子**／ドイツにおける「憲法裁判権の限界」論**岡田俊幸**／アメリカにおける住民投票制の現況と民主主義論**木下智史**／アメリカ合衆国における妊娠中絶法理の現在**小竹聡**／学校図書館のパブリック・フォーラム性**前田稔**／最近のイタリア共和国憲法改正の動向**高橋利安**／国家・家族・セクシュアリティの間**齊藤笑美子**／法科大学院と憲法教育**戸松秀典**／法曹一元と非常勤裁判官制度**石村修**／教育基本法改正問題と《法の支配》**成嶋隆**／改憲への今日的潮流と「教育」像**寺川史朗**／政府の平和主義論**浦田一郎**／日米地位協定の立憲的統制**高作正博**／書評・**隅野隆徳**／**高見勝利**／**河上暁弘**

憲法理論叢書⑪

憲法と自治

本体二八〇〇円

「憲法的自治」の今日的課題（覚え書き）**小林武**／コミュニティと「自治」**糠塚康江**／「地方自治の本旨」の再検討**岡田信弘**／不文憲法の基本的構造**成澤孝人**／「国民」概念の限界と「市民」概念の可能性**佐藤潤一**／刑部荘と「国民による憲法改正」の技術**高見勝利**／学問の自由と大学の自治の新たな課題**中村睦男**／憲法の教育自治に対する先行性**坂田仰**／「大学の自律」と「教授会の自治」**松田浩**／司法制度改革と弁護士自治**今関源成**／マスメディアの自主規制と透明な社会**池端忠司**／「表現の自由」とポルノグラフィー**田代亜紀**／地方自治の憲法的基礎**杉原泰雄**／国家と自治体**仲地博**／国家と地方間の紛争解決システム**桑原勇進**／日韓シンポジウム韓国側報告・要約**金英千・玉武錫・崔承元・金南澈**／有事関連三法の批判的検討**山内敏弘**／にもかかわらず護らなければならないこと**馬奈木厳太郎**／書評・**愛敬浩二**／**本秀紀**／**平地秀哉**／**齊藤正彰**

憲法理論叢書⑫

現代社会と自治

―憲法理論研究会四〇周年記念号―

本体二八〇〇円

メディアの規制と自律―「市民社会の自治」の可能性**田島泰彦**／報道の自由と「ジャーナリストの自治」**内藤光博**／私学助成と大学の自治**石川多加子**／地方分権論と自治体再編論の異同**妹尾克敏**／生活保護と「個人の尊重」**押久保倫夫**／憲法における制度と人権**柏﨑敏義**／愛媛玉ぐし料訴訟について**草薙順一**／受任者名簿とプライバシー**奥島直道**／日本国憲法の平和主義と財政の諸原則**隈野隆徳**／有事法制と無防備地域条例制定の意義**澤野義一**／「セキュリティ」と憲法学**石川裕一郎**／ギールケのアルトジウス研究‥『共生と人民主権』から学ぶもの**笹川紀勝**／大臣の「責任」に関する覚え書き**佐藤修一郎**／憲理研四〇周年を迎えて**吉田善明**／憲理研四〇年に寄せて**山内敏弘**／研究会がなければ、研究できる？**浦田一郎**／ロースクール憲法の意義と可能性**棟居快行**／書評・**斉藤小百合**／**佐藤潤一**／**佐々木弘通**／**上脇博之**／憲法理論研究会四〇年小史

憲法理論叢書⑬

″危機の時代″と憲法

本体二八〇〇円

人類生存の憲法論覚え書浦田賢治／憲法にとって、何が「危機」なのか水島朝穂／松川事件伊部正之／危機の時代の「表現の自由」大石泰彦／アメリカにおける「アイデンティティの危機」？志田陽子／「国家による自由」の特質と問題点榎透／公安警察の暴走と脅かされる言論社会内田雅敏／ヒトゲノム・遺伝子解析研究の現場から竹之下誠一／「安全・安心」イデオロギーと統治の「危機」清水雅彦／司法の閉塞状況と裁判官制度改革宮本康昭／「マニフェスト選挙」論の背景と問題点小松浩／ヴァイマル憲法崩壊期の憲法救済的改憲論植松健一／今日の改憲問題の起源金子勝／今日における改憲論の諸相結城洋一郎／カナダにおける憲法改正とカナダ権利自由憲章三三条佐藤信行／書評・市川正人／諸根貞夫／大藤紀子

憲法理論叢書⑭

″改革の時代″と憲法

本体二八〇〇円

現代改憲論と憲法学横田耕一／グローバルな立憲主義のかたち君島東彦／憲法改正国民投票制をめぐる現況井口秀作／スイスにおける国民投票の現状と問題奥田喜道／なぜ政教分離なのか長岡徹／憲法裁判の『壁』を越えた亀川裁判津留雅昭／合祀はいやです浦部頼子／障害のある人の権利保障植木淳／「公私区分」再考巻美矢紀／政党政治の変容上脇博之／内閣法制局の憲法学は高度な政治学である中村明／プロフェッションの危機の時代と法律家小沢隆一／委任立法への事後的議会統制田中祥貴／財政の危機？新村とわ／書評・西原博史／倉田玲／河上暁弘／江藤英樹／稲正樹／麻生多聞

憲法理論叢書⑮

憲法の変動と改憲問題

本体二八〇〇円

日本国憲法六〇年と改憲論議の問題点山内敏弘／防衛省昇格問題と憲法九条青井未帆／ロシアの国民投票法竹森正孝／ポスト「冷戦」・EU統合時代におけるイタリア憲法体制の変容高橋利安／教育基本法の「改正」とその法的問題／今野健一／教育基本法改正問題への一視点寺川史朗／緊急事態と憲法川岸令和／ドイツの憲法変動小山剛／対テロ法制と不文憲法の「変動」柳井健一／障害者自立支援法と障害をもつ人の人権武川眞固／単独の個人以外の権利高木康一／ドイツにおける名誉保護をめぐる憲法論議と人格的尊厳濱口晶子／法の下の平等と格差社会岡田順太／信教の自由と選択的助成問題福嶋敏明／外国人の身柄収容とデュープロセス大野友也／えん罪の構図水谷規男／書評・加藤一彦／佐藤修一郎

憲法理論叢書⑯

憲法変動と改憲論の諸相

本体二八〇〇円

議員定数不均衡訴訟の過去と現在野中俊彦／ステイト・アクション法理の根底にあるもの宮下紘／多文化社会における「国籍」の憲法学的考察／栗田佳泰／J・ルーベンフェルドの憲法解釈方法論に関する覚書佐々木くみ／司法審査の可能性と現代行政国家尾形健／ドメスティック・バイオレンスをめぐる法政策小島妙子／アメリカにおける市民権法と表現的結社の自由との相克金澤誠／カナダにおける多文化主義菊地洋／フランスにおける国家の非宗教性原則の運用と共和主義江原勝行／現代フランスにおける「裁判権力」論と権力分立阿部智洋／第一回ミニ・シンポジウム　国家の基本権保護義務小山剛／「国家の基本権保護義務論」とは何か？根森健／日本国憲法における基本権保護義務論の可能性玉蟲由樹／「個人に優しい改憲論」と立憲主義西原博史／民主主義という観点からみた統治構造改革と憲法改正手続法川﨑政司／「立憲主義」論からみた現在の日本における憲法改正論議山元一／書評・石川裕一郎／浦田一郎／木下智史

憲法理論叢書⑰

憲法学の最先端

本体二八〇〇円

EU憲法論の困難・可能性・日本との関連中村民雄／「セックスワーク」・性的自己決定権・人格権中里見博／遺伝子プライバシー論——「遺伝情報」は例外か？　山本龍彦／基本権の間接的侵害理論の展開——斎藤一久／アメリカ合衆国における保護義務論とその含意松村芳明／裁判員裁判の合議体の公共的討議の場としての特質柳瀬昇／イギリス人権法における議会主権と憲法的対話岩切大地／合衆国の公教育における政府権限の限界中川律／フランスにおける病院の非宗教性中島宏／憲法の ratio 福島涼史／いわゆる“Gewaltmonopol”について岡田健一郎／韓国併合——憲法と国際法の問題に即して笹川紀勝／書評・麻生多聞／只野雅人／三宅裕一郎

憲法理論叢書⑱

憲法学の未来

本体二八〇〇円

科学より哲学へ——憲法学の発展？愛敬浩二／〈自由の条件としての国家〉と現代憲法学小貫幸浩／憲法解釈における比較憲法の意義新井誠／信教の自由と政教分離原則の衝突？神尾将紀／公務員の内部告発と修正第一条牧本公明／アメリカ連邦最高裁における「政府言論の法理」についての覚書横大道聡／ドイツ憲法抗告と「憲法」の観念鵜澤剛／環境国家と環境憲法の理論藤井康博／インターネットにおける「有害」情報規制の現状小倉一志／第二院の憲法保障機能木下和朗／「最高裁・国籍法違憲判決を考える」・報告①近藤博徳／報告②木村草太／コメント戸波江二／志布志事件野平康博／憲法理論研究会小史金子勝／書評・渡辺康行／青井未帆／斎藤一久

憲法理論叢書⑲

政治変動と憲法理論

本体二八〇〇円

天変地異と憲法高見勝利／福島第一原発事故後の政治システムのあり方奥田喜道／民主党政権下における政治主導実現のための改革について曽我部真裕／「政治主導」と憲法――「国会中心」構想の可能性本秀紀／二院制研究の今日的課題岡田信弘／民営化における多元的行政の民主的正当化高橋雅人／市民立法の意義と課題大江洋／フランス憲法改正による議会手続の変容徳永貴志／刑事裁判への「国民参加」とは何か？今関源成／刑事裁判は変わったか？石塚伸一／「国民の司法参加」「裁判員制度」の教育をめぐる課題渡邊弘／刑事的正義と共和主義成澤孝人／司法という名の公共性の空間柳瀬昇／公務員の政治的自由と政治活動禁止規制の広汎性船尾徹／公務員の政治的自由――コメント石村修／憲法上の間接差別法理に関する予備的考察白水隆／イジメの憲法学中富公一／身近にある憲法問題山村晋／書評・毛利透／藤井樹也

憲法理論叢書⑳

危機的状況と憲法

本体三〇〇〇円

憲法学とリスク棟居快行／アメリカ憲法とリスク――テロのリスクとテロ対策のリスク大林啓吾／国家の環境リスク事前配慮と個人の権利――〈3・11〉後の原子力藤井康博／リスク社会と実定法としての憲法土方透／国家・賭け・個人蟻川恒正／貧困からの自由とは何か遠藤比呂通／「生存」権を超えて――二五条へのひとつの視座遠藤美奈／貧困からの自由と生存権――国際人権法の観点から申惠丰／ポジティヴ・アクションの合憲性辻村みよ子／「意味の秩序」と平等駒村圭吾／人権（論）の分岐点佐々木允臣／公教育の中立性と客観法的統制棟久敬／「靖国合祀取り消し訴訟」判決を問う菅原龍憲／合衆国判例における「動機審査」・覚書黒澤修一郎／比例原則における事実と価値淡路智典／日米における司法権発動の具体的要件の背景と枠組み成瀬トーマス誠／憲法解釈論としての四段階責任論と責任追及制論の提唱吉田栄司／中国の民事裁判における憲法の間接適用とその課題呉東鎬／スペインにおける憲法改正の実質的限界論野口健格／憲法の言語と社会の言語髙橋基樹／書評・浦田一郎／西原博史

憲法理論叢書㉑

変動する社会と憲法

本体二八〇〇円

ステイツ・オブ・デモクラシー――ポピュリズム・熟議民主主義・アーキテクチャ吉田徹／立法過程の法的統制――立法裁量・立法目的・立法事実木村草太／「政府の憲法解釈」の論理構造とその分析横大道聡／福祉・「平等」・憲法葛西まゆこ／大阪都構想と大阪維新上山信一／大阪都構想と地方政府の形態岡田順太／地方自治保障の憲法原理と大都市特別制度大津浩／象徴天皇制と憲法学横田耕一／原発と憲法草薙順一／日本とドイツにおける国籍概念の比較中村安菜／列挙されていない権利の保障は何を意味するのか中曽久雄／「人間の尊厳」対「人間の尊厳」押久保倫夫／多元化・重層化する表現規制とその規律――表現の自由・アーキテクチャ・パブリックフォーラム成原慧／受刑者の権利保障――国際人権の可能性河合正雄／イギリス障害者差別禁止法（DDA）における平等取扱原則の意味杉山有沙／EU食品安全分野の予防原則における健康権の保障土屋仁美／アメリカ連邦最高裁における「保護されない言論」の考え方城野一憲／書評・岡田健一郎／岩切大地

憲法理論叢書㉒

憲法と時代

本体二八〇〇円

ドイツ基本法とその周辺―公論による正当化三島憲一／人権理論における「科学的方法」と本質主義の縛り西原博史／Leben und leben lassen!―平和の「科学」、自由の「哲学」西村裕一／戦後憲政史における主権・代表制・選挙権論辻村みよ子／実名報道の自由／知る権利？榎澤幸広／個人の尊厳原理から見た実名犯罪報道、及び、その憲法学上の位置づけ井上知樹／実名犯罪報道と無罪推定の原則飯島滋明／「少国民」世代の憲法研究者の願い杉原泰雄／参議院改革から立法府改革へ大山礼子／現代フランスの刑事法改革にみる法と政治の相互作用石川裕一郎／政治的意思決定における女性参加をめぐる議論彼谷環／適用違憲と違憲審査基準内野正幸／憲法の正統性の時間論的分節化吉良貴之／現代社会と主権―政治体の結合から門輪祐介／企業の社会的責任と人権尊重芹沢斉／イタイイタイ病裁判・裁判後の住民の闘い青島明生／イギリスにおける在外選挙制度宮内紀子／書評（評者）・福嶋敏明／實原隆志

憲法理論叢書㉓

対話と憲法理論

本体二八〇〇円

大学自治・制度的保障論・客観的価値決定論小貫幸浩／フランスにおける大学の自治と「憲法ブロック」南野森／アメリカの大学自治と制度理論中林暁生／市民・公務員・教育公務員安原陽平／学問の自由と「中央集権」堀口悟郎／公共領域における「地位の平等」の象徴的宣言巻美矢紀／家族、出自、ジェンダー問題をめぐる領域での平等吉田仁美／今回の風営法改正問題、実際の動き、これからの方向性斉藤貴弘／NOON摘発の状況と弁護団の主張水谷恭史／ダンス営業規制をめぐる憲法論新井誠／復興事業としての用地取得と憲法菊池優太／フランスにおけるBaby Loup事件とライシテ原則適用拡大の試み中島宏／奴隷的拘束禁止の憲法上の意義小池洋平／多様性の価値とAffirmative Action茂木洋平／死刑・被害者・基本権千國亮介／マスメディアの情報操作の弊害藤井正希／書評（評者）・高橋雅人／尾形健

憲法理論叢書㉔

対話的憲法理論の展開

本体三五〇〇円

イギリス憲法における政治的立憲主義者の格闘成澤孝人／「立憲主義」の日独比較―憲政史の観点から赤坂幸一／アメリカにおける「立憲主義」の現在大河内美紀／世界のグローバル化と立憲主義の変容山元一／京都朝鮮第一初級学校威力業務妨害事件冨増四季／ドイツ憲法から考えるヘイトスピーチ規制／毛利透／アメリカにおけるヘイト・スピーチ規制の歴史と現状奈須祐治／討議空間の均一化と「プレス」の「内部規律」水谷瑛嗣郎／「サイバーパトロール」の法的性質實原隆志／トランスナショナル憲法の構造西土彰一郎／法律制定後における立法者の憲法上の義務入井凡乃／フランス財政法制の転回と国家像岩垣真人／フランスにおける執行権の政治責任原理とその「刑事化」三上佳佑／イタリア共和国憲法における「地域国家」と連邦制芦田淳／ベルギーの第六次国家改革（二〇一二｜一四）と連邦化のゆくえ武居一正／神奈川県臨時特例企業税条例事件について松本賢人／憲法二四条によるジェンダー差別是正の可能性川口かしみ／生殖補助医療における法の役割建石真公子／対テロ戦争における手続的デュー・プロセス保障今井健太郎／憲法構成権力の概念浦田賢治／憲法と教育法の研究五〇年永井憲一／書評（評者）・小沢隆一／吉田仁美

憲法理論叢書㉕

展開する立憲主義

本体三〇〇〇円

緊急事態序説長谷部恭男／B・アッカマンのemergency constitution論・再考木下智史／フランスにおける緊急状態をめぐる憲法ヴォードヴィル村田尚紀／緊急事態に対する「行政による統制」?・高橋雅人／緊急権と「外見的立憲主義」長利一／裁判所における国際法規範の「参照」手塚崇聡／憲法の「拷問禁止」規範阿部純子／デュー・プロセスの概念史清水潤／憲法上の「権利」と利益について金原宏明／憲法における「私人間効力」論の現状分析平松直登／人民主権の実現と裁判所の果たすべき役割川鍋健／わが国における「司法審査と民主主義」論の経緯と展望市川正人／「反多数決主義という難問」の存在意義に関する若干の考察金澤孝／フランスにおける人種差別表現規制について光信一宏／「保護されない言論」と内容規制菅谷麻衣／同性婚をめぐる合衆国最高裁の「論理」的展開上田宏和／「患者の自己決定権」の憲法上の定位について牧野力也／生存権と責任辻健太／川内原発稼働差止訴訟について工藤伸太郎／書評（評者）・植木淳／西土彰一郎

憲法理論叢書㉖

岐路に立つ立憲主義

本体二八〇〇円

日本における憲法パトリオティズム論の展開斎藤一久／婚姻・家族とフランス憲法―解釈論への示唆齊藤笑美子／政治プロセスにおける衆議院解散の位置植松健一／司法権＝違憲審査制のデザイン宍戸常寿／憲法のデザイン横大道聡／司法部の立ち位置と最高裁憲法判例の展開千葉勝美／違憲国賠訴訟の憲法訴訟としての可能性井口秀作／ドイツ連邦憲法裁判所における「主張可能性の統制（Vertretbarkeitskontrolle）」の展開山本真敬／フランスの政治裁判権における司法官の位置づけ橋爪英輔／学校における信教の自由と裁量審査、合理的配慮栗田佳泰／私企業における労働者の信教の自由馬場里美／思想・良心の自由に基づく法義務免除森口千弘／公的機関の公益通報者保護の憲法的意義牧本公明／科学技術に関する規範形成過程における民主的正統性の意義小川有希子／日本におけるヘイトスピーチ斉藤拓実／楠瀬喜多と女性参政権公文豪／近代フランス憲法思想における法・法律・自由水林翔／書評（評者）・成原慧／新井誠

憲法理論叢書㉗

憲法の可能性

本体三二〇〇円

ドイツの連邦憲法裁判所の固有性と一般性畑尻剛／アメリカにおける憲法裁判の現在福嶋敏明／フランス憲法院の事後的違憲審査（QPC）九年間の動向池田晴奈／民主化三〇年と韓国の憲法裁判水島玲央／「価値決定」としての学問の自由栗島智明／ヨーロッパの放送の自由の比較法的特質波多江悟史／人権としての国籍の可能性館田晶子／ハンセン病隔離政策と日本国憲法徳田靖之／憲法判例を通して家族を考える作花知志／アメリカ連邦最高裁の判例法理における「宗教に対する敵意」の位相根田恵多／信教の自由保護領域と制約の正当化山本健人／社会保険における『脆弱』な人々の排除と包摂嵩さやか／「脆弱さ」と貧困・排除笹沼弘志／児童虐待について権利論からの検討岩元惠／枠組的権利としての生存権石塚壮太郎／立法不作為事案と国家賠償法「二」条の理論的な親和性青木誠弘／スコットランド地域自治保障から見た憲法的制定法の法的意義本庄未佳／ドイツにおける予算概念の変遷鎌塚有貴／書評（評者）・大野友也／河北洋介

憲法理論叢書㉘

憲法学のさらなる開拓

本体三〇〇〇円

憲法訴訟の現在と未来渋谷秀樹／法の表示理論はいかにして憲法理論でありうるか？瑞慶山広大／部分無効と立法者意思山﨑皓介／ディシプリンとしての憲法学春山習／「生前退位」をめぐる憲法問題榎透／情報化社会におけるメディアの自由城野一憲／ドイツにおけるヘイトスピーチ規制と警察菅沼博子／「家庭教育」支援をめぐる諸問題植野妙実子／憲法教育論・再訪成嶋隆／憲法上の親の権利の必要性と問題吉岡万季／フランス「連帯（solidarité）」概念の憲法学的考察塚林美弥子／生存権保障の可能性松本奈津希／民営化に対する憲法的統制小牧亮也／「消費者」の二重性と国家大野悠介／自衛隊による「国際貢献」と憲法奥野恒久／「七三一部隊」問題莇昭三／内灘闘争にみる労働組合の平和運動西尾雄次／書評（評者）・玉蟲由樹／今井健太郎

憲法理論叢書㉙

市民社会の現在と憲法

本体三〇〇〇円

ポスト・トゥルース時代の表現環境水谷瑛嗣郎／表現の自由の現代的展開右崎正博／勝訴する政治家の対メディア型名誉毀損訴訟山田隆司／「学問の自由」考察の上での留意事項守矢健一／雇用の階層化と市民社会遠藤美奈／感染症患者の入院制度と人身の自由の保障河嶋春菜／人間の尊厳と社会連帯の規範的意義に関する考察朱穎嬌／彷徨う民主主義大林啓吾／アメリカ連邦議会による安全保障の立憲的統制望月穂貴／非科学の「解釈変更」と学術の使命小西洋之／ルネ・カピタンと「自由な解散」論兵田愛子／フランスにおける暴力行為の理論の展開棟形康平／地方自治体の出訴可能性横堀あき／観念（Idee）から成る行政法学内藤陽／書評（評者）・長峯信彦／茂木洋平

憲法理論叢書㉚

次世代の課題と憲法学

本体三三〇〇円

憲法学からみたアメリカ気候変動訴訟辻雄一郎／〝新しい〟資本主義の下での生活保障をめぐって尾形健／社会のデジタル化と憲法曽我部真裕／民主主義のデジタル化—可能性と課題湯淺墾道／現代家族の変容と個人の尊重辻村みよ子／憲法二四条の「個人の尊厳」原理の存在意義川口かしみ／平等判例における救済判断の再検討松原俊介／裁判を行う主体に求められる「品位」小西葉子／アメリカ合州国におけるBostock判決の意義とそれの影響大野友也／偽りの情報の流布と表現の自由田中美里／フランスにおける「記憶の法律」の現在伊藤純子／イギリスにおける解散権制約の「実験」柴田竜太郎／ドイツにおける公法社団たる宗教団体と「国家への忠誠」山本和弘／「比較憲法研究のグローバル化」の中の「参加志向的・代表補強的司法審査アプローチ」吉川智志／「女性優位と男系原理」の社会と女性のリプロダクティブ・ライツの脆弱性西山千絵／沖縄振興の「機能」と沖縄の「構造」岩垣真人／なぜ六年も嘉手納基地の立入調査が出来ないのか？桜井国俊／辺野古新基地建設問題と地方自治の危機徳田博人／書評（評者）・小谷順子／田中嘉彦

（＊価格は税別です）